吉林省长城资源调查报告

吉林省文物局　编著

文物出版社

图书在版编目（CIP）数据

吉林省长城资源调查报告/金旭东主编；吉林省文物局编著. —北京：文物出版社，2015.12
ISBN 978-7-5010-4417-7

Ⅰ．①吉… Ⅱ．①金… ②吉… Ⅲ．①长城－调查报告－吉林省 Ⅳ．①K928.77

中国版本图书馆CIP数据核字(2015)第246795号

吉林省长城资源调查报告

编　　著：吉林省文物局

责任印制：陈　杰
责任编辑：李克能　冯冬梅

出版发行：文物出版社
地　　址：北京市东直门内北小街2号楼
邮　　编：100007
网　　址：http：//www.wenwu.com
邮　　箱：web@wenwu.com
制版印刷：北京荣宝燕泰印务有限公司
经　　销：新华书店
开　　本：889mm×1194mm　　1/16
印　　张：19.75
版　　次：2015年12月第1版
印　　次：2015年12月第1次印刷
书　　号：ISBN 978-7-5010-4417-7
定　　价：330.00元

《吉林省长城资源调查报告》
编纂委员会

主　任：翟利国

编　委：（以姓氏笔画为序）

于　丹　王义学　安文荣　李　刚　刘红宇　李　强　吴丽丹

金旭东　郑国君　荆继波　赵海龙　韩　洋　蒋冬肖

主　编：金旭东

副主编：韩　洋　李　强　王义学　赵海龙　潘晶琳　于　丹　吴丽丹

综　合：韩　洋

撰　稿：（以姓氏笔画为序）

丁原翔　王义学　王卫民　王新英　孙美晶　白　淼　李　强

张恒斌　范青山　赵海龙　潘晶琳　韩　洋

绘　图：（以姓氏笔画为序）

王卫民　朴润武　范青山　姚启龙　顾聆博　崔殿尧

摄　影：（以姓氏笔画为序）

王义学　王卫民　邢春光　张恒斌　佟有波　范青山　顾聆博

目　录

插图目录

图版目录

序　言

　　长城是人类历史上最壮观、最伟大的文化遗产之一，是中华文明的代表性建筑。2009年，国家文物局在明长城调查取得丰硕成果的基础上，启动了早期长城资源调查，将全国各地明以前的长城遗迹纳入调查、保护范畴。当年秋季，吉林省文物局接到国家文物局"长城调查办"的相关情况通报，辽宁省长城普查队在吉林、辽宁两省交界处的辽宁新宾县发现了汉代烽燧，并有可能延伸至吉林境内。获悉此消息，吉林省文物工作者激动不已，经对通化县进行调查并初步确认汉代长城大体分布后，我们全面系统整理、研究了第二次文物普查以来的零星考古发现，确认通化、长春、四平、吉林、延边五个地区的四处遗迹可纳入长城普查范畴。国家文物局"长城办"与相关专家通过现场调研和反复论证，最终确认三处遗迹列入普查范围，清代柳条新边可参照长城标准进行调查，但暂不列入。2010年，经国家文物局批准，吉林省正式加入长城资源调查项目组，成为第15个项目组成员。

　　为了高标准、高质量地完成长城资源调查任务，吉林省文物局与吉林省测绘局及长城资源所在地政府相关部门联合组建了长城资源调查工作领导小组，领导小组下设办公室，负责长城项目的业务管理和综合协调工作。为保证在2010年12月完成田野调查任务，省局组织吉林省文物考古研究所、长春市文物保护研究所、四平市文物管理委员会办公室、延边州文物管理委员会办公室(现更名为延边州文物保护中心)、吉林大学等业务机构的力量组建了3支具有专业水准的调查队伍，于2010年3月26日开始正式启动调查工作。

　　吉林省长城资源分布地域广阔，地貌形态多样。汉长城和延边边墙位于长白山腹地和边缘地带，林木茂密、蛇虫活跃；老边岗土墙分布在松辽平原人口密集区，盛夏时节，作物茂盛，长城遗迹不易辨识。调查队员克服重重困难，充分发扬艰苦奋斗的精神，实地踏查了4个市（州）的19个县（市、区），保质保量的完成了田野调查工作。

　　2011年5月14日，国家长城资源调查工作项目组组织相关专家对吉林省长城资源调查工作进行了检查验收，认为吉林省秦汉及其他时代长城资源调查资料完整、齐备，调查登记工作全面细致，符合《长城资源调查工作手册》的要求，达到验收标准，通过国家验收。

　　通过田野调查和资料整理，吉林省境内确认的长城遗迹有汉代烽燧线、唐代老边岗土墙和延边边墙等三处遗迹，总长度414千米。目前研究表明，吉林省长城具有重要的历史、科学与展示利用价值。

　　第一，吉林长城的发现极大地丰富了我国长城遗迹的内涵，对认识长城遗产的多样性、完整性意义重大。吉林境域三处长城，年代跨度大，由西汉至唐代，唐代老边岗土墙与延边边墙填补了长城区域空白与年代缺环；特色鲜明的夯土堆砌、块石砌筑两种营建模式形制显示出东北古代民族因地制宜的独有创造性能力与整体文化的趋同性，是我国长城体系的重要组成部分。

　　第二，吉林长城遗迹的发现将全面推动长白山文化研究的深化。作为分布于一定地理范畴的军事防御体系，汉代烽燧线是西汉王朝经略东北区域，探索高句丽文化起源及两汉时期东北中南部民族关系的重要物证；唐代老边岗土墙又称"高句丽千里长城"，对研究高句丽的政治、军事演变及与唐时期历史格局变迁具有重要的价值；延边边墙是我国分布最东部的长城，始建于渤海时期，是探寻渤海政权兴起与发展历程的珍贵的实物资料。总体看，新确定的吉林长城遗迹对深入阐释以吉林区域历史文明为核心的长白山文化边疆性、民族性与国际性的特点提供了全新的学术视角与新的坐标体系。

第三，吉林长城遗迹的发现将进一步推动吉林文物的大遗址保护与展示工作，提升文化遗产服务社会能力。长城是中国文化遗产的代表性符号，社会关注度高，影响力巨大。吉林长城的发现不仅有助于提升区域文化自信，也为全省大遗址保护与合理利用提供了优秀资源。目前，《吉林省长城保护管理总体规划纲要》已经编制完成，延边边墙保护利用工作全面启动，下一步将根据规划要求全面启动吉林省长城保护利用工作。我们有理由相信，在国家文物局的指导与支持下，在遗产地政府的努力下，吉林长城一定会在推动文物资源与文化产业旅游产业深度结合、提升文化遗产社会贡献率方面发挥重要而积极的作用。

感谢国家文物局、国家文物局长城资源调查项目组对吉林省长城资源调查工作的支持与指导！感谢吉林省测绘局的通力合作！向所有参与吉林省长城资源调查工作的同志表示敬意！

吉林省文化厅副厅长、省文物局局长

2015年8月11日

第一部分　吉林省长城资源调查综述

一、吉林省长城资源调查工作情况

　　吉林省是参与长城资源调查项目的15个省（自治区、直辖市）之一。2010年3月，吉林省的长城资源调查工作正式启动。吉林省高度重视此项工作，精心组织，科学谋划，在国家文物局的大力支持和国家长城资源调查工作项目组的指导下，在省内相关部门和长城资源所在地政府的紧密配合下，按时完成了田野调查和室内整理工作任务，达到了预期工作目标，通过了国家验收。调查成果表明，吉林省境内长城资源具有重大的历史和学术价值，填补了我国长城分布区域和时代空白，为认识古代东北地区历史地理格局的变化和统一多民族国家的关系提供了新的资料（图版一）。

（一）高度重视，精心组织，全面做好长城资源调查前期准备工作

　　为了高标准、高质量地完成长城资源调查任务，吉林省文物局与吉林省测绘局及长城资源所在地文物行政主管部门联合组建了吉林省长城资源调查工作领导小组。领导小组下设办公室，负责长城项目的业务管理和协调工作。为确保工作进度，吉林省长城资源调查办公室从吉林省文化厅筹借经费，用于开展培训、购买装备、设备及启动野外调查等先期工作。为保证长城调查工作的工作质量，整合吉林省文物考古研究所、长春市文物保护研究所、四平市文物管理委员会办公室、延边州文物管理委员会办公室（现更名为延边州文物保护中心）、吉林大学等业务机构的力量组建了三支具有专业水准的调查队伍。2010年3月26日，吉林省长城资源调查工作会议在延吉市召开，对吉林省长城资源调查工作做出了总体部署和安排。会议聘请国家文物局长城资源调查工作项目组、吉林大学、吉林省测绘局、沈阳市文物考古研究所的专家采取理论与实践相结合的方式，按照《长城资源调查工作手册》的要求对调查队员进行了系统的培训。为加强专项经费管理，吉林省长城资源调查办公室制定出台了《吉林省长城资源调查专项经费管理办法（暂行）》和《吉林省长城资源调查专项经费支出管理规定（暂行）》。

（二）克服困难，科学规范，保质保量完成长城资源田野调查工作

　　吉林省是我国最后一个加入长城保护工程项目组的省份。按照要求，长城资源调查田野工作须在2010年12月完成，时间紧迫，任务繁重。吉林省长城资源分布地域广阔，地形地貌多样。汉长城和延边边墙位于长白山腹地和边缘地带，林木茂密、蛇虫活跃；老边岗土墙分布在松辽平原人口密集区，盛夏时节，作物茂盛，长城遗迹不易辨识。调查队员克服重重困难，充分发扬艰苦奋斗的精神，实地

踏查了4个市（州）的19个县（市、区），保质保量的完成了田野调查工作（图版二）。

调查中期，为了确保吉林省长城资源田野调查工作质量，吉林省长城资源调查办公室组织召开了田野调查中期汇报会。会议邀请吉林大学和省内有关考古、历史等方面的专家针对调查过程中存在的问题提出了具体的指导意见，为进一步做好吉林省长城资源田野调查工作奠定了坚实的基础。

（三）严谨认真，实事求是，进一步做好长城资源调查资料整理及省级验收工作，顺利通过国家验收

为了进一步完善吉林省长城资源调查资料的整理和录入工作，2010年10月25日—27日，吉林省长城资源调查办公室组织召开了吉林省长城资源调查资料整理工作会议。会议邀请沈阳市文物考古研究所副所长陈山研究员介绍了辽宁省长城资源调查资料整理工作的经验，并要求各调查队本着"严谨认真，实事求是"的态度对调查数据进一步校正、完善，使之更加准确、规范，扎实推进吉林省长城资源调查工作。

经过积极筹备，2011年3月，吉林省长城资源调查办公室组织开展了吉林省长城资源调查的省级验收工作，对调查成果进行了全面的验收。各调查队针对存在的问题又进行了完善。

2011年5月14日，国家长城资源调查工作项目组组织相关专家对吉林省长城资源调查工作进行了检查验收，国家文物局文物保护与考古司世界遗产处的有关领导出席了验收工作会议并作了重要讲话。有关领导和专家听取了吉林省文物局的省级验收工作报告，审阅了调查资料，进行了现场考察，认为吉林省秦汉时期及其他时代长城资源调查资料完整、齐备，调查登记工作全面、细致，符合《长城资源调查调查工作手册》的要求，达到验收标准，通过国家验收。

（四）深入发掘，积极探索，寻找确认长城年代及相关遗存性质的考古学依据

吉林省长城资源相关历史文献记载较少，相关研究较为薄弱，基本未进行过田野发掘工作，判断长城的年代和相关遗存的性质缺乏明确的考古学依据。这一方面会影响长城调查报告的科学性，另一方面也使得保护规划的编制难以深化。根据学术研究和编制保护规划、制定长城文物本体维修方案的需求，2011年6月至9月，吉林省文物考古研究所对通化县八岔沟西山烽燧、德惠市松花江屯老边岗土墙、公主岭市边岗屯老边岗土墙、延吉市平峰山堡、平峰山关、平峰山烽火台3号、平峰山段石筑边墙、平峰山铺舍以及图们市水南关和水南土筑边墙进行了小规模的考古发掘。考古工作以最小干预为原则，以解决长城年代、建筑结构、遗存性质等问题为目的，选择已遭受破坏的区域或部位进行解剖，取得了一定成果。

二、吉林省长城资源调查成果

通过田野调查和资料整理，我们对长城资源在吉林省的分布、构成、走向、自然与人文环境、保护与管理状况等有了较为深入的认识。吉林省境内确认长城遗迹3处，包括汉烽燧线、唐代老边岗土墙和延边边墙，分布于通化市通化县、长春德惠市、农安县、四平公主岭市、梨树县、铁西区、延边州和龙市、龙井市、延吉市、图们市、珲春市等4个市（州）的11个县（市、区）。吉林省现存长城资源长度414千米，包括墙体362千米、段落122段、烽火台98处、关堡6处、相关遗址1处、铺舍3处（图版三~五）。

通过对部分墙体、烽火台、关堡、铺舍等遗迹的发掘，进一步明晰了遗迹的构筑方式，找到了判断遗迹年代的线索，为吉林省长城遗迹的深入研究提供了科学依据，为长城遗迹的保护和利用奠定了基础，也为保护规划的编制、保护维修方案的制定指明了方向。

（一）汉烽燧线

吉林省境内的汉烽燧线分布于通化市通化县。此次调查发现12处烽燧、1处关堡、1处相关遗存。烽燧线蜿蜒52千米，东端终止于赤柏松古城，向西与辽宁省境内的汉长城连为一体，是西汉中晚期西汉政权为经略东北地区而修筑的长城的有机组成部分（图版六、七）。

调查结果表明，通化县境内发现的烽燧多利用自然山体之地势，在山顶修筑丘状烽台。其平面多呈圆形或椭圆形，剖面半圆形或梯形，底径最小3.5米、最大47米，残高0.5—4.5米不等。在部分烽燧上采集到的陶器残片，以夹砂红褐陶为主。在大南沟东山烽燧和八岔沟西山烽燧上发现了居住址。居住址均为半地穴式，遭到不同程度的破坏，内有石板砌筑的火炕，可见残存的烟道。

南台子古城平面呈长方形，因城内地势较高，显得城墙内低外高。城墙为土石混筑，保存状况一般，南墙西段和西墙南段均遭到破坏。东墙长38米，西墙长38米，南墙长48米，北墙长48米，周长172米。在古城内采集到陶器残片、网坠、石刀等遗物。

2011年，吉林省文物考古研究所对赤柏松古城内外进行了面积达3500平方米的主动性考古发掘工作，取得了重要收获，并对赤柏松古城的年代和性质得到了更加深刻的认识。发掘资料显示，城内中心位置的主体院落在规划建设过程中即遭到火灾并废弃。城外发现的一座烧制瓦件和生活器皿的陶窑内原地保存的筒瓦、香炉盖、陶盆等成型器物，说明该窑内遗物未等取出便可能受到了突发事件的影响而遭毁弃。以上线索和证据似乎可以说明该城可能仅存在5—10年便毁于火灾。史料记载，在西汉昭帝时期，关于玄菟郡的行政变动事件颇为频繁，武帝元封三年（公元前108年）置四郡；昭帝始元五年（公元前82年）调整四郡，郡治移往高句丽县；昭帝元凤六年（公元前75年）玄菟郡再度缩减，七县被辽东郡吸收，赤柏松古城可能兴废于此段时间，是受到当时东北地区战乱的影响而遭毁弃的，其他烽燧上居住址遭破坏的原因也可能与此有关。

（二）唐代老边岗土墙

老边岗土墙在吉林省境内分布在5个县域。起自松花江镇松花江村（第二松花江左岸），经德惠市、农安县、公主岭市、梨树县、四平市铁西区，向西南延伸。长度248千米，段落64段。老边岗土长城分布区域人口密度较大，人为破坏严重，现除个别地段保存稍好外，多保存较差，甚至有的段落已经消失。老边岗土墙墙体多位于耕地内，呈隆起状，其构筑方式为挖壕筑墙，墙体经简单拍筑，形成壕墙一体的防御工事。

《新唐书·列传第一百四十五·东夷》记载，唐太宗贞观五年（公元631年），"帝诏广州司马长孙师临瘗隋士战骸，毁高丽所立京观。建武惧，乃筑长城千里，东北首扶余，西南属之海"。《三国史记·高句丽本记八》也载："荣留王十四年春二月，王动众筑长城，东北自扶余城，西南至海千余里，凡十六年毕功"。为了防御唐朝的进攻，高句丽自荣留王十四年（公元631年）到宝藏王五年（公元646年），用16年的时间，修建了东北—西南走向的千里长城，其间"王命西部大人盖苏文监长城之段"。调查和发掘成果表明，老边岗土墙与文献记载的高句丽千里长城较为吻合，始建年代大体可推断在高句丽晚期。

（三）延边边墙

延边边墙分布在吉林省延边朝鲜族自治州的和龙、龙井、延吉、图们、珲春等五市（县）域的山地和丘陵地带。墙体多土石混筑，亦有毛石干垒而成，部分段落利用自然山险、河险等天然屏障；烽火台多修筑在边墙沿线的内侧或附近山峰的至高点上，形制基本一致，绝大多数为圆丘形，多土石混筑，有的外围设有台壕。延边边墙长度为114千米，段落58段，烽火台86座，关堡5处，铺舍3处。

关于延边边墙的始建年代，目前在文献中没有查寻到任何相关的记载，但通过此次调查与试掘，使我们对延边边墙的年代有了新的认知。延边边墙的形制特色鲜明，既有别于吉林省境内的高句丽老边岗土墙，亦不同于分布在东北的金代界壕，而水南关出土的陶器又具有渤海早期特征。结合其具体走向、分布情况，延边边墙的建造时间极有可能为渤海早期。

三、结语

吉林省长城资源调查工作取得了较为丰硕的成果。此次调查发现的长城遗迹大部分为新发现。这些发现表明，汉长城的最东端向东推进至吉林省通化县境内，赤柏松古城是汉长城防御体系的重点与核心；老边岗土墙即为文献中记载的高句丽千里长城；延边边墙独具特色，推测应为渤海早期边墙。目前，吉林省长城资源保护工作即将全面展开，扎实的基础工作为保护工作提供了有力的专业支持。我们希望通过全省各有关部门的共同努力，切实推动吉林省长城资源保护工作顺利进行，积极探索具有吉林省特色的长城资源保护工作路径，打造长城资源保护典范，真正使长城资源保护成果惠及民众。

第二部分 吉林省汉烽燧线调查报告

第一章　概述

一、吉林省汉代烽燧修筑的历史沿革

研究吉林省境内的早期长城遗迹必须以辽东地区的遗迹为参考，两者之间有着密不可分的联系。文献中关于早期长城的直接记载甚少。

《史记·匈奴列传》："燕亦筑长城，自造阳至襄平，置上谷、右北平、辽西、辽东郡以拒胡。"

《史记·朝鲜列传》："自始全燕时，尝略属真番、朝鲜，为置吏，筑障塞。"

根据上述记载，战国燕时在东北的辽东地区即修筑有长城，其时称为"障塞"。

至秦时，长城亦延伸至辽东地区。《史记·匈奴列传》："因河为塞……因边山险堑溪谷可缮者治之，起临洮至辽东万里。"

《史记·蒙恬列传》："秦已并天下，乃使蒙恬将三十万之众，北逐戎狄，收河南，筑长城，因地形，用险制塞，起临洮至辽东，延袤万余里。"

西汉初，《史记·朝鲜列传》：汉初因卫氏朝鲜"其远难守，复修辽东故塞。"

汉武帝时，国力强盛，《汉书·贾捐之传》："至孝武皇帝……东过碣石，以玄菟、乐浪为郡，北却匈奴万里，更起营塞。"

对于长城的筑造形式，《汉书·匈奴列传》载侯应语："起塞以来，百有余年，非皆以土垣也。或因山岩石，木柴僵落，溪谷水门，稍稍平之，卒徒筑治。"

文献中记述了辽东地区河流与长城之间的关系，对于研究长城在辽东地区的蜿蜒走向，提供了参考数据。

《水经注·大辽水》："大辽水自塞外东流，直辽东之望平县……屈而西南流，经襄平故城西。"

《汉书·地理志》玄菟郡高句丽县下原注："辽山，辽水所出，西南流至辽隧入大辽水。又有南苏水，西北经塞外。"

《水经注·小辽水》："（大梁）水出北塞外，西南流至辽阳入小辽水。"

《水经》：大辽水"出塞外卫白平山，东南入塞。"

大辽水即今辽河；辽水，又称小辽水，今浑河；南苏水，今苏子河；大梁水，今太子河。

二、吉林省汉烽燧线以往调查研究情况

20世纪80年代以来，考古学者陆续开展了对辽东地区早期长城的考古调查研究工作，并取得一些崭新收获，诸多研究结果表明，秦汉时期长城自辽宁朝阳地区向东基本以烽燧即烽火台的形式存在，不再是绵延不断的土垣。在整个长城体系中，重点地区的城墙具有军事防御作用；而局部地方的墙体失去防御功能，更具有分界线意；以烽燧形式存在的，并有一定规律分布的长城遗迹更重要的功能是通过燃放狼烟或烽火来传递信息预警，同样是整个长城体系中不可或缺的重要遗存。

1981、1998年，辽宁的考古工作者在抚顺境内浑河沿岸及浑河支流苏子河沿岸一线总计发现60余座汉代烽台，在抚顺全境东西绵延分布达150多千米，一直延伸到新宾东部的旺清门镇。研究者认为，汉兴之初，因社会经济遭到严重破坏，"天下凶凶，劳苦数岁，成败未可知"（《汉书·高帝纪》），根本无力征发人力在辽东修筑长城障塞，因此，汉初的时候，应该还是因燕秦长城障塞之旧加以修缮而用之（复修辽东故塞）。到武帝时，因国力强盛，遂于元封三年（公元前108年）开始伐卫氏朝鲜，"以其地为乐浪、临屯、玄菟、真番四郡……"（《汉书·武帝纪》），已发现的这60余座墩台，当是汉武帝时代"卫氏朝鲜"后在辽东及其迤远地区建四郡以后的产物，可称为"汉武边塞"。

近几年来，在辽东地区和吉林东南部的考古发掘工作也表明，新宾永陵南古城可能为汉代玄菟郡郡治（二治）高句丽县所在。而通化县境内的赤柏松古城，根据其遗存的年代特征、山城在该地区的规模等判断，至少也当为玄菟郡下辖的一座县城。通化赤柏松古城与新宾永陵南古城同处于沈长线公路沿线，与辽东地区新发现的汉烽燧线基本吻合。如此推断，延伸至新宾旺清门的汉代烽燧，理应跨过富尔江继续向东延伸。

第二章　吉林省汉烽燧线遗存保存现状及调查成果

汉烽燧线遗存主要分布在吉林省东南部地区的通化县境内。沿线发现关堡1处、烽燧12处、相关遗存1处。该县地处长白山浑江中游（鸭绿江水系），东与白山市交界，西与辽宁省新宾县和桓仁县毗邻，南与集安市接壤，北与柳河县相连。该县烽燧西起狍圈沟南山烽燧，东至赤柏松古城，全长蜿蜒51.8千米。沿线行经三棵榆树镇、英额布乡、金斗乡、快大茂镇、沿江村、下排村、南台村、欢喜岭村、庆生村、山头村、砬缝村、河夹信村、三合堡村等。沿线经过的河流有富尔江、依木树河、蝲蛄河等（图版六、七）。

一、烽燧

1. 狍圈沟南山烽燧（编号220521353201040001）

狍圈沟南山烽燧（N41°41.660′，E125°20.540′高程524米）位于三棵榆树镇沿江村，底部呈不规则长方形，顶面呈三角形。西与辽宁境内的旺清门孤脚山烽燧隔富尔江相望，距离3.3千米，东北距川排沟烽燧5.5千米（图版八）。

2. 川排沟烽燧（编号220521353201040002）

川排沟烽燧（N41°43.783′，E125°23.200′，高程526米），现为残存的圆丘，残高1.3米，底部直径6.3米。西南距狍圈沟烽燧5.5千米，东北距南台子1.4千米（图版九、一〇）。

3. 三棵榆树一队北山烽燧（编号220521353201040003）

三棵榆树一队北山烽燧（N41°45′01.98″E125°22′52.38″　高程：563米）位于三棵榆树镇一队北山山顶，南临富尔江支流，整体保存较好，现存土丘一座，呈馒首状。平面呈椭圆形，剖面半圆形，遗址呈西向东走向，底径南北宽26米，东西长35米，高4.5米。南距南台子关堡1.5千米（图版一一）。

4. 欢喜岭南山烽燧（编号220521353201040004）

欢喜岭南山烽燧（N41°45.388′，E125°27.091′，高程578米）圆锥形，残高2.5米，底部直径12.5米。现地表种植黄豆，采集到夹砂红褐陶片和夹砂黑皮陶片，以及表面有刻划痕的花岗岩砺石残块一件。烽燧顶部表土下可见炭痕。西距南台子古城址4.9千米，东距岗上岭烽火台5.2千米（图版一二）。

5. 山头村岗上岭烽燧（编号220521353201040005）

山头村岗上岭烽燧（N41°45.773′，E125°30.830′，高程685米），圆丘形，植被覆盖较厚，高度约1.2米，底部直径约5.9米。

东南距庆生村东山烽燧12.5千米，西南距欢喜岭三队南山烽燧5.3千米（图版一三，1）。

6. 庆生村东山烽燧（编号220521353201040006）

庆生村东山烽燧（N41°41.140′，E125°37.314′，高程578米），圆丘形，植被覆盖厚，高度0.6米，底部直径约3.8米。东北距砬缝后山烽燧2.4千米，西北距山头村岗上岭烽燧12.5千米（图版一三，2）。

7．八岔沟西山烽燧（编号220521353201040007）

八岔沟西山烽燧（N41°41′39.54″，E125°37′28.97″，高程570米），呈椭圆形，坐落于基岩之上，周围植被覆盖茂密，烽燧残高1.3米，底部最长处约7.5米。烽燧周围散见夹砂红褐色陶器残片，可辨器型包括陶器口沿、器耳及器底等。经试掘，发现破坏严重的房址一处（图版一四、一五）。

8．砬缝后山烽燧（编号220521353201040008）

砬缝后山烽燧（N41°41.893′，E125°38.704′，高程662米），圆丘形，植被覆盖厚，高0.4米，顶部有现代扰坑，底部直径约4.3米（图版一六）。

9．小西沟西山烽燧（编号220521353201040009）

小西沟西山烽燧，E125°41′30.24″，N41°42′51.36″，高程556米。该烽火台位于通化县金斗朝鲜族满族自治乡西侧小西沟西山山顶，南临　蚄河，整体保存较好。现存土丘一座，整体呈馒首状，平面不规则，剖面半圆形，底部直径5.4米，残高1.6米。顶部可见不规则零星堆放的山石。东南距大南沟东山烽火台2千米，西南距砬缝村后山烽火台1.5千米（图版一七）。

10．大南沟东山烽燧（编号220521353201040010）

大南沟东山烽燧（E125°41′44.58″，N41°41′58.56″，高程507米）位于通化县金斗朝鲜族满族村大南沟东山山顶，北临　蚄河。在山体向北延伸的尾端，山脊的顶部，东西两侧为自然沟堑，西侧和北侧为自然断崖。烽燧周围植被茂密，东西两侧为自然生长的柞木、灌木林，南侧覆盖次生的落叶松林（图版一八，1）。

烽燧由两层阶台和半弧形的环壕及环墙统一构成。一级阶台直接坐落于山脊平地上，最长达41.6米，最短为25.5米；一级阶台顶部高出外侧环壕沟底约2—3.5米。环壕呈半弧形环绕着一层阶台，两端尽头均为断崖，中间留有登台甬路，壕沟底部宽度约1.0—1.3米，甬路宽约1米。环壕外侧为环墙，与其呈同心圆状分布，当取壕沟之土顺势堆筑而成，高出外侧地表约1.2—1.5米，高出内侧沟底约1.5—2.5米，两端尽头为断崖，中间留有豁口，直通登台甬路，宽约1.3米。

一级阶台之上为烽火台，平面呈椭圆，剖面呈梯形，底部长径21米，短径16米，顶部径长约9—11米。顶台残存高度约1.3—1.8米（图版一八，2；一九）。

在一级阶台的顶部，以登台甬路为轴线，左右一米处，各有房址一座，编号分别为F1和F2。

经过考古清理，F1呈半地穴式，整体呈矩形，南北长3.2米，东西宽2.9米，房内有一铺曲尺形石砌火炕，保存相对完好；烟道残存三条，由单层长条形山石简单铺建，每条整体长约5米，宽25厘米，深20厘米。烟道之上由单层板石铺砌，依稀可辨认出三排，沿烟道走向呈曲尺形分布，板石基本为不规则形状，形体较大者长约50厘米，宽约35厘米，厚5—10厘米。个别石板之间有黄泥填充缝隙，顶部由黄泥抹面，平均厚度约3厘米，怀疑当时应在炕面普遍抹筑，后期遭到破坏。灶址位于房址的东部中央偏北，呈圆底形，南北长48厘米，东西宽40厘米，深35厘米。灶口和与其相连的主体烟道方向垂直（图一、二）。

出土遗物：在炕面和灶址内出土有残碎陶片，陶片以夹砂黄褐、黑褐为主，可辨器物口沿和器底。灶内还发现大量草木碳炭遗迹。F2保存状况较差，形制与F1基本一致（图版二○）。

根据阶台、房址、环壕、环墙、甬路之间的布局关系初步分析、推测，这些遗迹具有共时性，共同构成了大南沟东山烽燧，兼驻卒、报警、防御作用于一体。是通化县境内发现的一处较为典型的烽燧遗存。同时烽燧内出土的夹砂陶片的风格与辽宁境内汉代烽燧遗物风格一致。

11．河夹信村西南山烽燧（编号220521353201040011）

河夹信村西南山烽燧（N41°42.829′，E125°42.978′，高程538米），圆丘形，植被覆盖较

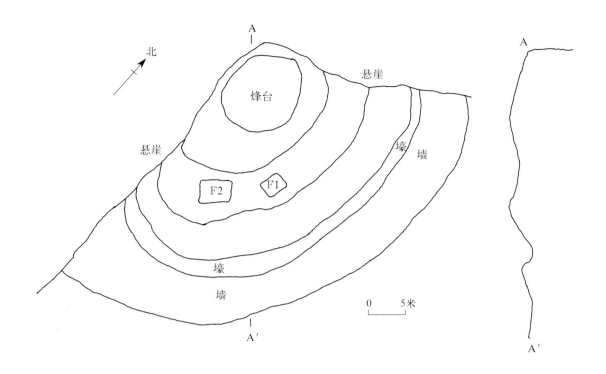

图一　大南沟东山烽燧平、剖面图

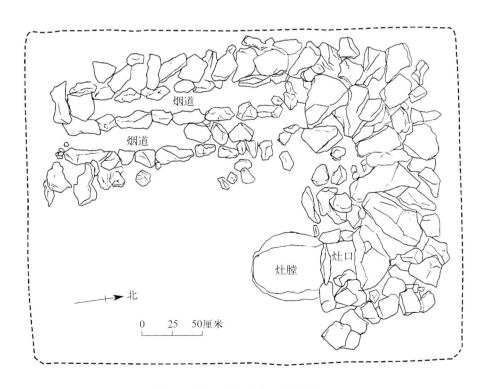

图二　大南沟东山烽燧F1平面图

厚，残高0.5米，底部直径约3.5米（图版二一）。

12．大茂山烽燧（编号220521353201040012）

大茂山烽燧（N41°41.040′，E125°45.452′，高程536米），顶部现为三角形平台，面积约为23平米，破坏较严重。平台顶部高出四周约1—1.5米。西南距赤柏松汉代山城2.8千米。周围视野通透，未发现遗物（图版二二）。

二、关堡

南台子古城（编号220521353102040001）

南台子古城，（N41°44.305′，E125°23.887′，高程452米）位于通化县三棵榆树镇镇南约0.5千米的一级阶地上，城墙系土石混筑，平面大致呈长方形，东墙长38米，南墙长48米，西墙长38米，北墙长48米，总长172米。城内高外低，其中北墙保存最好，墙体外侧陡直，顶面高出地表约4米。城内采集遗物包括磨制石刀、石镞、陶网坠、铁器残块及其他陶器残片。可区分的陶片有灰褐色泥质陶器口沿、红褐色夹砂陶器底、灰褐色夹砂陶桥状器耳等。陶器具有汉代中原陶器特征。南台子古城应是一处关堡（图三；图版二三、二四）。

该城墙体土石混筑，与通化地区的山城筑造方式存在明显区别，而与辽东地区的汉代平原小城风格相似，且城内出土汉代中原特点的泥质灰陶器及绳纹陶片。南台关堡地处河流冲积带，四周视野开阔，向西最远可见辽宁境内新宾旺清门镇孤角山烽燧，向东可遥望岗上岭一带。同时其位置正处于永陵南古城和赤柏松古城之间，便于管理东西两侧的烽燧，同时也作为兵士补给、轮休的固定营所（图版二四）。

三、相关遗存

赤柏松古城（编号220521354199040001）

赤柏松古城位于通化县快大茂镇西南约2.5千米的低矮二级台地上。西距辽宁新宾永陵南城址（玄菟郡一迁后郡址）约60千米，东距吉林集安国内城（高句丽王城）约120千米（图版二五，2）。

该城早年经过考古调查，正式的发掘工作主要由吉林省文物考古研究所承担，并分两个阶段进

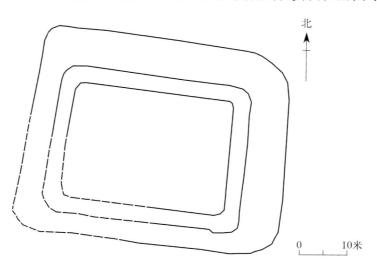

图三　南台子古城址平面图

行：2005年至2008年作为《吉林省高句丽遗址保护方案》拓展项目，开始了全面的调查、测绘、勘探和发掘工作；2009年至2011年为国家文物局批准发掘的主动性考古项目。2011年4月至11月，在历年工作所取得成果的基础之上，该所对其进行了为期8个月的大规模发掘。

赤柏松古城地处的二级台地，沿由西向东的山脊顺势而下，末端探入东侧大都岭河古河道，南侧为一大型冲沟（当地称高丽沟），在长期水流作用下，台地的东侧和南侧形成断崖。整个台地形如紧握的拳头探向河谷。山城整体上西高东低，靠近东部地势缓慢，往西、北方向坡度变陡，直至台地的制高点。经勘探和发掘，大型建筑主要分布在城内东部缓坡处。

经勘测、发掘可知，该城城郭布局主要依靠自然山险，台地断崖或陡坡之处即为城郭边缘、缓坡之处人工筑墙，以形成内高外低，易守难攻之势。同时合理利用了三道自然冲沟。北墙外冲沟的存在限制了该墙两处角楼的直线相接，两段墙体夹角约135度，夹角豁口处当为北门所在。东城墙上的两处自然冲沟与城内的排水系统融为一体，经发掘证明，城内主体院落沟渠的排水方向分别为这两处自然冲沟，使其成为城内地上积水和山体潜水层渗水排出山城的主要通道。经解剖，城墙系在自然坡地上直接夯筑而成，并筑有墙芯。城墙和墙芯剖面基本呈梯形，墙芯可见均匀而致密的夯层，包含物以黄色亚粘土和黑沙土为主，偶见碎小山石。夯层明晰，土质致密而坚硬，夯层间可见夯窝。这种建造方式明显区别于周围的高句丽山城，而与辽东境内的汉城非常接近（图四；图版二六、三○）。

重要的是，在城内还出土了大量的具有汉代风格的绳纹板瓦和筒瓦等建筑构件，以及大量铁器，包括：铁镬、铁锸、铁镰等生产工具，铁矛、铁镞、铁甲片等兵器，马衔、车　等车马具和日常生活所用的铁权、铁环、铁钉等。日用陶器有两种风格，其一为当地土著民所用的素面夹砂红褐陶，可见平底、柱形环耳等；其二为施以菱形纹、绳纹、弦纹的汉式风格的泥质灰褐陶，可见陶瓿、陶壶、陶盆、陶豆等器型。进一步说明了该城具有显著的汉文化因素（图版二七~二九）。

考古发掘对城内东部缓坡地带的大型院落进行了整体揭露，发掘面积约3000平方米。从堆积层位关系分析，该院落兴建之初即对原有地貌做了大规模改造，削高垫低以使整体趋于平坦。院落建有环墙，平面整体呈东北—西南走向的长方形，长67.5米，宽66.5米。墙基和墙体的包含物为黄褐色砂岩碎块和碎屑，堆积较为致密，建筑材质在整个院落中具有同一性。院落外南北两侧有自坡上至坡下与院墙走向平行的排水沟各一条。院落北侧有台基式联排建筑，其上有连续分布的房址四座。在南墙东西两处的转角部分还分别发现了许多板瓦和筒瓦残片，疑似为角楼设施的倒塌堆积。院内出土遗物与往年基本相同（图版三一~三三）。

另外，城内临近南墙发现上圆底方、凿破基岩的水井一处，口径1.4米，深2.3米；城外山下南侧发现平面呈瓢形陶窑址一处，破坏严重难以辨别形制，窑床上摆放有陶香炉盖、陶瓿、陶筒、筒瓦等烧制成型的灰陶制品。该窑址的发现，为探讨城内陶制品的来源提供了有力证据（图版二九，三一，三三，2；图四）。

赤柏松古城的考古工作不仅使我们认识了城郭建筑的整体理念，也对城内主体院落的建筑布局和与之相关的台基、院墙及排水设施的建筑方式有了进一步的了解。建筑布局和同时期遗物表现的文化特征都为认定该城的年代和性质提供了重要的物质资料支撑，同时其他特殊遗存现象也为探讨该城的使用时间和废弃原因提供了佐证。

因此，以多年考古实料为基础，结合历史文献资料、该城建筑规模和遗存的文化特征、地理位置、与周围同时期城址的比较等综合分析，该城址是我国目前发现并经过考古发掘的位置略靠东北的一处汉城遗址，初步推断其年代为西汉中晚期至东汉早中期，其属性既具有军事要塞之功能，同时也达到了东北地区县级城市的规模，应为相关遗存。

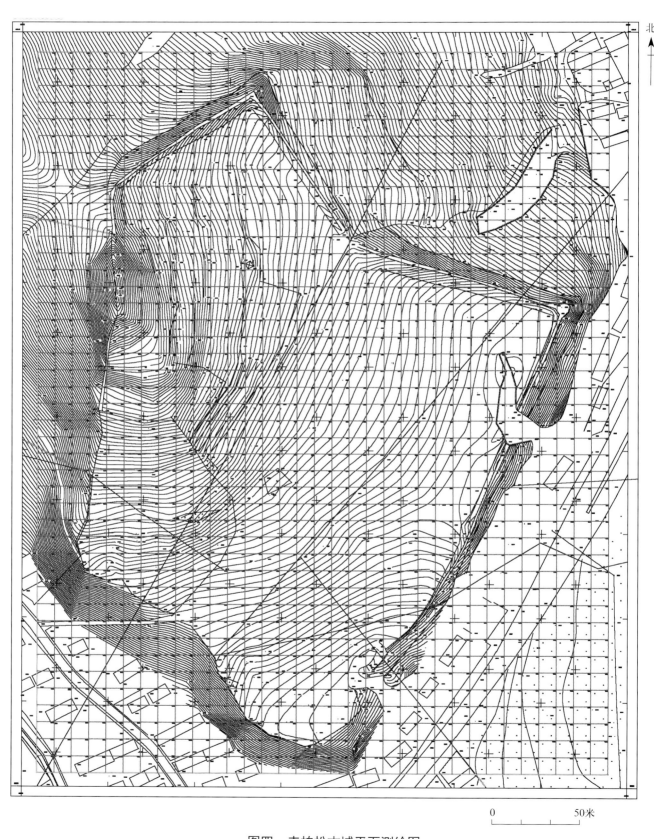

北

0　　　　　　50米

图四　赤柏松古城平面测绘图

第三章 结语

"南台子古城"及沿线烽燧应是以赤柏松古城为中心防御体系的重要组成部分，共同构成汉时期中央政权经略东北的重要实证。

通化县境内汉烽燧线与辽东地区的长城障塞的联系和区别主要表现在以下方面：

（一）联系

1．有烽燧或戍边小城，不见连续的城墙。《汉书·匈奴列传》载侯应语："起塞以来，百有余年，非皆以土垣也。或因山岩石，木柴僵落，溪谷水门，稍稍平之，卒徒筑治。" 这种记述与吉林东南部地区和辽东地区的地质地貌相符，该区域内山岭起伏，河流纵横，许多地段本身就具天险之利，修筑者利用地势，稍加筑治即成。

2．烽燧建筑两两相望，距离以3—5千米为基本规律

3．有些遗迹周边可采集到相关遗物，如夹砂陶片，瓦片等。纹饰以绳纹为主。

4．辽宁境内抚顺地区诸烽燧周边采集的绳纹板瓦、筒瓦及陶器残片与赤柏松山城出土的同类遗物特征基本一致，也进一步证明了赤柏松古城、南台子古城、白旗汉城及诸多烽燧的时代和所代表文化的统一性。

（二）区别

由新宾旺清门镇沿沈长线方向至通化县，山丘的海拔集中在540米—660米之间，山顶植被覆盖较厚，夏季草树茂密，难以准确辨别遗迹现象，更难以采集到相关遗物。致使从旺清门到赤柏松古城之间的一些地理位置绝佳的山顶圆丘认定烽火台较困难。

参考文献

邵春华等《赤柏松汉城调查》，《博物馆研究》1987年第3期。

柳岚、邵春华《吉林通化市汉代自安山城调查与考证》，《博物馆研究》1991年第3期。

吉林省文物志编委会《通化市文物志》1986年。

吉林省文物志编委会《通化县文物志》1986年。

萧景全《辽东地区燕秦汉长城障塞的考古学考察研究》，《北方文物》2000年第3期。

萧景全、李继群《抚顺发现汉代烽台遗址》，《中国文物报》1999年4月18日。

孙守道《汉代辽东长城列燧遗迹考》，《辽海文物学刊》1992年第2期。

李殿福《东北境内燕秦长城考》，《黑龙江文物丛刊》1982年第1期。

李文信《中国北部长城沿革考》，《社会科学辑刊》1979年创刊号。

李殿福《东北境内燕秦长城考》，《黑龙江文物丛刊》1982年第1期。冯永谦、

何溥滢《辽宁古长城》辽宁人民出版社1986年。

刘子敏《战国秦汉时期辽东郡东部边界考》，《社会科学战线》1996年第5期。

张博泉《东北地方史稿》，吉林大学出版社1985年版。

四平地区博物馆、吉林大学历史系考古专业《吉林省梨树县二龙湖古城址调查简报》，《考古》1988年第6期。

阎忠《燕北长城考》，《社会科学战线》1995年第2期。

冯永谦《辽东地区燕秦汉文化与古长城考》，《辽宁省本溪、丹东地区考古学术讨论会文集》，1985年；

冯永谦《东北古长城考辨》，《东北亚历史与文化》，辽沈书社.1992年。

王绵厚《汉晋隋唐之南苏水与南苏城考》，《历史地理》第四辑

孙杰《阜新地区燕北长城调查》，《辽海文物学刊》1997年第2期。

冯永谦、温丽和：《法库县文物志》。

铁岭市文管办：《辽宁铁岭市邱台遗址试掘简报》，《考古》1996年第2期。

刘伟《沈阳地区考古发现纪略》，《辽宁文物》第2期，1981年。

沈阳文管办《沈阳市文物志》，1993年。

俊岩《沈阳上伯官汉墓清理报告》，《辽海文物学刊》1991年第2期。

佟达《抚顺县巴沟出土燕国刀币》，《考古》1985年第6期。

苗丽英《本溪怪石洞发现青铜时代及汉代遗物》，《辽海文物学刊》1997年第1期。

齐俊《本溪大浓湖发现战国布币》，《辽宁文物》1980年第1期。

武家昌《桓仁抽水洞遗址发掘获可喜成果》，《中国文物报》1995年7月23日。

桓仁满族自治县文物志编纂委员会：《桓仁满族自治县文物志》。

许玉林《辽宁宽甸发现战国时期燕国的明刀钱和铁农具》，《文物资料丛刊》第3期，1980年北京。

王来柱《宽甸县金坑高岭水库淹没区青铜时代和汉代遗址考古调查》，《博物馆研究》1994年第3期。

王德柱《鸭绿江畔发现燕秦汉长城东段遗址》，《中国文物报》1991年5月19日。

邹宝库《释辽阳出土的一件秦戈铭文》，《考古》1992年第8期。

许玉林、王连春《辽宁宽甸发现秦石邑戈》，《考古与文物》1983年第3期。

张维华《中国长城建置考》上编，中华书局1979年。

附录

通化县汉烽燧线统计表

序号	名称	类别	成因	现状
1	狍圈沟南山烽燧	烽燧	人工	良好
2	川排沟烽燧	烽燧	人工、自然	残
3	三棵榆树一队北山	烽燧	人工、自然	残
4	南台子古城	关堡	人工	稍残
5	欢喜岭南山烽燧	烽燧	人工、自然	残
6	山头村岗上岭烽燧	烽燧	自然	良好
7	庆生村东山烽燧	烽燧	人工、自然	残
8	八岔沟西山烽燧	烽燧	人工、自然	良好
9	砬缝后山烽燧	烽燧	人工、自然	良好
10	小西沟西山烽燧	烽燧	人工、自然	残
11	大南沟东山烽燧	烽燧	人工、自然	良好
12	河夹信村西南山烽燧	烽燧	自然	残
13	大茂山烽燧	烽燧	自然	残
14	赤柏松古城	相关遗存	人工	良好

第三部分　吉林省唐代老边岗土墙调查报告

第一章　概述

一、吉林省唐代老边岗土墙概况

（一）吉林省唐代老边岗土墙沿线的自然地理与地貌特征

　　长春、四平地区位于北半球中纬度地带，中国东北松辽平原腹地，是东北地区地理中心，总面积3.5万平方千米，总人口约一千万人。长春—四平地区的西北与松原市毗邻，南和辽宁省相连，东与吉林市相依，北同黑龙江省接壤（图版三四）。

　　地理特征方面，长春—四平深断裂带是一条分割山地与平原的主要构造线，以东为隆起区，以西为沉降区，长春地区位于隆起区与沉降区之间。地质构造的过渡性决定了长春地貌类型的多样性，形成了东高西低的地貌特征。长春地区地貌由山地、台地和平原组成，形成了"一山四岗五分川"的地貌格局。长春山地面积不大，约占长春地区土地总面积的9%。其中低山占2.56%，丘陵占6.44%，主要有大黑山和吉林哈达岭。长春台地面积较大，约占土地总面积的41%。其中，平缓台地占35.23%，高台地占5.77%，主要有榆树台地、长春台地、双阳台地和优龙泉台地。长春平原面积最大，约占土地总面积的50%。其中河谷平原占39.4%，低阶地占7.5%，湖积平原占3.1%，主要有双阳盆地、松花江河谷平原、拉林河河谷平原、饮马河河谷平原和农安湖积平原。

　　长春位于东部低山丘陵向西部台地平原的过渡地带，平原面积较大，台地略有起伏，地势平坦，交通便利。长春地区除东部有小面积的低山丘陵，绝大部分为台地，第二松花江（西流松花江）、饮马河、伊通河纵贯其间，沿河两岸则为平坦的冲积平原，地势平坦，交通方便。四通八达的自然区位，对发展长春经济十分有利。

　　长春—四平地区自然区有两个特点：一是地势起伏小，地表相对高差不超过40米至50米，地面坡度不超过4度至5度，有利于发展城市交通运输。二是地耐力比较好。长春地区的地质基础比较稳固，地耐力为每平方米15吨至20吨，有利于城市基础设施建设（图版三六）。

　　长春—四平地区自然条件比较优越，各类自然资源比较丰富，基本情况如下：

1．土地资源

　　长春、四平两市地域辽阔，土地资源较丰富，地势平坦，土壤肥沃，适宜生长多种农作物。榆树市、农安县、九台市、德惠市、公主岭市、梨树县、伊通满族自治县、双辽市均为国家商品粮基地县（市），在全国百个商品粮基地县长春四平地区占有8个。在农作物中，以玉米、大豆、水稻最为著称，其次为高粱、谷子、小麦等。在经济作物中，葵花籽和甜菜产量较多，其次是花生、蓖麻、烤烟、瓜果等。

2．森林植物及动物资源

长春市林业用地324102公顷，四平市森林总面积为30.65万公顷，其中人工林占一半以上。四平市东部地区分布着大面积森林，中西部地区以农田防护林为主，有小面积片林。东部低山丘陵生长着茂密的天然林。长春－四平地区树种有白桦、水曲柳、黑松、樟子松、云杉、冷杉、长白落叶松、侧柏、桧柏、胡桃楸、水曲柳、黄菠萝、花曲柳、山杨、黑桦、蒙古柞、山杨、春榆等。野生动物资源有豹猫、红狐、黄羊、狐狸、狼等。两栖爬行类有黑斑蛙、大蟾蜍、东北雨蛙、林蛙、中华鳖、虎斑文蛇、背角无齿蚌等5类35种。鸟类有野鸡、啄木鸟等178种。鱼类有链、鲤、鲫、鲶、草根鱼等27种。食用野生植物有蕨菜、蘑菇、山里红等50多种。药用植物有人参、甘草、五味子、枸杞子、黄麻等293种。

3．水资源

长春地区的地表水属第二松花江水系，松花江、饮马河、伊通河的中下游，还有沐石河、双阳河、雾开河、新开河及卡叉河等流经境内，有波罗泡子、敖宝吐泡子、元宝泡子等主要泡子湖泊7处；由于市区的下部基岩为中生代白垩纪红色岩系，岩层致密，为不透水层或含水性极微，因而无深层地下水源，故地下水贫乏。四平地区水系以东辽河为主，资源总量为23.99亿立方米。其中全市多年河川净流量为12.56亿立方米，地下水资源为11.43亿立方米。

4．草地资源

四平市草地资源总面积14.4万公顷，双辽市和公主岭市北部的部分乡镇因位于松嫩平原的南缘而具有大面积的草原，伊通满族自治县和梨树县南部有较大的荒山草坡。

长春—四平地区的年降水量为600－1000毫米，多年最高温度是35℃，最低温度为零下33℃。年日照量是2400－2600小时，无霜日为140天左右。

（二）吉林省唐代老边岗土墙修筑的历史沿革

关于唐代老边岗土墙的文献记载，始见于《旧唐书》，此后在《新唐书》、《三国志》等史书上均有记述。《旧唐书》卷一九九《高丽传》载："贞观二年，破突厥颉利可汗，建武遣使奉贺，并上封域图。五年（公元631年），诏遣广州都督府司马长孙师往临瘗隋时战亡骸骨，毁高丽所设京观。建武俱伐其国，举筑长城，东北自扶余城，西南至海，千有余里。"《新唐书》卷二二〇《高丽传》载："太宗已禽突厥颉利，建武遣使者贺，并上封域图。帝召广州司马长孙师临瘗隋战士骸，毁高丽所立京观。建武惧，乃筑长城千里，东北首扶余，西南属之海。"《三国史记》卷二〇《高句丽本记第八·建武》亦载："荣留王十四年（公元631年），唐遣广州司马长孙师，临瘗隋战士骸骨，祭之，毁当时所立京观。春二月，王动众筑长城，东北自扶余城，东（应是西）南至海，千余里，凡一十六年毕功。"同书又云："二十五年（公元642年）春正月，遣使入唐朝贡。王命西部大人盖苏文监长城之役。"

二、吉林省唐代老边岗土墙以往调查研究情况

唐代老边岗土墙在清代就有所发现，此后，在民国时期，有关县志也有所记载。至近代，有关学

者及文物部门对其进行了零星的调查，并有学者专门撰文对其进行了研究。

1．近代有关文献关于唐代老边岗土墙的记载

《辽海丛书》第一册《沈故》卷四："老边，奉化县东北土阜蜿蜒，由怀德县西南入界，至小城子，过龙王庙至老壕屯，长数十里，高丈余，土人名之曰老边岗"。已故考古学家李文信先生《沈故　批注》："奉化，后改为梨树县。老边今在昌图界内，时代，尚未调查，难定"。

《奉天县志》卷七十四："怀德县边岗一带有古塞遗址，南逾东辽河与梨树县境内的老边岗相衔接，斜亘七十余里"。

民国十八年（1929年）《怀德县志》卷一记：（老边岗）"此边在四区戬子街西南入境，至五区大青山入长春界，斜亘境内七十余里，凡境内诸屯，以边岗、小边名者，均以此"。

2．有关唐代老边岗土墙的调查情况

基于文献记载以及对高句丽史研究的关注，近几十年先后进行过三次系统的调查。

（1）1981年10月末—11月初，中央民族大学研究室、吉林省博物馆、吉林师范大学和怀德县文化部门联合对怀德（公主岭）境内的边岗做实地调查，搞清了怀德境内边岗的走向（东北—西南）、总长度（50余里）以及构造方式（夯筑）。1983年5月，怀德县文物普查队又进行了复查，情况大致相同。

（2）1988年4月末与1989年10月初，李健才等对农安、德惠境内所有以边岗命名的地名进行了实地调查。结果表明，这些地点均有过边岗（长城）遗迹，亦呈东北—西南走向，与怀德境内的边岗相接。此外，还搞清了边岗的东北端起自第二松花江南岸的德惠县松花江乡老边岗屯。

（3）2006年3月，吉林省文物考古研究所会同四平市文物管理办公室对吉林省境内老边岗遗迹进行了全线调查。调查表明，吉林省西部老边岗遗迹起点为德惠市松花江镇松花江村东北的第二松花江南岸，经由德惠、农安、公主岭、梨树、四平铁西区进入辽宁境内，总长约524华里，大体呈东北—西南走向。

3．唐代老边岗土墙的研究情况

有关唐代老边岗土墙的研究自上世纪80年代开始，就从未停止过，其中较有影响的有李健才的《东北地区中部的边岗和延边长城》、《唐代高丽长城和夫余城》、《再论唐代高丽的夫余城和千里长城》；王健群的《高句丽千里长城》；陈大为的《辽宁高句丽山城再探》；梁振晶的《高句丽千里长城考》；冯永谦的《高句丽千里长城建置辩》等，这些研究成果最终可归纳为两种学术观点。

（1）山城联防线说

王健群先生认为，千里长城不是独立的防御线，而是连接边境山城，与山城共同构成高句丽西部防御线的土垒。

陈大为先生认为，千里长城是以大型山城为主，小型山城为辅，共同构成东北—西南方向，长约千里的山城联防线。

梁振晶、赵晓刚等学者认为怀德境内土垒年代难以确定，千里长城应是从西丰城子山山城（扶余城）到大连金州大黑山山城的千里山城防御组群。

（2）实有线路说

李健才先生认为起自德惠松花江乡，至西南营口千有余里的边岗即为高句丽长城遗迹，是山城西部的第一道防线，也是高句丽后期的西部边界。

冯永谦也认为高句丽千里长城即为边岗，全线起自德惠松花江乡老边岗屯，终止于营口老边区前岗子，是一道独立防线，而非山城联防线。进入辽宁境内后，北起昌图县泉头镇，经昌图、开原、铁

岭、沈阳、辽中、辽阳、鞍山，南至海城牛庄镇的一段为明长城所用，故保存较好。

现学界更倾向于实有线路说。

4．关于唐代老边岗土墙起点的争论

关于唐代老边岗土墙的起点，《旧唐书》与《新唐书》记载有细微差别，《旧唐书》记载："东北自扶余城，西南至海，千有余里"。而《新唐书》记载："东北首扶余，西南属之海"。这两条文献记载差别之处就在于一"城"之差，那么关于高丽夫余城在何地，学界也有争议，大致有以下几种观点，

一说农安、一说西丰城子山山城、一说吉林龙潭山城。但从以往调查发现看，《新唐书》的记载应最为精当，即土墙起点位于扶余故地，西南濒海。通过近几年的考古调查，基本确认唐代老边岗土墙起自于德惠市松花江乡老边岗村。

5．关于唐代老边岗土墙的形制

《怀德县文物志》边岗条记："以三皇庙村东和黄花甸子北保存较好。三皇庙村东边岗基宽约6米，顶宽约3米，高约1米……东黄花甸子向北，与陈家窝堡边岗屯中间，有2华里保存较好的地段，边岗基宽约6米，顶宽约3米，高约2米。"

2006年的调查结果表明，现存边岗为东北—西南走向，呈鱼脊形隆起的土楞，许多地段被当作田间地格（两块耕地之间的分界），有的被辟为田间农用车道或村屯之间的乡道。保存不好的地段仅存隐约的漫岗痕迹，或形似漫岗形的小土包。有的地方还能清晰的看出壕的迹象。因此，唐代老边岗土墙应为壕墙一体的防御工事。

第二章　吉林省唐代老边岗土墙调查主要成果

一、吉林省唐代老边岗土墙概况

（一）吉林省唐代老边岗土墙的分布与走向

唐代老边岗土墙分布于吉林、辽宁两省，起于吉林省德惠市松花江镇松花江村，老边岗土墙由此向西南方向直至辽宁省营口市沿海区域。吉林、辽宁两省交界处位于吉林省四平市铁西区平西乡勤业村小边屯西800米处、小边机场南侧，老边岗土墙由此向西南进入辽宁省铁岭市昌图县老四平镇上家槽子屯。

吉林省境内唐代老边岗土墙的主体分布，包括长春地区的德惠市、农安县，四平地区的公主岭市、梨树县、铁西区，共五个段落。为了便于叙述，以下对吉林省境内唐代老边岗土墙的走向，按行政区划分段予以记述（图版三七）。

1. 德惠段

德惠市境内唐代老边岗土墙分布于松花江镇、达家沟镇、边岗乡、天台镇、郭家镇、同太乡。具体走向为：起于松花江镇的松花江村松花江南岸，经邢家大桥村、达家沟镇的十二马架村、达家沟村，边岗乡的金星村、边岗村、何家村，天台镇的光明村、小城子村，郭家镇的向阳村，同太乡的宫家村、前山村，西南和农安县境内的小桥村土墙相接。

2. 农安段

农安县境内唐代老边岗土墙分布于前岗乡、华家镇、龙王乡的大兴村、沙岗村、三岗乡。具体走向为：起于前岗乡的苇塘村、小桥村，经腰道村、于家村、华家镇的华站村、边岗村、战家村、龙王乡的大兴村、沙岗村、一心村、三岗乡的云昌村、安乐村，西南方向和四平地区公主岭市境内的幸福村土墙相接。

3. 公主岭段

公主岭市境内唐代老边岗分布于双城堡镇、怀德镇、秦家屯镇的南平安堡村，大榆树镇。具体走向为：起于双城堡镇的幸福村，经边岗村边岗四队、育林社区、西山村，怀德镇的农林村、黄花村、新三道岗村、河南村，秦家屯镇的南平安堡村，大榆树镇的赵家村。西南方向直至秦家屯镇南平安堡村边岗屯西部屯前300米，此处向西南至东辽河北岸皆为消失区域。

4. 梨树段

梨树县境内唐代老边岗土墙分布在小城子镇、双河乡、万发镇、郭家店镇、梨树镇。具体走向为：起于小城子镇的大房身村，经张家窝堡村，双河乡的腰窝堡村、柳家屯村、王木铺村，万发镇的大榆树村，郭家店镇西青石岭村，梨树镇马地方村、北老壕村、北夏家村、泉眼沟村、獾子洞村。

5．铁西区段

铁西区境内唐代老边岗土墙起于梨树县獾子洞村南老壕屯南口，东八大屯、翟家堡子屯、西八大屯进入四平市区。因城区内及其周边的建设，其地形地貌改变较大，至铁西区平西乡勤业村东为消失区域。从铁西区平西乡勤业村东至铁西区平西乡小边屯屯西，为东北—西南走向，老边岗土墙与辽宁省界的交接点在四平市南郊的小边机场附近，此处向西南和辽宁省昌图县境内土墙相连，其中交界区域墙体现已消失。老边岗土墙在四平市区内跨越五条小河流。

（二）吉林省唐代老边岗土墙保存现状

1．本体

（1）德惠市唐代老边岗土墙本体及保存现状

松花江屯土墙（编号220183382101120001）

起于松花江镇松花江村松花江屯（松花江村3社）东北300米的断崖崖口，止于德松公路与松邢村道交汇处西南862米（松花江镇松花江村与邢大桥村分界处）。起点高程194米，止点高程226米。整体走向东北—西南。东北接松花江村屯东北侧第二松花江河滩地，西南连邢大桥村土墙。全长3340米，整体保存差。

该段墙体为土墙，从局部裸露在外的墙体观察，构筑方式为就地取土夯筑而成。

按照保存状况可分为4段：

第一段（GPS0208—GPS0211）　该段墙体位于松花江屯北及西北侧耕地内，地表遗迹现象较清晰，由于自然风霜雨雪侵蚀及长时期人为农业耕作，墙体顶部及两侧受损。墙体两侧有明显倒塌堆积

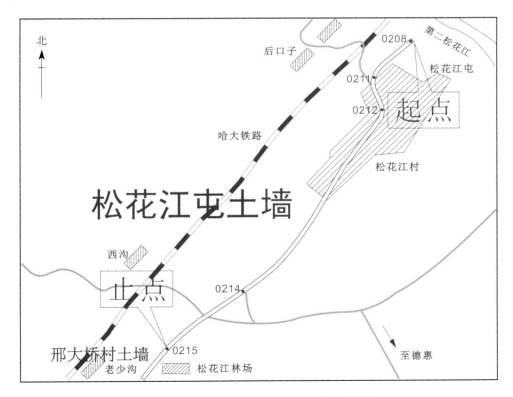

图五　松花江屯土墙位置及走向示意图

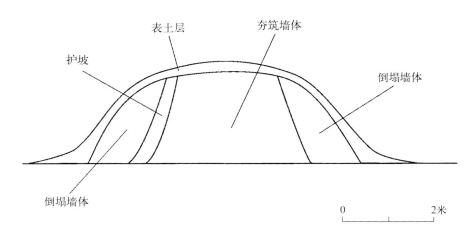

图六　松花江屯土墙墙体剖面图

迹象，顶部有表土层。起点高程194米，止点高程197米。全长1252米，走向东北—西南，墙体保存差。现存墙体顶宽1.2—3.0米，底宽3.0—6.0米，残高0.5—2.0米。其中GPS0208为松花江屯土墙起点，同时也是德惠市境内土墙起点。从起点处受到破坏的墙体断面观察，有明显夯筑迹象；夯筑方式为采用黄色粘土逐层夯筑，夯层整体高约2米左右，每层厚约0.02—0.05米不等，未见夯窝。由于该段墙体近临第二松花江，为防止江水冲刷致墙体滑坡，墙体外侧发现有明显护坡遗迹现象。

　　第二段（GPS0211—GPS0212）　　起点高程197米，止点高程184米。全长274米。走向西北—东南，墙体保存差。现存墙体顶宽5—6米，底宽6—7米，高于地表约0.5米。该段墙体与松花江屯西南村村通水泥路（松花江村—后口子村）重合。

　　第三段（GPS0212—GPS0214）　　起点高程184米，止点高程212米。全长1727米，走向东北—西南，墙体保存差。现存墙体顶宽5.0—6.0米，底宽6.0—7.0米，残高0.5—1.0米。该段墙体与德（惠市）松（花江镇）公路重合。

　　第四段（GPS0214—GPS0215）　　起点高程212米，止点高程226米。全长862米，走向东北—西南，墙体保存差。现存墙体顶宽5.0—6.0米，底宽6.0—7.0米，残高0.5—1.0米。该段墙体与松（花江村）邢（大桥村）村道重合（图五、六；图版三七、三八、三九，1）。

邢大桥村土墙（编号220183382101120002）

　　起于德松公路与松邢村道交汇处西南862米，止于达家沟镇西岫岩窝堡屯北侧600米（松花江镇邢家大桥村老边岗屯与达家沟镇十二马架村西岫岩窝堡屯分界处）。起点高程226米，止点高程220米。整体走向东北—西南。东北接松花江屯土墙，西南连十二马架村土墙。全长5290米，整体保存差。

　　该段墙体为土墙，从地表遗迹现象观察为就地取土修筑而成，是否夯筑暂不清楚。

　　按照保存状况可分为4段：

　　第一段（GPS0215—GPS0219）　　起点高程226米，止点高程214米。全长1745米，走向东北—西南，墙体保存差。现存墙体顶宽5.0—6.0米，底宽6.0—7.0米，残高0.5—1.0米。该段墙体与松（花江村）邢（大桥村）村道重合。

　　第二段（GPS0219—GPS0221）　　该段墙体位于邢家大桥村郑旺屯南侧耕地内。起点高程214米，止点高程200米。全长544米，走向东北—西南，墙体保存差。现存墙体顶宽1.3—2.0米，底宽2.0—4.0米，残高0.5米。

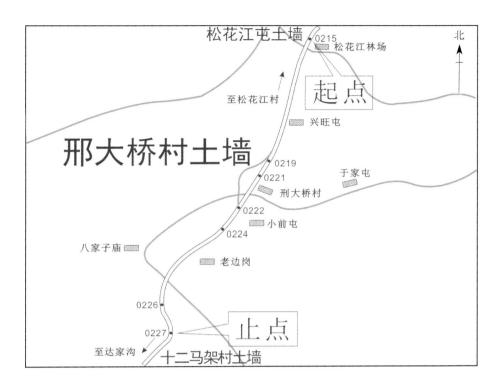

图七 邢大桥村土墙位置及走向示意图

第三段（GPS0221—GPS0222） 起点高程200米，止点高程177米。全长414米，走向东北—西南，墙体地表遗迹消失。

第四段（GPS0222—GPS0224） 该段墙体位于邢家大桥村小前屯西侧耕地内。起点高程177米，止点高程207米。全长882米，走向东北—西南，墙体保存差。现存墙体顶宽1.3—2.0米，底宽2.0—4.0米，残高0.5米。

第五段（GPS0224—GPS0226） 起点高程207米，止点高程223米。全长1263米，走向东北—西南，墙体保存差。现存墙体顶宽8—10米，底宽10—12米，残高0.3—1.0米。该段墙体与松（松花江镇）达（达家沟镇）公路重合。

第六段（GPS0226—GPS0227） 起点高程223米，止点高程220米。全长442米，走向西北—东南，墙体保存差。现存墙体顶宽8—10米，底宽10—12米，残高0.5—1.0米。该段墙体与松（松花江镇）达（达家沟镇）公路重合（图七；图版三九，2）。

十二马架村土墙（编号220183382101140003）

起于达家沟镇西岫岩窝堡屯北侧600米（松花江镇邢家大桥村老边岗屯与达家沟镇十二马架村西岫岩窝堡屯分界处），止于达家沟镇十二马架村十二马架屯西南1000米鹿场。起点高程220米，止点高程208米。整体走向东北—西南。东北接邢大桥村土墙，西南连邹家堡子屯土墙。全长4913米，保存差。

该段墙体为土墙，从地表遗迹现象观察为就地取土修筑而成，是否夯筑暂不清楚。墙体整体与松达公路十二马架村道整体重合，土质路面，局部后期人为铺垫有沙石。现顶宽8.0—10米，底宽10—15米（图八；图版四〇，1）。

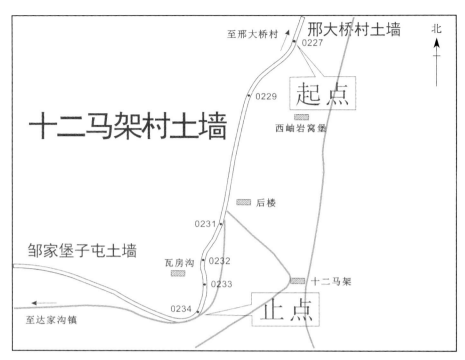

图八　十二马架村土墙位置及走向示意图

邹家堡子屯土墙（编号220183382101120004）

起于达家沟镇十二马架村十二马架屯西南1000米鹿场，止于达家沟镇达家沟村邹家堡子屯北400米的断崖崖口。起点高程208米，止点高程199米。整体为东南—西北走向。东接十二马架村土墙，西南连达家沟村砖厂土墙。全长1934米，保存差。

该段墙体为土墙，从地表遗迹现象观察为就地取土修筑而成，是否夯筑暂不清楚。

按照保存状况可分为2段：

第一段（GPS0234—GPS0235）　起点高程208米，止点高程202米。全长464米，走向东南—西北，墙体保存差。现存墙体顶宽5米，底宽7米，残高约0.5米。该段墙体与十二马架村至达家沟镇的水泥公路重合。

第二段（GPS0235—GPS0239）　该段墙体位于达家沟镇达家沟村邹家堡子屯北侧耕地内。起点高程202米，止点高程199米。全长1470米，走向东南—西北，墙体保存较差。现存墙体顶宽1.0—1.5米，底宽2.0—3.0米，残高约0.5米。（图四〇；图版三八，2）。

达家沟村砖厂土墙（编号220183382101120005）

起于达家沟镇达家沟村邹家堡子屯北400米的断崖崖口，止于边岗乡金星村上台子屯西侧德惠市4路公交线上台子屯终点。起点高程199米，止点高程179米。整体走向东北—西南。东北接邹家堡子屯土墙，西南连上台子屯土墙。全长12128米，该段墙体地表遗迹已无存。

该段墙体位于原饮马河洪泛区，河水随雨季、汛期涨落及后期人为取土等因素导致墙体地表遗迹已无存，此次通过对前后相连墙体位置关系判断确认（图一〇）。

上台子屯土墙（编号220183382101120006）

起于边岗乡金星村上台子屯西侧德惠市4路公交线上台子屯终点，止于边岗乡边岗村干沟子屯东南150米树林带。起点高程179米，止点高程176米。整体走向东北—西南。东北接达家沟砖厂土墙，西

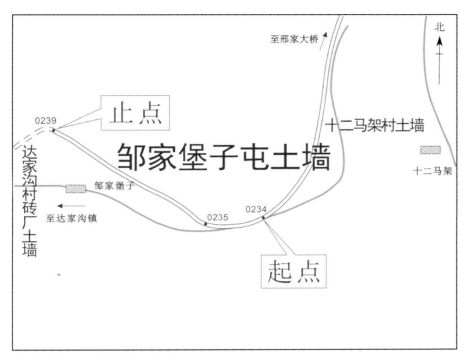

图九　邹家堡子屯土墙位置及走向示意图

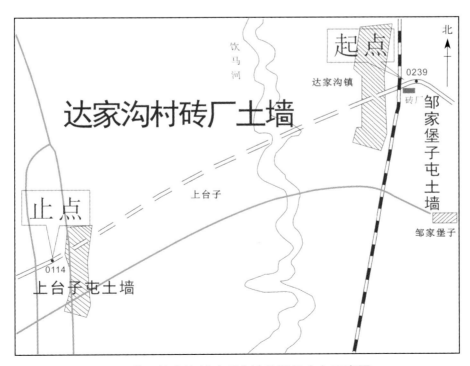

图一○　达家沟村砖厂土墙位置及走向示意图

南连边岗村土墙。全长875米，整体保存较差。

　　该段墙体为土墙，位于农业耕地内。从地表遗迹现象观察，为就地取土修筑而成，是否夯筑暂不清楚。现顶宽1.5—3.0米，底宽3.0—3.5米，略高于周边地表（图一一）。

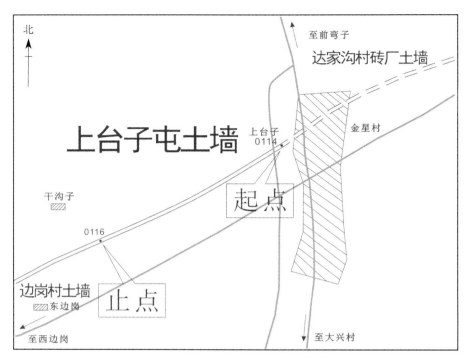

图一一　上台子屯土墙位置及走向示意图

边岗村土墙（编号220183382101120007）

起于边岗乡边岗村干沟子屯东南150米树林带，止于边岗村烧锅地屯太兴干线57号水泥电线杆东南50米。起点高程176米，止点高程184米。整体走向东北—西南。东北接上台子屯土墙，西南连烧锅地屯土墙。全长2191米，整体保存差。

该段墙体为土墙，从地表遗迹现象观察为就地取土修筑而成，是否夯筑暂不清楚。

按照保存状况可分为3段：

第一段（GPS0116—GPS0118）　该段墙体位于干沟子屯南、东边岗屯北、西边岗屯北侧农业耕地内。起点高程176米，止点高程188米。全长1760米，走向东北—西南，保存状况差，现存墙体顶宽1.5米，底宽3—4米，残高约0.3—0.5米。

第二段（GPS0118—GPS0119）　起点高程188米，止点高程186米。全长211米，走向东北—西南，该段墙体地表已无存，此次通过对前后相连墙体位置关系判断确认。

第三段（GPS0119—GPS0122）　该段墙体位于西边岗屯西南侧耕地内，为田间便道。起点高程186米，止点高程184米。全长220米，走向东北—西南，墙体保存差，现存墙体顶宽1.0—2.0米，底宽2.0—4.0米，残高约0.3米（图一二；图版四一，1）。

烧锅地屯土墙（编号220183382101120008）

起于边岗村烧锅地屯太兴干线57号水泥电线杆东南50米处，止于长春市吉星实业有限公司父母代种鸡一场西墙外。起点高程184米，止点高程195米。整体走向东北—西南。东北接边岗村土墙，西南连关家屯土墙。全长1230米，整体保存差。

该段墙体为土墙，从地表遗迹现象观察为就地取土修筑而成，是否夯筑暂不清楚。该段墙体与边岗乡2号路重合，边岗乡2号路是在原墙体的基础上直接利用，局部铺有沙土。现存墙体顶宽4.0—6.0米，底宽6.0—8.0米，残高约0.5米（图一三；图版四一，2）。

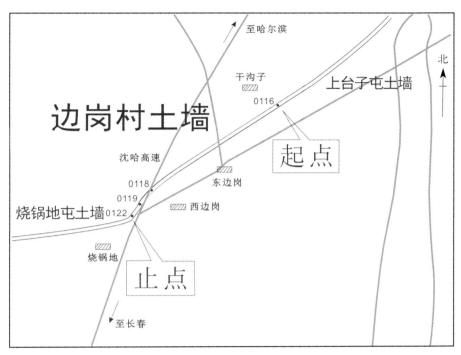

图一二　边岗村土墙位置及走向示意图

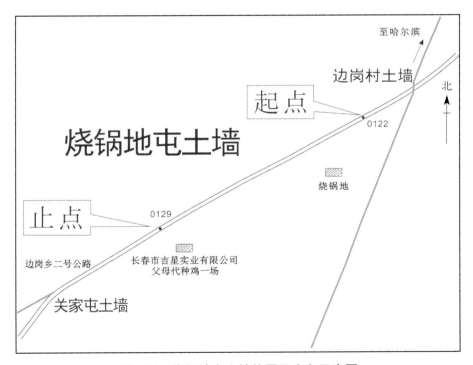

图一三　烧锅地屯土墙位置及走向示意图

关家屯土墙（编号220183382101120009）

　　起于长春市吉星实业有限公司父母代种鸡一场西墙外，止于何家村北200米边岗乡2号路西向终点。起点高程195米，止点高程198米。整体走向东北—西南。东北接烧锅地屯土墙，西南连何家堡子屯土墙。全长2220米，整体保存差。

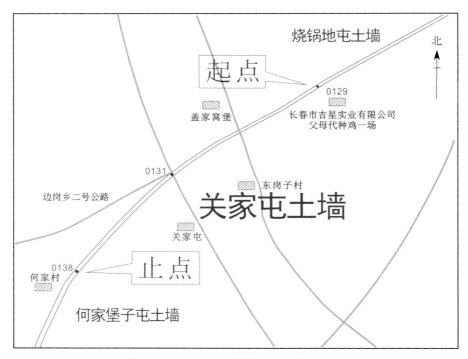

图一四　关家屯土墙位置及走向示意图

该段墙体为土墙，从地表遗迹现象观察为就地取土修筑而成，是否夯筑暂不清楚。

按照保存状况可分为2段：

第一段（GPS0129—GPS0131）　　起点高程195米，止点高程179米。全长1180米，走向东北—西南，保存较差。该段墙体与边岗乡2号重合，边岗乡2号路是在原墙体的基础上直接利用，局部铺有沙土。现存顶宽4.0—6.0米，底宽6.0—8.0米，残高约0.5米。

第二段（GPS0131—GPS0138）　　该段墙体位于边岗乡东岗村关家屯北侧农业耕地内。起点高程179米，止点高程198米。全长1040米，走向东北—西南。现存顶宽1.5—2.0米，底宽2.0—4.0米，残高约0.2—0.4米（图一四；图版四二，2）。

何家堡子屯土墙（编号220183382101120010）

起于边岗乡2号路西向终点，止于何家村何家堡子屯南约1000米处树林带边缘。起点高程198米，止点高程172米。整体走向东北—西南。东北接关家屯土墙，西南连光明村土墙。全长2514米，整体保存差。

该段墙体为土墙，从地表遗迹现象观察为就地取土修筑而成，是否夯筑暂不清楚。

按照保存状况可分为5段：

第一段（GPS0138—GPS0139）　　该段墙体位于天台镇何家村何家堡子屯东北侧农业耕地内，作为田间便道使用。起点高程198米，止点高程195米。全长712米，走向东北—西南，墙体保存差。现存顶宽1.5—2.5米，高度几乎与周边地表持平（图一五）。

第二段（GPS0139—GPS0140）　　起点高程195米，止点高程195米。全长20米，走向东北—西南，墙体保存差。

第三段（GPS0140—GPS0141）　　该段墙体位于天台镇何家村何家堡子屯东北侧农业耕地内，作为田间便道使用。起点高程195米，止点高程190米。全长531米，走向东北—西南，墙体保存差。现存

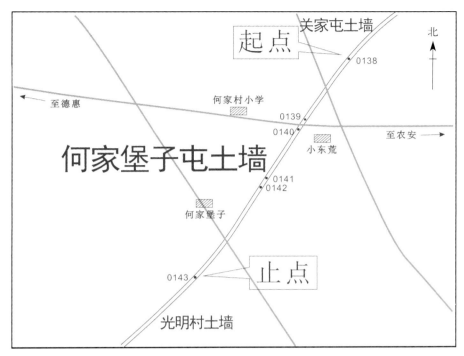

图一五　何家堡子屯土墙位置及走向示意图

顶宽0.5—1.5米，高度几乎与周边地表持平。

第四段（GPS0141—GPS0142）　起点高程190米，止点高程193米。全长71米，墙体地表遗迹消失。

第五段（GPS0142—GPS0148）　该段墙体位于天台镇何家村何家堡子屯南侧农业耕地内，作为田间便道使用。起点高程193米，止点高程172米。全长1180米，走向东北—西南，墙体保存差。现存顶宽0.5—1.5米，高度几乎与周边地表持平（图一五）。

光明村土墙（编号220183382101120011）

起于何家村何家堡子屯南约1000米处树林带边缘，止于王家车铺屯东北约500米处。起点高程172米，止点高程207米。整体走向东北—西南。东北接何家堡子屯土墙，西南与小城子村土墙相接。全长3010米，整体保存差。

该段墙体为土墙，从地表遗迹现象观察为就地取土修筑而成，是否夯筑暂不清楚。

按照保存状况可分为2段：

第一段（GPS0148—GPS0151）　该段墙体位于光明村鞠家屯、春林堂屯北侧农业耕地内。起点高程172米，止点高程195米。全长1810米，走向东北—西南，墙体保存差。现存顶宽0.5—1.2米，仅略高于周边地表。

第二段（GPS0151—GPS0152）　该段墙体与春林堂屯通往王家车铺屯的村屯土道重合。起点高程195米，止点高程207米。全长1200米，走向东北—西南，墙体保存差。现存顶宽2.0—4.0米，高度几乎与周边地表持平（图一六；图版四二，1）。

小城子村土墙（220183382101120012）

起于王家车铺屯东北约500米处，止于天台镇小城子村西山屯与郭家镇海青村刘家药铺屯分界处。起点高程207米，止点高程189米。整体走向东北—西南。东北接光明村土墙，西南连海青村土

图一六　光明村土墙位置及走向示意图

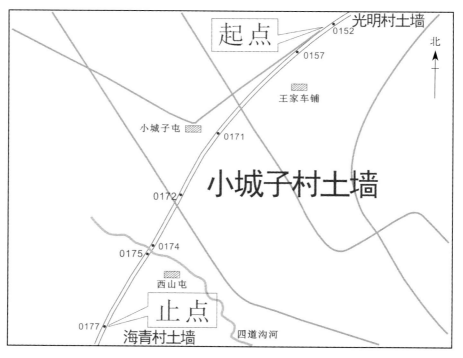

图一七　小城子村土墙位置及走向示意图

墙。全长5221米，整体保存差。

该段墙体为土墙，从地表遗迹现象观察为就地取土修筑而成，是否夯筑暂不清楚。

按照保存状况可分为6段：

第一段（GPS0152—GPS0157）　该段墙体与春林堂屯通往王家车铺屯的村屯土道重合。起点高程207米，止点高程207米。全长480米，走向东北—西南，墙体保存差。现存顶宽4.0米，高度几乎与周边地表持平。

第二段（GPS0157—GPS0171） 该段墙体位于王家车铺屯北、小城子屯南侧农业耕地内。起点高程207米，止点高程200米。全长1062米，走向东北—西南，墙体保存差。现存顶宽1.0—1.5米，高度几乎与周边地表持平。

第三段（GPS0171—GPS0172） 该段墙体与小城子屯南侧村屯土道重合。起点高程200米，止点高程193米。全长946米，走向东北—西南，墙体保存差。现存顶宽4.0—6.0米，高度几乎与周边地表持平。

第四段（GPS0172—GPS0174） 该段墙体位于小城子屯西南侧耕地内，作为田间便道使用。起点高程193米，止点高程170米。全长1268米，走向东北—西南，墙体保存差。现存顶宽1.0—1.5米，高度几乎与周边地表持平。

第五段（GPS0174—GP0S175） 起点高程170米，止点高程171米。全长35米，被自南向北流淌的四道沟河截断，河水冲刷加之河两岸水土流失，墙体地表遗迹消失。

第六段（GPS0175—GPS0177） 该段墙体位于西山屯屯北侧耕地内，作为田间便道使用。起点高程171米，止点高程189米。全长1430米，走向东北—西南，墙体保存差。现存顶宽1.0—2.0米，高度几乎与周边地表持平（图一七；图版四三，1）。

海青村土墙 （编号220183382101120013）

起于天台镇小城子村西山屯与郭家镇海青村刘家药铺屯分界处，止于郭家镇向阳村前山屯西30米处田垄头土地庙。起点高程189米，止点高程179米。整体走向东北—西南。东北接小城子村土墙，西南连向阳村土墙。全长4369米，整体保存差。

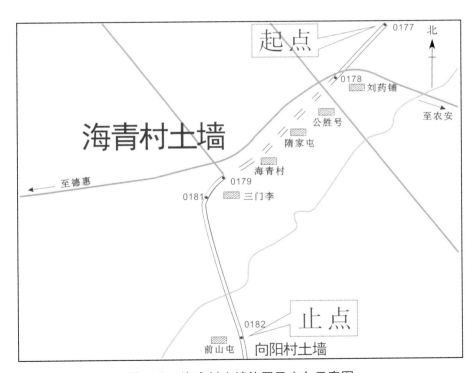

图一八 海青村土墙位置及走向示意图

该段墙体为土墙，从地表遗迹现象观察为就地取土修筑而成，是否夯筑暂不清楚。

按照保存状况可分为4段：

第一段（GPS0177—GPS0178）　起点高程189米，止点高程188米。全长810米，走向东北—西南，保存状况差。该段墙体位于郭家镇海青村刘家药铺屯北侧耕地内，作为田间便道使用。现存顶宽3.0米左右，高度几乎与周边地表持平。

第二段（GPS0178—GPS0179）　起点高程188米，止点高程186米。全长1520米，墙体地表遗迹消失。

第三段（GPS0179—GPS0181）该段墙体位于三门李屯北侧耕地内。起点高程186米，止点高程186米。全长398米，走向东北—西南，保存状况差。现存顶宽约1.5米，底宽约2.5米，残高约0.3—0.5米。

第四段（GPS0181—GPS0182）该段墙体与海青村三门李屯通往向阳村前山屯间的村屯土道重合。起点高程186米，止点高程179米。全长1550米，走向西北—东南走向，保存状况差。现存顶宽3.0—4.0米，高度几乎与周边地表持平（图一八；图版四三，2）。

向阳村土墙（编号220183382101120014）

起于郭家镇向阳村前山屯西30米处田垄头土地庙，止于郭家镇向阳村曹家屯与同太乡胡家粉房村东边岗屯分界处。起点高程179米，止点高程187米。整体走向东北—西南。东北接海青土墙，西南连胡家粉房村土墙。全长4087米，整体保存差。

该段墙体位于前山屯西侧和南侧、丛家屯北和西南侧、曹家屯北和西南侧耕地内。墙体为土墙，从地表遗迹现象观察为就地取土修筑而成，是否夯筑暂不清楚。现存顶宽1.0—2.0米，现存底宽1.5—4.0米，残高0.1—0.3米（图一九；图版四四，1）。

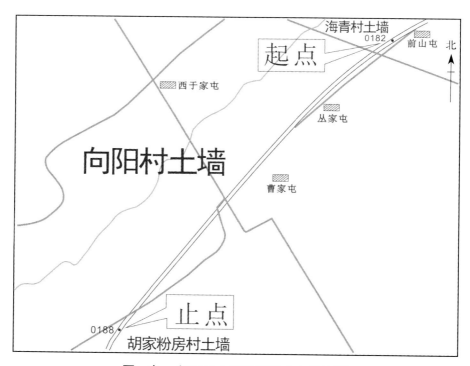

图一九　向阳村土墙位置及走向示意图

胡家粉房村土墙（编号220183382101120015）

起于郭家镇向阳村曹家屯与同太乡胡家粉房村东边岗屯分界处，止于同太乡社会福利院东400米处耕地内。起点高程187米，止点高程207米。整体走向东北—西南。东北接向阳村土墙，西南连新立村土墙。全长4369米，整体保存差。

该段墙体为土墙，从地表遗迹现象观察为就地取土修筑而成，是否夯筑暂不清楚。

按照保存状况可分为3段：

第一段（GPS0188—GPS0190） 该段墙体位于同太乡胡家粉房东边岗屯北侧、西南侧耕地内。起点高程187米，止点高程195米。全长1755米，走向东北—西南，保存状况差。现存顶宽1.0—2.0米，现存底宽1.5—3.0米，残高0.1—0.3米。

第二段（GPS0190—GPS0191） 起点高程195米，止点高程201米。全长287米，墙体地表遗迹消失。

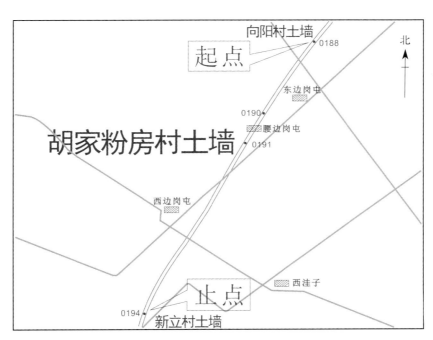

图二〇 胡家粉房村土墙位置及走向示意图

第三段（GPS0191—GPS0194） 该段墙体位于胡家粉房村腰边岗屯东南侧、胡家粉房村西边岗屯东、南侧耕地内，情况与第一段相同。起点高程201米，止点高程207米。全长2327米，走向东北—西南，保存状况差。（图二〇）。

新立村土墙（编号220183382101120016）

起于同太乡社会福利院东400米处耕地内，止于同太乡宫家村孙家屯北800米处耕地内。起点高程207米，止点高程225米。整体走向东北—西南。东北接胡家粉房村土墙，西南连宫家村土墙。全长3843米，整体保存差。

该段墙体为土墙，从地表遗迹现象观察为就地取土修筑而成，是否夯筑暂不清楚。

按照保存状况可分为3段：

第一段（GPS0194—GPS0195） 该段墙体位于同太乡新立村新立堡屯北侧耕地内，作为田间道路使用。起点高程207米，止点高程208米。全长516米，走向东北—西南，保存状况差。现存顶宽约

2.0米，现存底宽约2.5米，残高约0.1米。

　　第二段（GPS0195—GPS0196）　该段墙体与新立堡屯粮种场东侧村村通水泥道路重合。起点高程208米，止点高程206米。全长465米，走向东北—西南，保存状况差。现存顶宽4.0米，现存底宽5.0米，残高约0.2米。

　　第三段（GPS0196—GPS0202）　该段墙体位于同太乡新立村新立堡屯北侧与西北侧、宫家村孙家屯北侧耕地内。起点高程206米，止点高程225米。全长2862米，走向东北—西南，保存状况差。现存顶宽2.0—3.0米，现存底宽2.5—3.5米，残高0.1—0.2米（图二一；图版四五）。

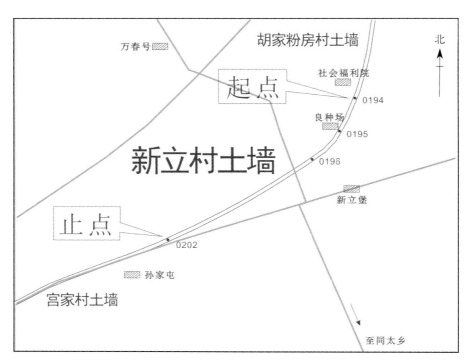

图二一　新立村土墙位置及走向示意图

宫家村土墙（编号220183382101120017）

　　该段墙体位于宫家村所属耕地内。起于同太乡宫家村孙家屯北800米处耕地内，止于同太乡前山村杨木铺屯东北200米耕地内。起点高程225米，止点高程237米。整体走向东北—西南。东北接新立村土墙，西南连前山村土墙。全长4260米，整体保存差。

　　该段墙体为土墙，从地表遗迹现象观察为就地取土修筑而成，是否夯筑暂不清楚。现存顶宽2.0—4.0米，现存底宽3.0—5.0米，残高约0.1米（图二二；图版四四，2）。

前山村土墙（编号220183382101120018）

　　起于同太乡前山村杨木铺屯东北200米耕地内，止于同太乡前山村盛家屯西侧200米处耕地旁林带边缘。起点高程237米，止点高程207米。整体走向东北—西南。东北接宫家村土墙，西南连盛家屯土墙。全长3009米。整体保存差。该段墙体为土墙，从地表遗迹现象观察为就地取土修筑而成，是否夯筑暂不清楚。该段墙体位于前山村所属农业耕地内，现存顶宽1.5—3.0米，现存底宽2.0—4.0米，残高0.1—0.3米（图二三；图版四四，1）。

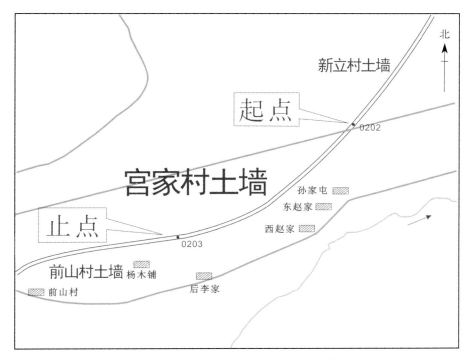

图二二　宫家村土墙位置及走向示意图

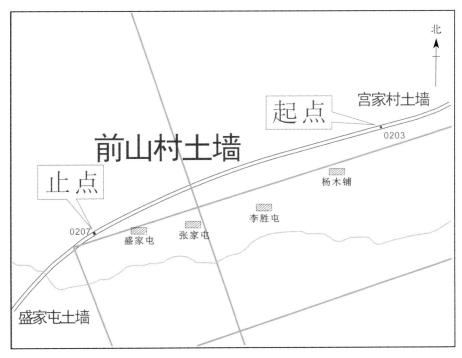

图二三　前山村土墙位置及走向示意图

盛家屯土墙（编号220183382101120019）

起于同太乡前山村盛家屯西侧200米处耕地旁林带边缘，止于农安县鲍家镇苇塘村匡家屯北500米。起点高程207米，止点高程227米。东北接前山村土墙，西南连小桥村土墙。全长4816米，该段墙体地表已无存，此次通过对前后相连墙体位置关系判断确认（图二四）。

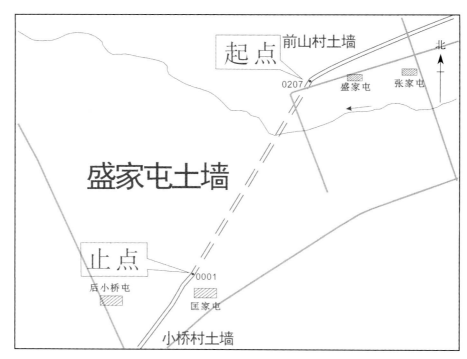

图二四　盛家屯土墙位置及走向示意图

（2）农安县唐代老边岗土墙本体及保存现状

小桥村土墙（编号220122382101120001）

起于前岗乡苇塘村匡家屯北500米，止于前岗乡小桥村黄家屯屯西水泥道路西侧。全长4602米。起点高程227米，止点高程171米。总体走向东北—西南，其中前岗乡小桥子村村部西500米至前岗乡小桥村黄家屯西400米水泥公路西侧地头之间为东—西走向，东北连德惠市前山村土墙，西南连腰道村土墙。

该段墙体为土墙，从现状看墙体为上小下大的梯形，墙体状况分两类：1.底宽10米左右，顶宽7米左右；2.底宽15米左右，顶宽12米左右。二者残高都在0.1—0.3米之间。

按照保存状况可分为6段：

第一段　起点高程227米，止点高程223米。长262米。走向东北—西南，墙体保存状况差，据现存状况观察墙体为半圆形，墙体底宽15米左右，顶宽12米左右，高0.2—0.3米。

第二段　起点高程223米，止点高程206米。长555米。走向东北—西南，墙体保存状况较差，北侧呈缓坡状，墙体底宽15米左右，顶宽12米左右，残高0.2—0.3米。在第一段与第二段墙体相连处是墙体的拐点，方向略向西偏，角度不大。

第三段　起点高程206米，止点高程222米。长1660米。走向东北—西南，墙体保存状况差，底宽15米左右，顶宽12米左右，残高约0.1—0.2米。地势由东北向西南逐渐走高，坡度不大，该段墙体现为农田。

第四段　起点高程222米，止点高程199米。长650米。走向东北—西南，墙体保存状况较差，墙体底宽10米左右，顶宽7米左右，残高约0.2—0.3米。墙体所在区域地势由东北向西南逐渐走高，坡度较小，墙体部分与田间小道重合，部分位于农田之中。

第五段　高约0.2—0.3米。该段墙体位于前黄家屯和小桥子村部之间农田之中。起点高程199

米，止点高程175米。长766米。墙体保存状况较差。该段墙体起点为拐点，墙体走向转为东—西走向，墙体底宽10米左右，顶宽7米左右。

第六段 起点高程175米，止点高程171米。长709米。走向东北—西南，因村屯内建房及修筑道路导致地表墙体消失（图二五；图版四六，2）。

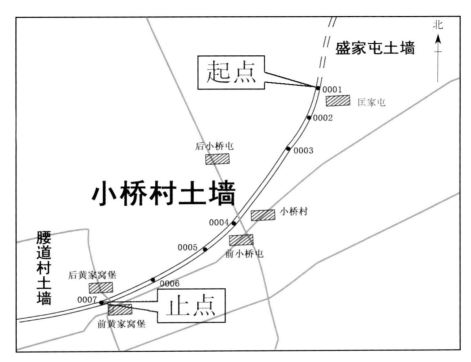

图二五 小桥村土墙位置及走向示意图

腰道村土墙（编号220122382101120002）

起于前岗乡小桥子村前黄家屯西水泥道路西侧地头，止于前岗乡腰道村三合屯南400米前岗—滨河乡水泥公路西侧。全长5265米。起点高程171米，止点高程182米。走向东北—西南，东北连小桥村土墙，西南连老边岗屯土墙。

该段墙体为土墙，从现状观察墙体剖面呈梯形，墙体顶部和两侧受损，原始外观形状和顶宽、基宽数据已经无法获知，墙体剖面分为三类：1．底宽15米左右，顶宽10米左右，高0.2—0.3米；2．底宽20米左右，顶宽15米左右，高0.3—0.4米；3．底宽10米左右，顶宽7米左右，残高0.2—0.3米。

按照保存状况可分为6段：

第一段 墙体位于前黄家和后大房身之间。起点高程171米，止点高程181米。长1400米。走向东—西，墙体保存状况较差。底宽15米左右，顶宽10米左右，高0.2—0.3米。

第二段 墙体位于后大房身屯后，现墙体上为树林带。起点高程181米，止点高程183米。长285米。走向东—西，墙体保存状况一般。底宽20米左右，顶宽15米左右，高0.3—0.4米。

第三段 该段墙体位于后大房身屯西北，处于农田之中。起点高程183米，止点高程183米。长423米。走向东北—西南，墙体保存状况较差。底宽10米左右，顶宽7米左右，残高0.2—0.3米。

第四段 该段穿越农安—九台公路，其余部分位于前纪家窝堡屯前部。起点高程183米，止点高程182米。长451米。走向东北—西南。

第五段　起点高程182米，止点高程182米。长564米。走向东北—西南。此段以西墙体为东—西走向，因修建公路导致地表墙体消失。

第六段　墙体位于前纪家窝堡屯前部，部分墙体被压在房屋下面。起点高程182米，止点高程177米。长491米。走向东—西，墙体保存状况较差。底宽15米左右，顶宽10左右，残高0.2—0.3米。

第七段　位于前纪家窝堡屯西。起点高程177米，止点高程176米。长400米。走向东—西，墙体保存状况较差。底宽10米左右，顶宽7米左右，高0.2—0.3米。

第八段　位于代平房屯北，高榕公司南侧。起点高程176米，止点高程183米。长1220米。走向东—西，墙体保存状况较差。底宽15米左右，顶宽10左右，高0.2—0.3米。

第九段　起点高程183米，止点高程182米。长31米。走向东—西，因修建公路导致地表墙体消失（图二六）。

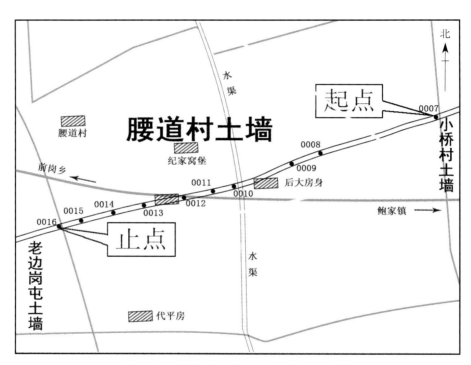

图二六　腰道村土墙位置及走向示意图

老边岗屯土墙（编号220122382101120003）

起于前岗乡腰道村三合屯南400米的水泥公路西侧（前岗乡变电所前水泥公路向南300米），止于前岗乡于家村西北300米。起点高程182米，止点高程175米。长2925米。走向东—西，东连腰道村土墙，西和新河村土墙（消失区域）相接。

该段墙体为土墙，墙体剖面呈梯形，墙体顶部和两侧受损，墙体剖面分为三类：1.底宽10米左右，顶宽6米左右，残高0.4—0.5米；2.底宽12米左右，顶宽8米左右，残高0.2—0.3米；3.底宽10米左右，顶宽7米左右，残高0.2—0.3米。

按照保存状况可分为6段：

第一段　墙体位于老边岗屯东北。起点高程182米，止点高程180米。长704米。走向东北—西南，墙体保存状况一般。底宽10米左右，顶宽6米左右，残高0.4—0.5米。

第二段　位于老边岗屯北。起点高程180米，止点高程177米。长1040米。走向东—西，墙体保存状况较差。底宽12米左右，顶宽8米左右，残高0.2—0.3米。

第三段　起点高程177米，止点高程177米。长31米。因修建老边岗屯西北水泥道路导致地表墙体消失。

第四段　墙体位于于家村东北，处于农田之中。起点高程77米，止点高程177米。长604米。走向东—西，墙体保存状况较差。底宽10米左右，顶宽7米左右，残高0.2—0.3米。

第五段　起点高程177米，止点高程177米。长19米。走向东北—西南。因修建乡间道路导致地表墙体消失。

第六段　该段墙体位于于家村北，处于农田之中。起点高程177米，止点高程175米。长527米。走向东南—西北，墙体保存状况较差。底宽10米左右，顶宽7米左右，残高0.2—0.3米（图二七；图版四八）。

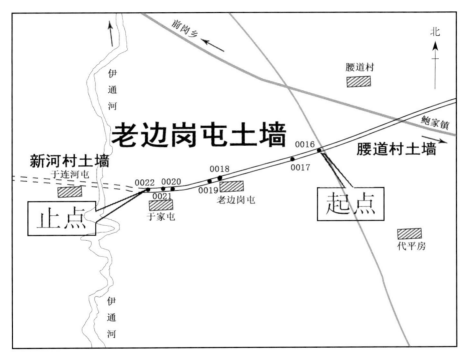

图二七　老边岗屯土墙位置及走向示意图

新河村土墙（编号220122382301120004）

起于前岗乡于家村西北300米，止于华家镇华站村金家屯后（西）。起点高程175米，止点高程181米。起止点之间直线距离5964米。该段墙体所在区域为伊通河、新开河两岸及其中间广大区域，由于地形、地势等自然原因，以及洪水泛滥冲刷，墙体已经荡然无存（图二八）。

金玉屯土墙（编号220122382101120005）

该段土墙横穿G302国道。起于华家镇华家站村金玉屯后，止于华家镇边岗村东边岗屯东北200米处土墙拐点。起点高程181米，止点高程178米。走向东南—西北，东南连新河村土墙，西北连东边岗土墙。全长4322米，整体保存一般。

该段墙体为土墙，墙体顶部和两侧受损，原始外观形状和顶宽、基宽数据已经无法获知，据现状观察，墙体剖面为上小下大的梯形，墙体底宽50—60米，顶宽40米左右，高0.5—2米，顶部有表

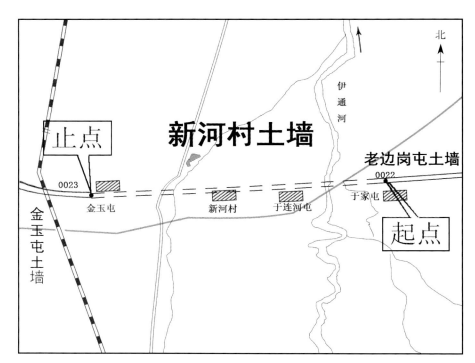

图二八　新河村土墙位置及走向示意图

土层。

　　按照保存状况可分为12段：

　　第一段　起点高程181米，止点高程180。长404米，保存状况一般。现墙体底宽在50米左右，顶宽40米左右，高0.3—2米。

　　第二段　起点高程180米，止点高程179米。长86米。因修建长白铁路导致土墙地表墙体消失。

　　第三段　起点高程179米，止点高程180米。长450米。保存状况一般。现墙体底宽30米左右，顶宽25米左右，墙体倒塌堆积15米左右，残高0.3—2米，顶部有表土层。

　　第四段　起点高程180米，止点高程180米。长358米。因砖厂取土导致土墙整体消失。

　　第五段　起点高程180米，止点高程182。长416米，保存状况一般。墙体底宽50米左右，顶宽40米左右，残高0.3—2米。

　　第六段　起点高程182米，止点高程180米。长19米。由于修建G302国道副线导致地表墙体消失。

　　第七段　起点高程180米，止点高程179米。长414米。保存状况一般。墙体底宽50米左右，顶宽40米左右，高0.3—2米。

　　第八段　起点高程179米，止点高程179米。长109米。由于修建G302国道导致地表墙体消失。

　　第九段　起点高程179米，止点高程178米。长25米。由于修建田间水渠导致墙体消失。

　　第十段　起点高程178米，止点高程179米。长410米，保存状况一般，墙体底宽50米左右，顶宽40米左右，高0.3—3米。

　　第十一段　起点高程179米，止点高程178米。长37米。因修建田间乡道导致地表墙体消失。

　　第十二段　起点高程178米，止点高程178米。长1110米，保存状况一般，墙体底宽60米左右，顶宽45米左右，高0.4—2米（图二九；图版四九，1）。

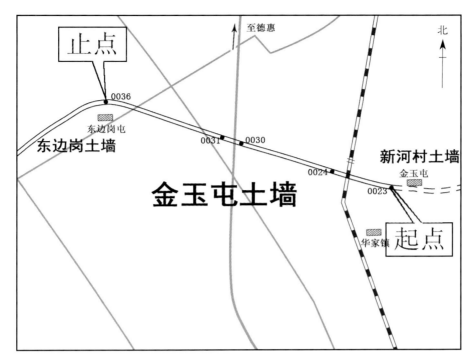

图二九　金玉屯土墙位置及走向示意图

东边岗土墙（编号220122382101120006）

起于华家镇边岗村东边岗屯东北200米处土墙拐点，止于华家镇战家村东战家窝铺屯东700米。起点高程178米，止点高程184米。走向东北—西南，东北连金玉屯土墙，西北连战家村土墙。该段墙体经东边岗屯、西边岗屯，全长6222米，整体保存较好。

该段墙体剖面为上小下大的梯形，其中东边岗屯附近墙体底宽30米左右，顶宽25米左右，两侧墙体倒塌堆积15米左右，残高2—3米，顶部有表土层。

按照保存状况可分为5段：

第一段　起点高程178米，止点高程178米。长260米，保存状况较好。墙体底宽30米左右，顶宽20米左右，顶部有表土层，残高2—3米。墙体西部有断面，断面内土质为黑色。

第二段　起点高程178米，止点高程176米。长40米。因修筑村屯内道路导致地表墙体消失。

第三段　起点高程176米，止点高程175米。长3540米。保存状况较好。现东部段落位于东边岗屯后，墙体在村民房屋下，其余部分为农田，墙体底宽60米左右，顶宽40米左右，残高0.3—3米。

第四段　起点高程175米，止点高程183米。长1022米，保存状况较好。位于西边岗屯前。墙体底宽60米左右，顶宽40米左右，残高0.3—3米。

第五段　墙体位于西边岗屯西南，与道路重合。起点高程183米，止点高程184米。长1360米，保存状况较好。墙体底宽60米左右，顶宽40米左右，残高0.3—2.5米（图三〇；图版四九，2）。

战家村土墙（编号220122382301120007）

起于华家镇战家村东战家窝铺屯东700米，止于华家镇战家村腰店屯东北田间树带内。起点高程184米，止点高程183米。长3400米。该段地势东北高西南低，有轻微起伏，区域内地势较为低洼，中间区域呈漏斗状，该区域地表墙体已经消失，具体走向不详（图三一）。

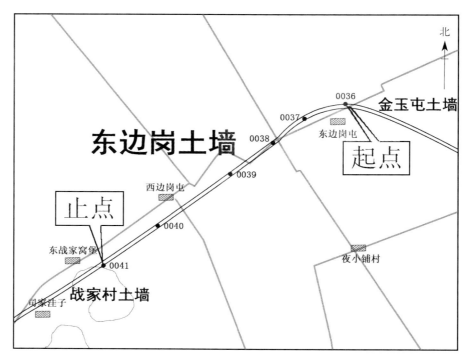

图三〇　东边岗土墙位置及走向示意图

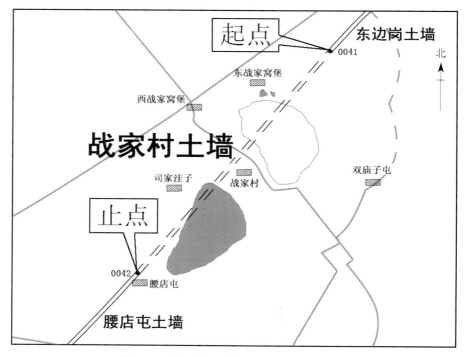

图三一　战家村土墙位置及走向示意图

腰店屯土墙（编号220122382101120008）

起于华家镇战家村腰店屯东北田间树带，止于龙王乡大兴村疙瘩店屯后500米中央排水渠对岸。起点高程183米，止点高程174米。总体走向东北—西南，东北连接战家村消失土墙，西南连接疙瘩店屯土墙。该段墙体经腰店屯东北、北侧，向西南直至中央排水渠岸边。全长3837米，保存状况较差，局部墙体消失。

据现状观察，墙体剖面为上小下大的梯形，其剖面有三种：1．底宽20米左右，顶宽15米左右，残高0.4—0.5米；2．底宽10米左右，顶宽7米左右，残高0.3—0.4米；3．底宽20米左右，顶宽15米左右，残高0.4—0.5米。

按照保存状况可分为7段：

第一段　位于腰店屯北。点高程183米，止点高程189米。东—西走向，长253米，保存状况较差。底宽15米左右，顶宽8米左右，残高0.3—0.5米。

第二段　起点高程189米，止点高程183米。长581米，保存状况较差。东—西走向，底宽15米左右，顶宽8米左右，残高0.3—0.5米。

第三段　起点高程183米，止点高程182米。长570米。保存状况较差。东北—西南走向，墙体通过腰店屯西北300米耕地，地势有起伏，且出现一定拐弯，墙体底宽15米左右，顶宽8米左右，残高0.3—0.5米。

第四段　起点高程182米，止点高程181米。长100米。东北—西南走向。由于修建水渠导致墙体消失。

第五段　位于腰店屯西南2000米田地内。起点高程181米，止点高程183米。长803米。东北—西南走向。保存较差。墙体底宽20米左右，顶宽15米左右，残高0.4—0.5米。

第六段　起点高程183米，止点高程178米。长420米。东北—西南走向。由于地表取土等原因导致地表墙体消失。

第七段　此段土墙位于中央排水灌区东北，本体局部损坏。起点高程178米，止点高程174米。长1110米。东北—西南走向。底宽10米左右，顶宽7米左右，残高0.3—0.4米间不等（图三二；图版五〇，2）。

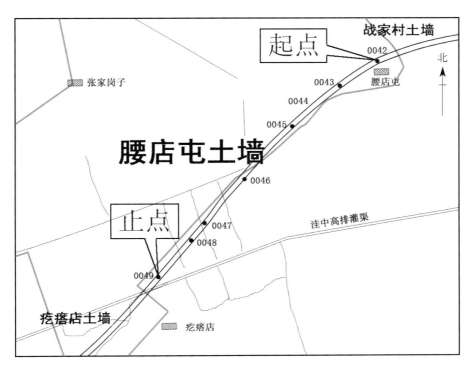

图三二　腰店屯土墙位置及走向示意图

疙瘩店屯土墙（编号220122382301120009）

起于龙王乡大兴村疙瘩店屯后500米中央排水渠对岸，止于龙王乡大兴村西北路西、房老屯东南500米水渠拐弯处。起点高程174米，止点高程176米。走向东北—西南，东北连接腰店屯土墙，西南连接房老屯。由于植物生长等原因，地表墙体已经消失（图三三）。

房老屯土墙（编号220122382101120010）

起于龙王乡大兴村西北、房老屯东南500米水渠拐弯处，止于龙王乡沙岗村杏木岗屯北400米大坝东侧。起点高程176米，止点高程187米。走向东北—西南，东北连疙瘩店屯土墙，西南连沙岗村土墙。长3130米，保存状况较差。

该段墙体为土墙，墙体剖面为上小下大的梯形，底宽20米左右，顶宽15米左右，残高0.3—0.5米。

按照保存状况可分为2段：

第一段　起点高程176米，止点高程181米。长990米。走向东北—西南，墙体保存较差。底宽20米左右，顶宽15米左右，残高约0.3—0.5米。墙体两侧有小土包存在，具体作用不详。

第二段　起点高程181米，止点高程187米。长2140米。走向东北—西南，墙体保存较差。墙体底宽20米左右，顶宽15米左右，残高0.3—0.5米（图三四）。

沙岗村土墙（编号220122382101120011）

起于龙王乡沙岗村杏木岗屯北400米，止于龙王乡沙岗村西XOO5县道30—31段沙岗桥西北150米处。起点高程187米，止点高程174米。走向东北—西南，东北连房老屯土墙，西南连龙王乡边岗屯土墙。该段墙体经杏木岗西北、沙岗村北，至沙岗桥西北，长3469米，保存状况较差，局部消失。

该段墙体为土墙，墙体剖面呈上小下大的梯形，底宽10米左右，顶宽7米左右，残高0.2—0.5米。

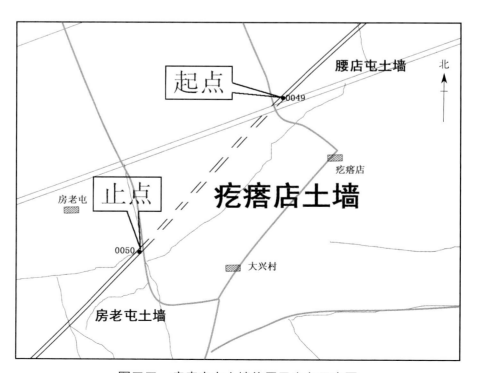

图三三　疙瘩店屯土墙位置及走向示意图

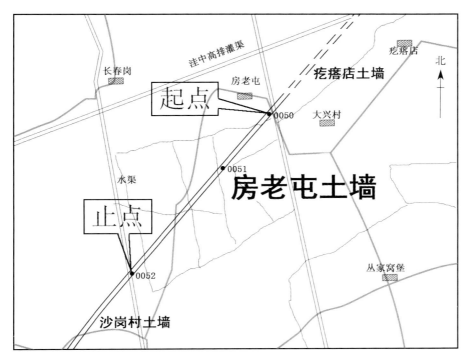

图三四 房老屯土墙位置及走向示意图

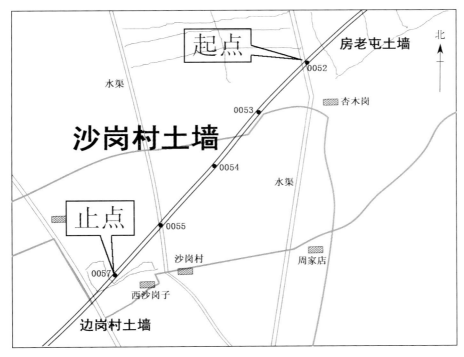

图三五 沙岗村土墙位置及走向示意图

按照保存状况可分为4段：

第一段 起点高程187米，止点高程177米。长2320米。走向东北—西南。墙体保存较差。底宽10米左右，顶宽7米左右，残高0.3—0.5米。

第二段 起点高程177米，止点高程180米。长208米。走向东—西。因修建水渠导致墙体消失。

第三段　该段土墙位于西沙岗屯北，现为农田。起点高程180米，止点高程180米。长255米。底宽10米左右，顶宽7米左右，残高0.2—0.5米。墙体保存较差。

第四段　起点高程180米，止点高程174米。长686米。因居民建房和修建鱼塘导致地表墙体消失（图三五；图版五〇，1）。

龙王乡边岗屯土墙（编号220122382101120012）

起于龙王乡沙岗村西XOO5县道30—31段沙岗桥西北150米处，止于龙王乡一心村范太好屯西南1000米、电排站东50米。起点高程174米，止点高程176米。走向东北—西南，东北连沙岗村土墙，西南连大房子村土墙。长3724米，保存情况较差，部分消失。

墙体为土墙，墙体顶部和两侧受损，原始外观形状和顶宽、基宽数据已经无法获知，从现状观察，墙体现在呈上小下大的梯形，墙体剖面底宽30米左右，顶宽20—25米，残高0.3—0.7米不等。

按照保存状况可分为3段：

第一段　墙体位于边岗屯北，现为盐碱地。起点高程174米，止点高程172米。长1459米。墙体保存较差，残高0.3—0.5米，底宽30米左右，顶宽20米左右。

第二段　该段墙体位于边岗屯西北，现处于农田之中。起点高程172米，止点高程182米。长15米，走向东北—西南。墙体保存较差，由于修建水渠导致墙体消失。

第三段　墙体位于范太好屯东及其东南起点高程182米，止点高程176米。长2250米。走向东北—西南，墙体保存较差，底宽30米左右，顶宽25米左右，残高0.4—0.7米（图三六；图版五一，1）。

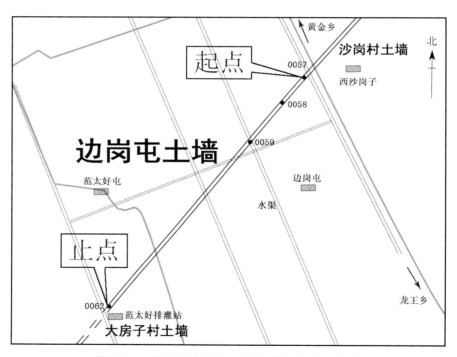

图三六　龙王乡边岗屯土墙位置及走向示意图

大房子村土墙（编号220122382301120013）

起于龙王乡一心村范太好屯东南1000米、电排站西50米，止于三岗乡云昌村朱家炉屯西北10米。起点高程176米，止点高程183米。起止点之间直线距离为4000米，墙体已经消失，此区域内地表无任何迹象可循（图三七）。

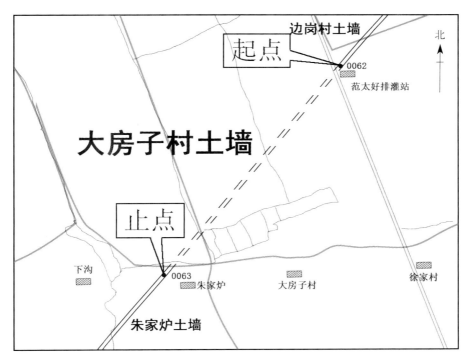

图三七 大房子村土墙位置及走向示意图

朱家炉土墙（编号220122382101120014）

起于三岗乡云昌村朱家炉屯西北10米，止于三岗乡云昌村共青团水库北、S105省道北砖厂东50米。起点高程183米，止点高程182米。走向东北—西南，东北连大房子村土墙，西南连共青团水库土墙。长726米，保存状况较差。

该段墙体为土墙，墙体顶部和两侧受损，原始外观形状和顶宽、基宽数据已经无法获知，据现状观察GPS0063—GPS0064段墙体剖面现呈上小下大的梯形，墙体剖面底宽10米左右，顶宽7米左右，残高0.2—0.3米。

按照保存状况仅存1段：

起点高程176米，止点高程183米。长726米。走向东北—西南，墙体保存较差，底宽10米左右，顶宽7米左右，残高0.2—0.3米（图三八；图版五一，2）。

共青团水库土墙（编号220122382301120015）

起于三岗乡共青团水库北S105省道北侧砖厂东50米，止于三岗乡安乐村张家屯东北500米、姜勤屯西南500米。起点高程182米，止点高程174米。起止点之间直线距离5370米。该区域由于修建共青团水库等人为和自然原因导致墙体消失（图三九）。

安乐村土墙（编号220122382101120016）

起于农安县三岗乡安乐村张家屯东北500米，止于农安县三岗乡安乐村曲家屯和公主岭市双城堡镇贾家屯交界公路拐弯处路西。起点高程174米，止点高程209。走向东北—西南，东北连共青团水库土墙，西南连公主岭市幸福村土墙。长4570米，保存状况一般，局部保存差。

墙体为土墙，墙体顶部和两侧受损，墙体现呈上小下大的梯形，墙体剖面分为底宽10米，顶宽6—7米和底宽20米左右，顶宽15米左右两种，残高0.3—0.7米间不等。

按照保存状况可分为6段：

　　第一段　位于姜勤屯西南，现为农田。起点高程174米，止点高程203米。长160米。走向东—西，墙体保存较差。底宽10米左右，顶宽7米左右，残高0.3—0.5米。

　　第二段　位于张家屯西北，现为农田。起点高程203米，止点高程203米。长680米。走向东—西，墙体保存较差。底宽10米左右，顶宽7米左右，残高0.3—0.5米。

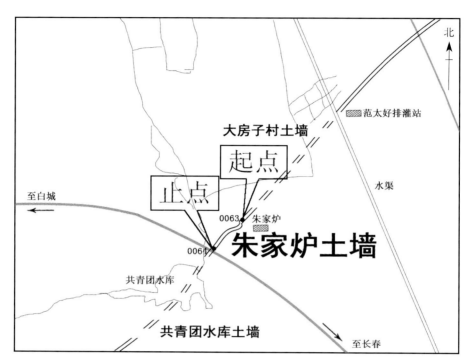

图三八　朱家炉土墙位置及走向示意图

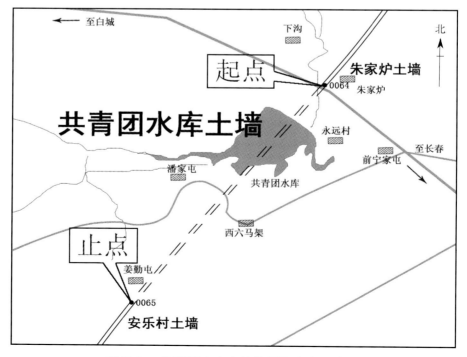

图三九　共青团水库土墙位置及走向示意图

第三段 该段土墙位于李家屯东北，现为农田。起点高程203米，止点高程221米。长1030米。走向东北—西南，墙体保存一般。底宽10米左右，顶宽7米左右，残高0.3—0.5米。

第四段 起点高程221米，止点高程217米。长790米。走向东北—西南，墙体保存差。该段墙体穿越农田和李家屯，墙体底宽10米左右，顶宽6米左右，残高0.3—0.6米。

第五段 起点高程217米，止点高程212米。墙体位于汪家屯西南，长1460米，走向东北—西南，保存一般。墙体底宽20米左右，顶宽15米左右，残高0.4—0.5米。

第六段 位于徐家屯西南500米。起点高程212米，止点高程209米。长520米，走向东北—西南，墙体保存一般。此段部分墙体与公路重合。底宽20米左右，顶宽15米左右，残高0.4—0.5米（图四〇；图版五二，1）。

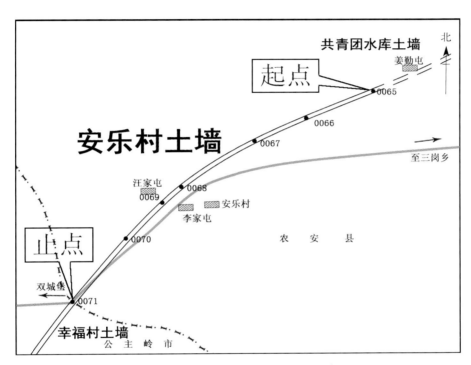

图四〇 安乐村土墙位置及走向示意图

（3）公主岭市唐代老边岗土墙本体及保存现状

幸福村土墙（编号220381382101120001）

起于农安县三岗乡安乐村曲家屯和公主岭市双城堡镇幸福村贾家屯之间、三岗—双城堡柏油路拐弯处西侧，止于公主岭市双城堡镇幸福村翻身屯（大牛圈）屯西50米路北。起点高程209米，止点高程208米。走向东北—西南，东北连农安县安乐村土墙，西南连边岗四队土墙。长2578米，保存状况一般，部分墙体消失。

墙体为土墙，墙体顶部和两侧受损，墙体现呈上小下大的梯形，底宽30米左右。顶宽25米左右，残高0.5—1.0米。

按照保存状况可分为3段：

第一段 起点高程209米，止点高程209米。长546米。走向东北—西南，墙体保存一般。底宽30米左右，顶宽25米左右，残高0.5—1.0米。

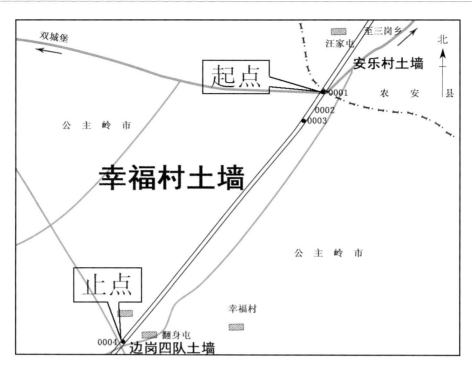

图四一　幸福村土墙位置及走向示意图

第二段　起点高程209米，止点高程208米。长22米。走向东北—西南。因修建道路导致地表墙体消失。

第三段　起点高程208米，止点高程208米。长2010米。走向东北—西南，墙体保存一般。底宽30米左右，顶宽25米左右，残高0.5—1.0米（图四一）。

边岗四队土墙（编号220381382101120002）

起于双城堡镇幸福村翻身屯（大牛圈屯）西50米，止于双城堡镇育林社区徐家店屯东100米。起点高程208米，止点高程218米。走向东北—西南。东北连接幸福村土墙，西南连接高家老屯土墙。长3461米，保存状况一般，部分墙体消失。

墙体为土墙，墙体剖面呈上小下大的梯形，墙体剖面分为两类：1.底宽30米左右，顶宽25米左右，残高0.5—0.7米；2.底宽25米左右，顶宽20米左右，残高0.2—0.3米。

按照保存状况可分为4段：

第一段　起点高程208米，止点高程201米。长311米。走向东北—西南，墙体保存一般。底宽30米左右，顶宽25米左右，残高0.5—0.7米。

第二段　起点高程201米，止点高程210米。长2420米。走向东北—西南，墙体保存一般。底宽30米左右，顶宽25米左右，残高0.5—0.7米。

第三段　起点高程210米，止点高程219米。长701米。走向东北—西南，墙体保存一般。底宽25米左右，顶宽20米左右，残高0.2—0.3米。

第四段　起点高程219米，止点高程218米。长29米。走向东北—西南，因修建道路导致地表墙体消失（图四二；图版五三）。

高家老屯土墙（编号220381382101120003）

起于双城堡镇育林社区徐家店屯东100米，止于双城堡镇育林社区北200米水泥公路和入红星四

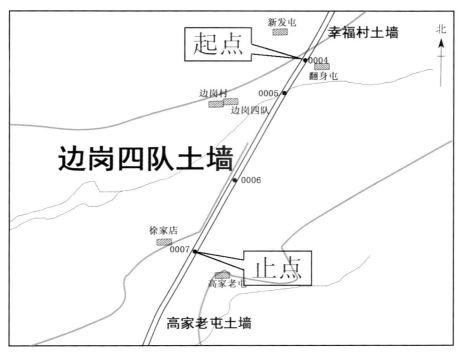

图四二 边岗四队土墙位置及走向示意图

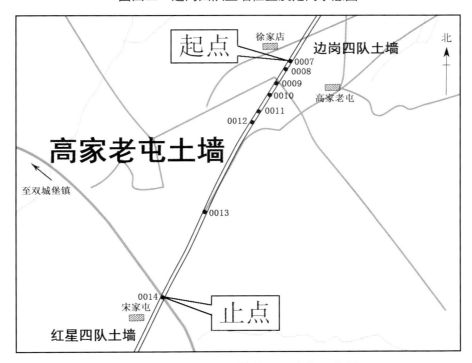

图四三 高家老屯土墙位置及走向示意图

队（姜德屯）村道交汇处东。起点高程210米，止点高程234米。走向东北—西南，东北连边岗四队土墙，西南连红星四队土墙。长3639米，保存状况较差，局部差，部分消失。

墙体为土墙，墙体顶部和两侧受损，原始外观形状和顶宽、基宽数据已经无法获知，墙体剖面呈上小下大的梯形，墙体剖面分为三类：1．底宽15米左右，顶宽12—13米，残高0.3—0.5米；2．底宽

19米左右，顶宽16米左右，残高0.2—0.3米；3．底宽20米左右，顶宽16米左右，残高0.2—0.3米。

按照保存状况可分为6段：

第一段　起点高程210米，止点高程212米。长354米。走向东北—西南，墙体保存差，底宽19米左右，顶宽16米左右，残高0.2—0.3米。

第二段　起点高程212米，止点高程212米。长40米。走向东北—西南，因修建道路导致地表墙体消失。

第三段　起点高程212米，止点高程219米。长164米。走向东北—西南，墙体保存差，底宽20米左右，顶宽16米左右，残高0.2—0.3米。

第四段　起点高程219米，止点高程218米。长30米。走向东北—西南，因修建道路导致地表墙体消失。

第五段　起点高程218米，止点高程227米。长2120米。走向东北—西南，墙体保存一般。底宽15米左右，顶宽12米左右，残高0.3—0.5米。

第六段　起点高程227米，止点高程234米。长931米。走向东北—西南，墙体保存一般。底宽15左右，顶宽13米左右，残高0.3—0.5米（图四三；图版五二，2）。

红星四队土墙（编号220381382301120004）

起于双城堡镇育林社区北200米水泥公路和入红星四队（姜德屯）村道交汇处东，止于双城堡镇西山村红星一、二队（围子里屯）南50米。起点高程234米，止点高程233米。起止点直线距离2740米，起止区间地势有一定程度起伏，但是落差不大，墙体在此区间已经消失，地表无迹象可循（图四四）。

图四四　红星四队土墙位置及走向示意图

梁家炉土墙（编号220381382101120005）

起于双城堡镇西山村红星一、二队（围子里屯）南50米，止于怀德镇农林村八岔沟屯西南600米坡上。起点高程233米，止点高程250米。走向东北—西南，东北连红星四队土墙，西南连边岗屯土墙。长2590米。保存状况一般，部分墙段保存较差。

墙体为土墙，墙体顶部和两侧受损，原始外观形状和顶宽、基宽数据已经无法获知。墙体剖面呈上小下大的梯形，墙体状况分两类，1．底宽30米左右，顶宽20米左右，残高0.3—1米；2．底宽15米左右，顶宽12左右，残高0.2—0.3米。

按照保存状况可分为2段：

第一段 起点高程233米，止点高程249米。长1910米。走向东北—西南，墙体保存状况一般，底宽30米左右，顶宽20米左右，残高0.3—1米。

第二段 起点高程249米，止点高程250米。长680米。走向东北—西南，墙体保存较差，底宽15米左右，顶宽12左右，残高0.2—0.3米（图四五；图版五四，1）。

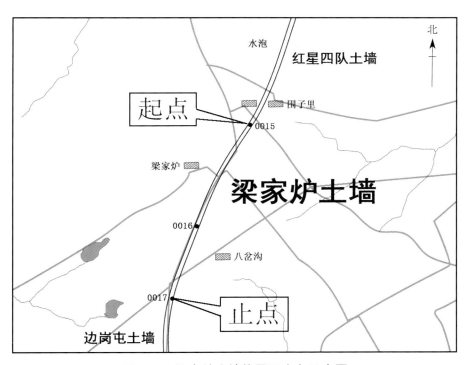

图四五　梁家炉土墙位置及走向示意图

边岗屯土墙（编号220381382101120006）

起于怀德镇农林村八岔沟屯西南600米坡上，止于怀德镇黄花村黄花甸子三队南400米。起点高程250米，止点高程207米。走向西北—东南，西北连梁家炉土墙，东南连广宁窝堡土墙。长4553米。保存状况一般，部分较差，局部消失。

墙体为土墙，因自然和人为因素的破坏，墙体顶部和两侧受损，原始外观形状和顶宽、基宽数据已经无法获知，从现状观察墙体剖面为上小下大的梯形，墙体状况分四类：1．底宽15米左右，顶宽10米左右，残高0.4—0.5米间不等；2．底宽40米左右，顶宽35米左右，残高0.7—1.2米；3．底宽30米左右，顶宽20米左右，两侧倒塌堆积宽15米左右，残高1.2—1.5米；4．底宽40米左右，顶宽35米左

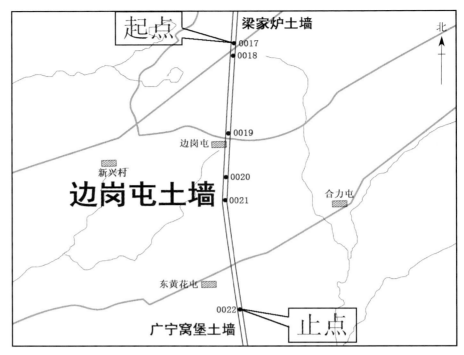

图四六　边岗屯土墙位置及走向示意图

右，残高0.5—1.2米。

　　按照保存状况可分为5段：

　　第一段　起点高程250米，止点高程259米。长300米。走向西北—东南，墙体保存状况较差，底宽15米左右，顶宽10米左右，残高0.4—0.5米。

　　第二段　起点高程259米，止点高程239米。长810米。走向西北—东南，墙体保存状况一般，底宽40米左右，顶宽35米左右，残高0.7—1.2米。

　　第三段　起点高程239米，止点高程223米。长594米。起止点之间走向西北—东南，此段因边岗屯居民建房及地势低洼等原因导致墙体消失。

　　第四段　起点高程223米，止点高程235米。长849米。走向西北—东南，墙体保存状况一般，底宽30米左右，顶宽20米左右，两侧倒塌堆积宽15米左右，顶部有表土层，残高1.2—1.5米。从边岗屯南约800米处受到破坏的墙体断面观察，有夯筑迹象。夯筑方式为采用黄色黏土逐层夯筑，中间夹杂少量黑土，约有3—4个夯土层，每层厚约0.3—0.4米不等，未见夯窝。墙体顶部有明显倒塌迹象。由于该段墙体西侧为地势较低的低洼地，为防洪水冲刷致墙体滑坡，墙体外侧发现有明显护坡遗迹现象。

　　第五段　起点高程235米，止点高程207米。长2000米。走向西北—东南，墙体保存状况一般。底宽40米左右，顶宽35米左右，残高0.5—1.2米（图四六、四七；图版五四，2；五五；五六，1）。

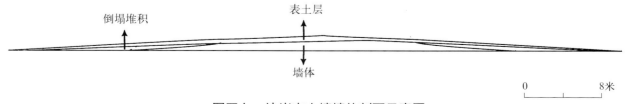

图四七　边岗屯土墙墙体剖面示意图

广宁窝堡土墙（编号220381382301120007）

起于怀德镇黄花村黄花甸子三队南400米，止于怀德镇黄花村广宁窝堡屯南100米X062县道南。起点高程207米，止点高程187米。起止点直线距离1650米，地表无遗迹现象。墙体所处区域地势呈西北低、东南高。当地居民多为新中国成立前后搬迁于此，无了解土墙历史沿革的知情者（图四八）。

图四八　广宁窝铺土墙位置及走向示意图

边西屯土墙（编号220381382101120008）

起于怀德镇黄花村广宁窝堡屯南100米X062县道南，止于怀德镇新三道岗村边西屯屯南。起点高程187米，止点高程196米。大体呈北—南走向。西北连广宁窝堡土墙，东南连河南村土墙。长1358米。保存状况部分一般，部分差，局部墙体消失。

墙体为土墙，墙体顶部和两侧受损，原始外观形状和顶宽、基宽数据已经无法获知，从现状观察剖面呈上小下大的梯形，墙体状况分三类：1.底宽30米左右，顶宽25米左右，残高0.3—0.4米；2.底宽15米左右，顶宽13米左右，残高0.2—0.3米；3.底宽14米左右，顶宽12米左右，残高0.1—0.3米。

按照保存状况可分为6段：

第一段　起点高程187米，止点高程185米。长390米。走向大体呈北—南，墙体保存状况一般。底宽30米左右，顶宽25米左右，残高0.3—0.4米。

第二段　起点高程185米，止点高程183米。长79米。走向大体呈北—南。由于自然和人为原因导致地表墙体消失。

第三段　起点高程183米，止点高程186米。长100米。走向大体呈北—南。墙体保存状况差。底宽15米左右，顶宽13米左右，残高0.2—0.3米。

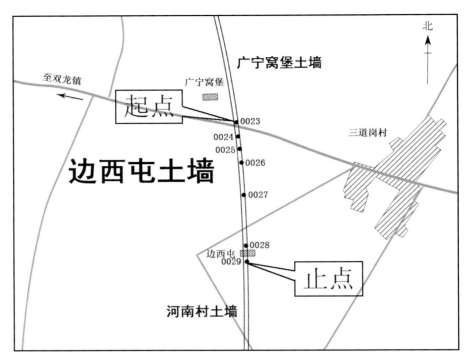

图四九　边西屯土墙位置及走向示意图

第四段　起点高程186米，止点高程185米。长257米。走向大体呈北—南。由于自然和人为原因导致地表墙体消失。

第五段　起点高程185米，止点高程188米。长232米。走向大体呈北—南。墙体保存状况差。底宽14米左右，顶宽12米左右，残高0.1—0.3米。

第六段　起点高程188米，止点高程196米。长300米。走向大体呈北—南。墙体保存状况较差。由于自然人为原因导致地表墙体消失（图四九）。

河南村土墙　（编号220381382101120009）

起于怀德镇新三道岗村边西屯屯南，止于怀德镇河南村南600米、双西乙高压输送线路325电塔东南50米。起点高程196米，止点高程175米。墙体大体呈北—南走向，北连接边西屯土墙，南连接西榆树堡土墙，长3287米。墙体保存状况一般，部分墙线消失。

墙体为土墙，墙体顶部和两侧受损，原始外观形状和顶宽、基宽数据已经无法获知，从现状观察墙体剖面为上小下大的梯形，墙体状况分三类：1.底宽40米左右，顶宽35米左右，残高0.3—0.5米；2.底宽35米左右，顶宽32米左右，残高0.3—0.5米，3.底宽40米左右，顶宽35米左右，残高0.3—0.5米。

按照保存状况可分为8段：

第一段　起点高程196米，止点高程203米。长887米。墙体大体呈北—南走向，墙体保存状况一般。底宽40米左右，顶宽35米左右，残高0.3—0.5米。

第二段　起点高程203米，止点高程199米。长40米。墙体大体呈北—南走向。因修筑道路导致地表墙体消失。

第三段　起点高程199米，止点高程193米。长630米。墙体大体呈北—南走向。墙体保存状况一

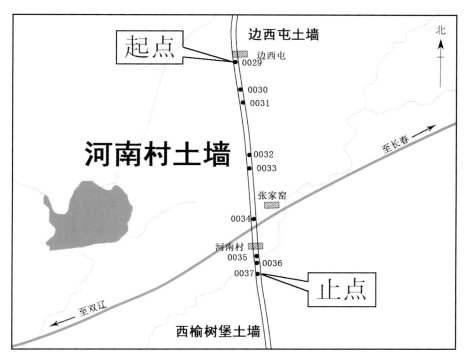

图五○　河南村土墙位置及走向示意图

般。底宽35米左右，顶宽32米左右，残高0.3—0.5米。

　　第四段　起点高程193米，止点高程192米。长22米。墙体大体呈北—南走向。因修筑道路导致地表墙体消失。

　　第五段　起点高程192米，止点高程181米。长814米。墙体大体呈北—南走向。墙体保存状况一般。底宽40米左右，顶宽35米左右，残高0.3—0.5米。

　　第六段　起点高程181米，止点高程187米。长363米。墙体大体呈北—南走向。墙体保存状况一般。因修建河南村内水泥道路导致地表墙体消失。

　　第七段　起点高程187米，止点高程177米。长210米。墙体大体呈北—南走向。墙体保存状况一般。底宽40米左右，顶宽35米左右，残高0.4—0.5米。

　　第八段　起点高程177米，止点高程175米。长321米。此区域内地势低洼，有小河流经此处，墙体因河水破坏等原因已经消失（图五○；图版五六，2）。

　　西榆树堡土墙（编号220381382101120010）

　　起于怀德镇河南村一队南600米双西乙高压输送线路325电塔东南50米，止于秦家屯镇南平安堡村水口子屯西南水泥路西南20米。起点高程175米，止点高程172米。走向东北—西南，东北连河南村土墙，西南连南平安堡村土墙，长4871米。保存状况一般，部分较差，局部消失。

　　墙体为土墙，墙体顶部和两侧受损，原始外观形状和顶宽、基宽数据已经无法获知。从现状观察墙体剖面为上小下大的梯形，墙体状况分三类：1.底宽35米左右，顶宽32米左右，残高0.5—0.7米；2.墙体剖面为上小下大的梯形，底宽30米左右，顶宽25米左右，残高0.3—0.5米；3.墙体剖面为上小下大的梯形，底宽35米间左右，顶宽33米左右，残高0.5—1.5米。

　　按照保存状况可分为4段：

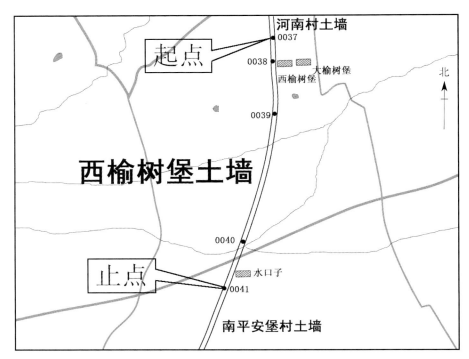

图五一　西榆树堡土墙位置及走向示意图

第一段　墙体位于河南村一队至西榆树堡屯道路上。起点高程175米，止点高程188米。长1600米。走向北—南，墙体保存状况一般，底宽35米左右，顶宽32米左右，残高0.5—0.7米。

第二段　墙体部分位于西榆树堡屯内、部分位于农田之中。起点高程188米，止点高程180米。长787米。走向北—南，墙体保存状况较差，底宽30米左右，顶宽25米左右，残高0.3—0.5米。

第三段　整个墙体位于农田之中，局部为田间小道。起点高程180米，止点高程178米。长1870米。走向东北—西南，墙体保存状况一般，底宽35米间左右，顶宽33米左右，残高0.5—1.5米。

第四段　起点高程178米，止点高程172米。长614米。走向东北—西南，因修建水口子屯西侧水泥道路导致地表墙体消失（图五一；图版五七）。

南平安堡村土墙（编号220381382101120011）

起于秦家屯镇南平安堡村水口子屯西水泥路西南20米，止于秦家屯镇南平安堡村边岗屯西部屯前300米。起点高程172米，止点高程164米。走向东北—西南，东北连接南平安堡村土墙，西南连接大榆树镇土墙，长4522米。墙体保存状况一般，部分较差，局部消失。

墙体为土墙，墙体顶部和两侧受损，原始外观形状和顶宽、基宽数据已经无法获知，从现状观察墙体剖面为上小下大的梯形。墙体状况分二类：1. 墙体底宽30米左右，上部宽20米左右，两侧倒塌堆积约10米宽，残高1.0—1.2米，顶部有表土层；2. 底宽15米左右，顶宽12米左右，残高0.2—0.3米。

按照保存状况可分为3段：

第一段　起点高程172米，止点高程165米。长3140米。走向东北—西南，墙体保存状况一般。墙体底宽30米左右，上部宽约20米左右，两侧倒塌堆积宽10米左右，顶部有表土层，残高1.0—1.2米。

第二段　起点高程165米，止点高程155米。长852米。走向东北—西南。因边岗屯村民建房等原

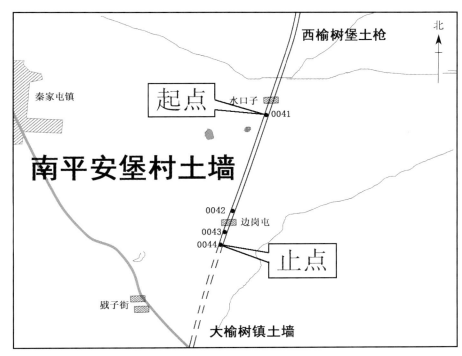

图五二　南平安堡村土墙位置及走向示意图

因导致地表墙体消失。

　　第三段　位于边岗屯南耕地中。起点高程155米，止点高程164米。长530米。走向东北—西南。墙体保存状况较差，墙体现状底宽15米左右，顶宽12米左右，残高0.2—0.3米（图五二；图版五八，1）。

　　大榆树镇土墙（编号220381382301120012）

　　起于秦家屯镇南平安堡村边岗屯西部屯前300米，止于大榆树镇赵家村杨木林条子河和东辽河交汇处北岸。起点高程164米，止点高程160米。此区域属于东辽河洪泛区，地势由东北向西南逐渐走低。起止点直线距离10302米，墙体整体消失，地表已无墙体遗迹（图五三）。

　　（4）梨树县唐代老边岗土墙本体及保存现状

　　陶家洼子屯土墙（编号220322382101120001）

　　起于小城子镇大房身村陶家洼子屯东北650米、旱塌子地老东辽河河道渡口处，止于小城子镇张家窝堡村张家窝堡屯东南450米的树林带。起点高程160米，止点高程168米。整体走向东北—西南。东北连接公主岭市境内的边岗屯土墙，西南连接梨树县境内的张家窝堡村土墙，全长2509米。整体保存差。

　　该段墙体为土墙，从地表遗迹现象观察为就地取土修筑而成，是否夯筑暂不清楚。

　　按照保存状况可分为3段：

　　第一段（GPS0249—GP0S251）　该段墙体位于大房身村陶洼子屯北侧旱塌子地内。起点高程160米，止点高程163米。全长490米，走向东北—西南，保存状况差。现存顶宽0.5—1.5米，现存底宽3.0米，残高约0.8米。

　　第二段（GPS0251—GPS0252）　起点高程163米，止点高程164米。全长137米，因20世纪初期修建新江河渠，导致墙体地表遗迹已无存。

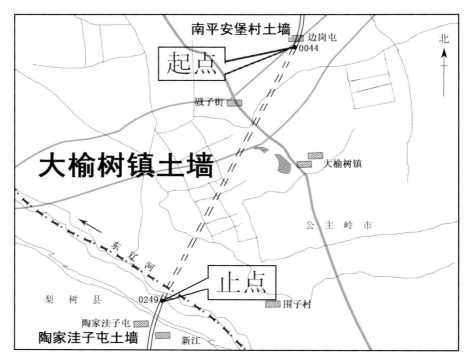

图五三　大榆树镇土墙位置及走向示意图

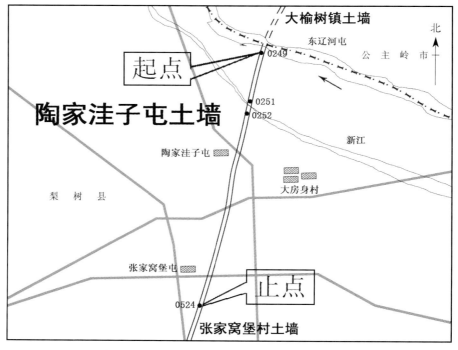

图五四　陶家洼子屯土墙位置及走向示意图

第三段（GPS0252—GPS0254）　该段墙体位于陶洼子屯（大房身村六社）东及东南、东窝堡屯（大房身村5社）西及西南侧农业耕地内。起点高程164米，止点高程168米。全长1882米，走向东北—西南。保存状况差。现存顶宽0.15—0.30米，现存底宽0.30—0.40米，残高约0.2—0.3米（图五四；图版五八，2）。

张家窝堡村土墙（编号220322382101120002）

起于小城子镇张家窝堡村张家窝堡屯东南450米的树林带，止于小城子镇张家窝堡村柴家屯南150米。起点高程168米，止点高程171米。整体走向东北—西南。东北接陶家洼子屯土墙，西南连北陈大窝堡屯土墙。全长3018米，整体保存差。

该段墙体位于农业耕地内。墙体为土墙，从地表遗迹现象观察为就地取土修筑而成，是否夯筑暂不清楚。现存顶宽0.15—0.30米，现存底宽0.30—0.40米，残高约0.15—0.3米（图五五；图版五九，1）。

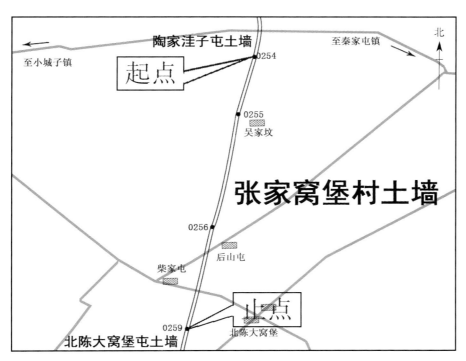

图五五　张家窝堡村土墙位置及走向示意图

北陈大窝堡屯土墙（编号220322382101120003）

起于小城子镇张家窝堡村柴家屯南150米，止于腰窝堡村陈边岗屯东北200米的陈氏家族墓地。起点高程171米，止点高程172米。整体走向东北—西南。东北接张家窝堡村土墙，西南连陈边岗屯土墙。全长956米。整体保存差。

该段墙体整体位于北陈大窝堡村西侧农业耕地内，墙体地表痕迹较为清楚，为略高于周边地表的土楞或田垄。墙体为土墙，从地表遗迹现象观察为就地取土修筑而成，是否夯筑暂不清楚。现存顶宽0.20—0.30米，现存底宽0.30—0.40米，残高约0.15—0.30米（图五六；图版五九，2）。

陈边岗屯土墙（编号220322382101120004）

起于腰窝堡村陈边岗屯东北200米的陈氏家族墓地，止于陈边岗屯西南刘柳线25号电线杆东南10米处。起点高程172米，止点高程176米。整体走向东北—西南。东北接北陈大窝堡屯土墙，西南连刘家炉村六社土墙。全长1022米，整体保存差。

该段墙体整体位于腰窝堡村陈边岗屯北侧及西侧农业耕地内，墙体地表痕迹较为清楚，为略高于周边地表的土楞或田垄。墙体为土墙，从地表遗迹现象观察为就地取土修筑而成，是否夯筑暂不清楚。现存墙体顶宽0.20—0.30米，现存底宽0.30—0.40米，残高约0.15—0.30米（图五七）。

图五六　北陈大窝堡屯土墙位置及走向示意图

图五七　陈边岗屯土墙位置及走向示意图

刘家炉村六社土墙（编号220322382101120005）

　　起于腰窝堡村陈边岗屯西南刘柳线25号电线杆东南10米处，止于柳家屯村金边岗屯东北200米处。起点高程176米，止点高程174米。整体走向东北—西南。东北接陈边岗屯土墙，西南连柳家屯村土墙。全长1280米。整体保存差。

该段墙体为土墙，从地表遗迹现象观察为就地取土修筑而成，是否夯筑暂不清楚。现存顶宽近5米，现存底宽近7米，残高约0.5米。该段墙体与"杨柳线"（杨船口村至柳家屯村）乡道重合。"杨柳线"乡道是直接利用原土墙墙体，局部沙石铺垫（图五八）。

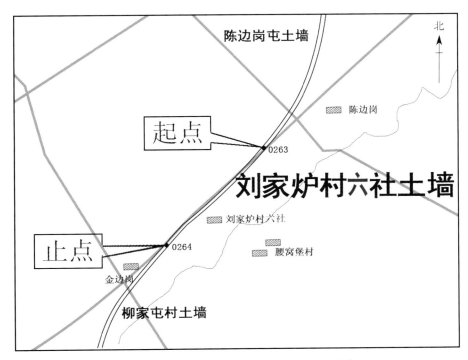

图五八 刘家炉村六社土墙位置及走向示意图

柳家屯村土墙（编号220322382101120006）

起于柳家屯村金边岗屯东北200米处，止于王木铺村后张家屯东南200米的双河二中东墙外侧。起点高程174米，止点高程177米。整体走向东北—西南。东北接刘家炉村六社土墙，西南连后张家屯土墙。全长3350米。整体保存差。

该段墙体整体位于金边岗屯（柳家屯村3社）东侧和南侧耕地、欧家屯（柳家屯村六社）西北、西南侧耕地内墙体为土墙，从地表遗迹现象观察为就地取土修筑而成，是否夯筑暂不清楚。现存顶宽0.30—0.45米，现存底宽0.40—0.50米，残高约0.2—0.3米（图五九；图版六〇，1）。

后张家屯土墙（编号220322382101120007）

起于王木铺村后张家屯东南200米的双河二中东墙外侧，止于王木铺村孙粉房屯西北240米的"三二线"公路东侧。起点高程177米，止点高程175米。整体走向东北—西南。东北接柳家屯村土墙，西南连孙粉房屯土墙，全长484米。

该段墙体为土墙，从地表遗迹现象观察为就地取土修筑而成，是否夯筑暂不清楚。按照保存状况可分为2段：

第一段（GPS0266—GPS0267） 起点高程177米，止点高程178米。全长153米。墙体因修建双河二中校园而被破坏，导致墙体地表遗迹已无存。

第二段（GPS0267—GPS0268） 该段墙体位于后张家屯南侧耕地内，略高于周边地表，现为土楞或田垄，地表迹象较具连续性。起点高程178米，止点高程175米，全长331米。走向东北—西南。保存状

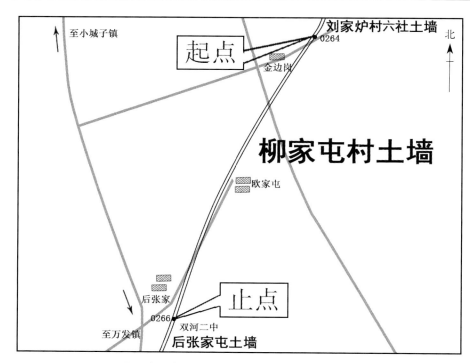

图五九　柳家屯村土墙位置及走向示意图

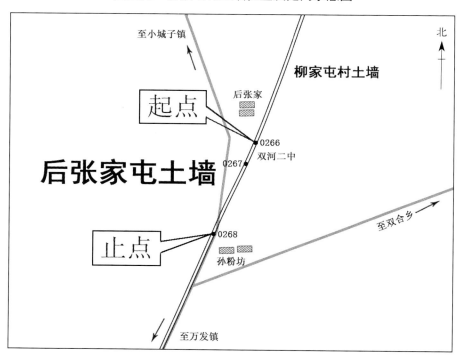

图六○　后张家屯村土墙位置及走向示意图

况差。现存顶宽0.30—0.50米，现存底宽0.50—0.70米，残高0.5米左右（图六○；图版六○，2）。

孙粉房屯土墙（编号220322382101120008）

起于王木铺村孙粉房屯西北240米的"三二线"公路东侧，止于三张窝堡屯东南800米的"国土资源基本农田"标牌处。起点高程175米，止点高程199米。整体走向东北—西南。东北接后张家屯土

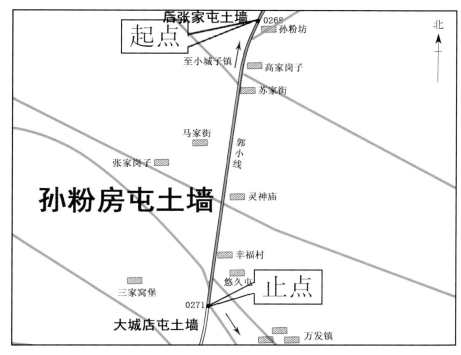

图六一 孙粉房屯土墙位置及走向示意图

墙，西南连大城店屯土墙，全长12074米。整体保存差。

该段墙体为土墙，从地表遗迹现象观察为就地取土修筑而成，是否夯筑暂不清楚。现存顶宽约7米，现存底宽约10米，残高约1米。该段墙体与"三二线"（小城子镇至郭家店镇）公路重合。"三二线"是在原墙体基础上改造修筑而成，表面铺垫有沥青、两侧挖掘有排水沟、种植林带（图六一；图版六一，1）。

大城店屯土墙（编号220322382101120009）

起于三张窝堡屯东南800米的"国土资源基本农田"标牌处，止于大榆树村孙大院屯北侧200米。起点高程199米，止点高程204米。整体走向东北—西南。东北接孙粉房屯土墙，西南连孙大院屯土墙。全长5210米。

该段墙体为土墙，从地表遗迹现象观察为就地取土修筑而成，是否夯筑暂不清楚。按照保存状况可分为2段：

第一段（GPS0271—GPS0272） 起点高程199米，止点高程204米。全长3020米。走向东北—西南。该段墙体位于三家窝堡屯、东吕家街屯、大城店屯三个屯所属农业耕地内，现为土楞或田垄或为田间便道。现存顶宽2.0—3.0米，现存底宽3.0—3.0米，残高约0.3—0.5米。

第二段（GPS0272—GPS0273） 起点高程204米，止点高程204米。全长2190米。墙体地表遗迹已无存，此次通过对前后相连墙体位置关系判断确认（图六二；图版五九，2）。

孙大院屯土墙（编号220322382101120010）

起于大榆树村孙大院屯北侧200米，止于西青石岭村孙家油坊屯南侧100米。起点高程204米，止点高程192米。整体走向东北—西南。东北接大城店屯土墙相接地，西南连孙家油坊屯土墙。全长10011米。

该段墙体为土墙，从地表遗迹现象观察为就地取土修筑而成，是否夯筑暂不清楚。按照保存状况

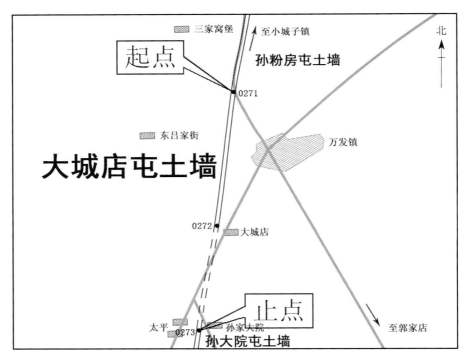

图六二　大城店屯土墙位置及走向示意图

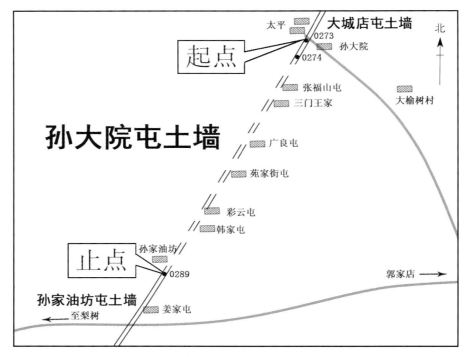

图六三　孙大院屯土墙位置及走向示意图

可分为2段：

　　第一段（GPS0273—GPS0274）　起点高程204米，止点高程205米。全长341米，走向东北—西南。该段墙体位于孙家大院屯（榆树村六社）北侧耕地内。现存顶宽2.0—3.0米，现存底宽3.0—4.0米，残高约0.5米。

第二段（GPS0274—GPS0289）　起点高程205米，止点高程192米。全长9670米。墙体地表遗迹已无存，此次通过对前后相连墙体位置关系判断确认（图六三）。

孙家油坊屯土墙（编号220322382101120011）

起于梨树镇西青石岭村孙家油坊屯南侧100米，止于梨树镇马地方村姜家屯北侧400米的断崖。起

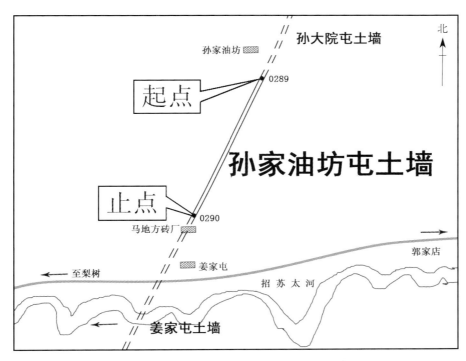

图六四　孙家油坊屯土墙位置及走向示意图

点高程192米，止点高程196米。整体走向东北—西南。东北接孙大院屯土墙，西南连姜家屯土墙。全长741米，整体保存差。

该段墙体位于孙家油坊屯南侧农业耕地内。墙体为土墙，从地表遗迹现象观察为就地取土修筑而成，是否夯筑暂不清楚。现存顶宽0.65—0.90米，底宽1.30—2.0米，残高0.2—0.5米（图六四；图版六二，1）。

姜家屯土墙（编号220322382101120012）

起于梨树镇马地方村姜家屯北侧400米的断崖，止于梨树镇北老壕村三泉眼屯北侧700米处招苏太河西岸。起点高程196米，止点高程174米。整体走向东北—西南，东北接孙家油坊土墙，西南连北老壕村土墙。全长3000米。该段墙体地表遗迹已无存，此次通过对前后相连墙体位置关系判断确认（图六五）。

北老壕村土墙（编号220322382101120013）

起于梨树镇北老壕村三泉眼屯北侧700米处招苏太河西岸，止于北夏家村沈家屯东南300米的树林带。起点高程174米，止点高程179米。整体走向东北—西南，东北连接姜家屯土墙，西南连接沈家屯土墙，全长1550米，整体保存差。

该段墙体位于北老壕村三泉眼屯北、西、西南侧耕地和北老壕村陈家屯北、西侧耕地内。墙体为土墙，从地表遗迹现象观察为就地取土修筑而成，是否夯筑暂不清楚。现存顶宽约1.3米，现存底宽1.5—3.0米，残高0.10—0.3米（图六六；图版六二，2）。

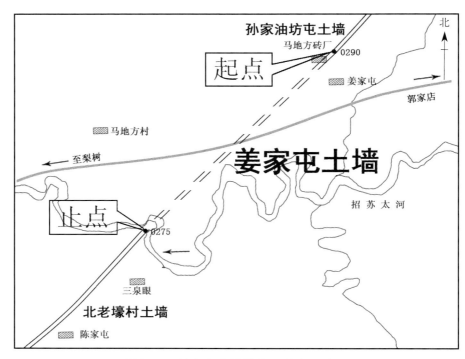

图六五　姜家屯土墙位置及走向示意图

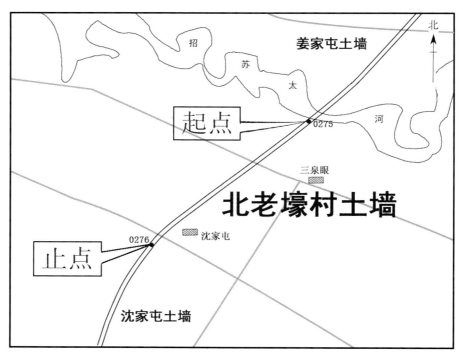

图六六　北老壕村土墙示意及走向示意图

沈家屯土墙（编号220322382101120014）

　　起于北夏家村沈家屯东南300米的树林带，止于梨树镇泉眼沟村王家屯西南250米的"石东线"公路南侧。起点高程179米，止点高程191米。整体走向东北—西南。东北连接北老壕村土墙，西南连接南老壕屯土墙，全长2177米。整体保存差。

图六七　沈家屯土墙位置及走向示意图

　　该段墙体为土墙，从地表遗迹现象观察为就地取土修筑而成，是否夯筑暂不清楚。按照保存状况可分为4段：

　　第一段（GPS0276—GPS0277）　该段墙体位于农业耕地内，现作为田间土道使用。起点高程179米，止点高程191米。全长1900米。走向东北—西南。保存状况差。现存顶宽4.0—4.5米。

　　第二段（GPS0277—GPS0278）　起点高程191米，止点高程190米。全长46米。走向东北—西南，保存状况差。现存底宽0.5—1.5米，残高1.0—1.5米。

　　第三段（GPS0278—GPS0279）　该段墙体位于农业耕地内，现作为田间土道使用。起点高程191米，止点高程190米。全长200米。走向东北—西南，保存状况差。现存顶宽4.0—4.5米。

　　第四段（GPS0279—GPS0280）　起点高程190米，止点高程191米。全长31米。走向东北—西南，保存状况差。该段墙体被"石东线"公路沥青路面覆盖（图六七；图版六三，1）。

　　南老壕屯土墙（编号22032382101120015）

　　起于梨树镇泉眼沟村王家屯西南250米的"石东线"公路南侧，止于獾子洞村南老壕屯南口。起点高程191米，止点高程201米。整体走向东北—西南。东北接沈家屯土墙，西南连四平市铁西区东八大村土墙，全长1416米。整体保存差。

　　该段墙体为土墙，从地表遗迹现象观察为就地取土修筑而成，是否夯筑暂不清楚。按照保存状况可分为2段：

　　第一段（GPS0280—GPS0281）　起点高程191米，止点高程204米。全长1310米。走向东北—西南，保存状况差。该段墙体与獾子洞村南老壕屯南侧田间土路重合，系土质路面，未铺设沙石路面。现存底宽3.0—6.0米，高度几乎与周边地表持平。

　　第二段（GPS0281—GPS0283）　起点高程204米，止点高程201米。全长106米。走向东北—西南，保存状况差。该段墙体与南老壕屯居民点内屯内道路重合，高度几乎与周边地表持平（图六八）。

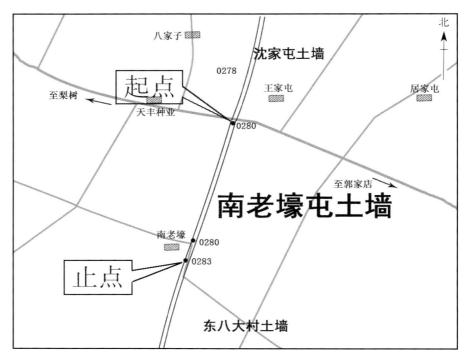

图六八　南老壕屯土墙位置及走向示意图

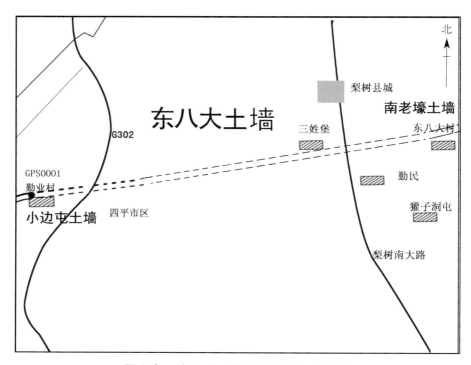

图六九　东八大土墙位置及走向示意图

（5）四平市铁西区唐代老边岗土墙本体及保存现状

东八大土墙（编号220302382301120001）

起于梨树县獾子洞村南老壕屯南口，止于四平市铁西区平西乡勤业村东头。起点高程201米，止点高程163米。起止点直线距离12560米，墙体整体消失。墙体所处区域地势呈东北高、西南低。当地居民多为建国前后搬迁于此，无了解土墙历史沿革的知情者（图六九）。

小边屯土墙（编号220302382101120002）

起于四平市铁西区平西乡勤业村东头，止于四平市铁西区平西乡小边屯屯西。起点高程163米，止点高程189米。走向东北—西南，东北连东八大土墙，西南连辽宁省昌图县境内土墙墙体。长3972米。墙体保存状况差，部分消失。

墙体为土墙，据现状观察墙体剖面为上小下大的梯形，墙体剖面底宽15米左右，顶宽12米左右，高0.2—0.3米。

按照保存状况可分为2段：

第一段 位于勤业村至小边屯之间水泥道路及其两侧起点高程163米，止点高程190米。长3172米。墙体大体呈东—西走向，墙体保存状况差，底宽15米左右，顶宽12米左右，高0.2—0.3米。

第二段 位于小边机场南侧。起点高程190米，止点高程189米。起止点之间直线距离长800米。走向不清。墙体已经消失（图七〇；图版六三，2）。

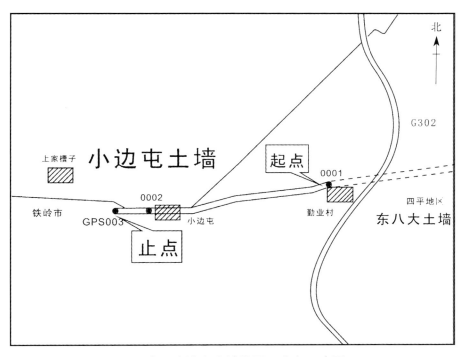

图七〇　小边屯土墙位置及走向示意图

二、考古发掘情况

为了解决唐代老边岗土墙年代、性质、构筑方式等学术课题，2011年6月—8月，经吉林省文物局申请，国家文物局批准，吉林省文物考古研究所和长春市文物保护研究所对唐代老边岗土墙进行了考古发掘。依据前期调查成果，发掘地点选择在德惠市松花江屯土墙段和公主岭市边岗屯土墙段。其中在德惠市松花江段土墙布2米×40米探沟1条，编号为11DST1；在公主岭市边岗屯土墙段布2米×38米探沟2条，编号分别为11GBT1、11GBT2，总发掘面积为252平方米。现将此次发掘情况简要介绍如下（图七一，七二）。

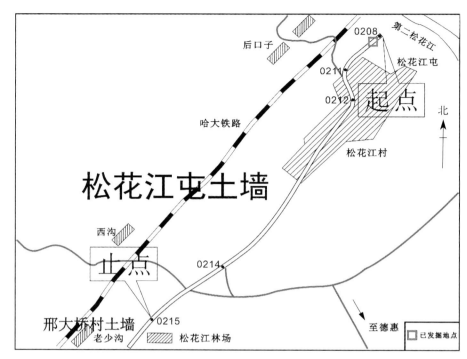

图七一　吉林境内唐代老边岗土墙松花江屯段发掘地点位置示意图

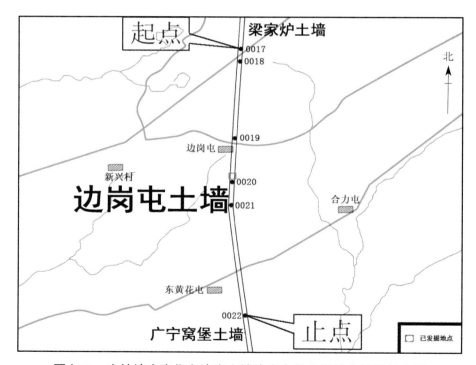

图七二　吉林境内唐代老边岗土墙边岗屯段发掘地点位置示意图

（一）地层堆积

以11DST1为例：德惠市松花江屯土墙段地层堆积简单，可分为2层。

①层为表土层，厚0.2—0.3米，土色呈黑褐色，土质疏松，其中包含有近现代残砖碎块、玻璃碎

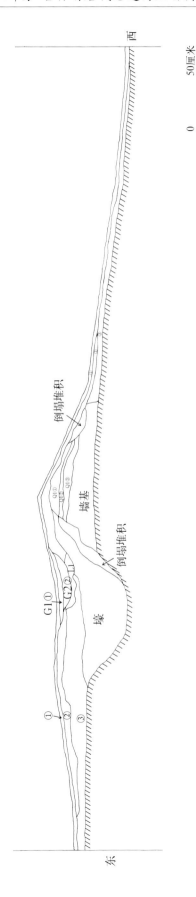

图七三　边岗村土墙11GBTG2探沟南壁剖面图

片等少量包含物。

②层厚度0—0.9米，土色呈黄褐色，其内夹杂黄色土块，土质相对紧密，其间可见少量素面夹砂黄褐色陶器残片（图版六四，1）。

②层下为生土。

以11GBT1、11GBT2为例：

公主岭市边岗屯土墙段地层堆积简单，可分为3层。

①层为表土层，厚0.2—0.3米，土色呈黑褐色，土质疏松，其中罕见包含物。

②层厚度0—0.5米，土色呈黑褐色，其中夹杂黄色土块，土质相对紧密，其中罕见包含物。

③层土色为黄褐色，厚度0—0.9米，土质较硬且相对紧密，其中罕见包含物。

该层下为生土（图版六四，2）。

（二）墙体解剖

以公主岭市边岗屯段土墙所发现的墙体为例予以介绍（图版六五）。

11GBQ2：Q2发现于11GBTG2中部，直接于生土上起建，由墙基、墙体及边壕组成。

墙基为人工堆砌而成，并经简单拍筑，土质呈黑褐色，内夹杂黄色土块，土质相对紧密，宽6.2米，高0.5—1.3米。

墙体为人工逐层堆砌而成，并经拍筑，残高0.25—0.8米，可分3层。

①层为黄褐色土，内夹杂有黑褐色土，厚度0.25米；

②层为黑褐色土，土质相对紧密，厚度0.1—0.3米；

③层为黄褐色土，土质紧密细致，厚度0.1—0.2米。

墙基及墙体内均未发现包含物（图七三；图版六六，1）。

边壕位于墙体东侧，上开口宽4.75米，底宽2.6米，深1.35米，填土为黑褐色，其中未见包含物。

（三）其他遗迹

此次发掘于公主岭市边岗屯土墙发现路一条，编号为11GBL1，即当地百姓所称的边岗道，开口于②层下。路宽2.8米，路土厚度0.15—0.3米，土质坚硬结实。

（四）遗物

此次发掘仅在德惠市松花江段土墙发现少量遗物，以陶器为主。

陶器多为素面夹砂黄褐色陶器残片。可见少量器底、口沿及柱状耳，器底均为平底，口沿多为叠唇（照片10—13），可辨器型有罐等。多发现于地层内，少量于墙体内出土（图版六六，2～5）。

（五）主要收获

经过此次考古发掘，主要获得以下成果：

（1）解决了唐代老边岗土墙的构筑方式问题。尤其是通过对公主岭市边岗屯土墙的考古发掘，弄清了唐代老边岗土墙的基本形制，即唐代老边岗土墙为内侧挖壕，外侧筑墙，形成壕墙一体的防御工事。

（2）解决了唐代老边岗土墙的性质问题。通过对唐代老边岗土墙的调查及考古发掘，在弄清了唐代老边岗土墙结构的同时，也认清了唐代老边岗土墙为我国古代少数民族政权构筑的一条线性防御工事。

（3）结合文献、考古调查、以往研究及此次发掘成果，基本可以确认老边岗土墙即文献记载的高句丽千里长城。

三、吉林省唐代老边岗土墙保护与管理现状

（一）唐代老边岗土墙调查统计数据及分析

对老边岗实施保护，就要明了它的现状。此次调查共确认吉林省境内唐代老边岗土墙总长度为247千米，其墙体可分为保存较好、保存一般、保存较差、完全消失四种情况。其中保存状况较好的段落长度之和仅为7千米；保存状况一般的为22千米；保存较差的为122千米；墙体已经消失的为90千米。墙体保存较差和消失的段落占总长度的88%，墙体较好与一般的约为总长的12%。其间仅有极小的部分被划定为文物保护单位而得以保护，其余部分从文物遗存保护的角度看现处于无人管理的状态。无论是否为文物保护单位，绝大部分为耕地，少部分是村路或林带。

（二）唐代老边岗土墙本体现存状态

1. 保存状态较好的墙体

其高度不低于80厘米。由北而南现存有如下几段：其一位于农安县华家镇边岗村东边岗屯东约400米处至屯西200米处，长约1000米。其二位于怀德镇农林村八岔沟屯西南600米坡上至怀德镇陈家窝铺村边岗屯北，长约800米。其三位于怀德镇陈家窝铺村边岗屯南，这段唐代老边岗土墙于2007年被划定为第六批省级文物保护单位—怀德镇老边岗遗址。这一段长约2000米的土墙现大部分已辟为耕地或乡道，只有榆树屯至边岗村一线遗迹较为明显，部分保存较好的地段可见岗基，宽约6米、顶宽约3米、高约2米。据当地群众讲述，六十年前，此岗高度曾超过屋脊，有5米余高。现存1100米的一段保存较好，由公主岭市文物管理所管理。其四即梨树北老壕遗址为省级文物保护单位。北老壕遗址自赵家屯东侧经双城子屯东侧、西青石岭（陈家屯）西侧、孙家油坊屯东侧至姜家店屯长约11华里，其走向顺山岗由北向南稍偏东。在姜家店后山微向西南弧曲，从山咀子顶端下山进入召苏太河冲积扇、折向西南过马地方村（旧称孙边里）跨越召苏太河。河左岸断崖上有边壕剖面，边壕遗迹呈"马槽"形，上口宽6米，下口宽2米，深3米。壕内淤土为黑灰色，含沙量大，无层理。壕壁和壕底为黄褐色黏土。因未清理，壕内淤土包含物不清楚。当地人称此壕为"老壕"或"北老壕"。这一段墙体的保存状态一般，只是壕沟比较明显，现由梨树县文物管理所管理。

2. 保存状态一般的墙体

通常指老边岗的高度不低于50厘米不高于80厘米的墙体，在田野中尚能明显分辨出它的存在。如：农安县鲍家乡小桥村前黄家窝堡屯至腰店村后大房身屯间的墙体、农安县华家镇华家站村金玉屯至东边岗屯间的墙体等。其另一类形态的墙体或为林带或为村路或为水渠的一部分。例如：农安县前

岗乡腰道村老边岗屯东北方向的墙体等。

3．保存状态较差的墙体

为残存高度不高于30厘米且时断时续的老边岗，在田野中不易区分。例如：农安县龙王乡大兴村疙瘩店屯西南方向的老边岗、农安县三岗乡安乐村汪家屯附近、公主岭市双城镇边岗村新发屯至玉林社区徐家店屯之间的老边岗等等。

4．现已消失的墙体

多发生于河流两侧，可分为两类情况：一是河水的自然冲刷，二是人们在水系流域的低洼地开垦水田或淘取河沙所致。如农安县前岗乡于家村西北至华家镇华家站村金玉屯之间的老边岗、公主岭市秦家屯镇南平安堡村边岗屯西部至东辽河之间的老边岗等。另一种情况是发生在城镇及大型基础建设项目周边，即城镇的扩建、大型基础建设项目的大量取土、建设水库等均导致了老边岗的消失。如农安县华家镇新河村附近中央水渠的修筑、农安县共青团水库的建设、四平市城区及其周边的城镇建设。

5．村落内的墙体

还有另一状态的墙体是被压在村民房宅下的，尽管部分有所破坏但从残存的形态看要好于附近田野中的老边岗。如：农安县鲍家乡腰道村后大房身屯内的两段、前纪家窝堡屯内一段、农安县华家镇边岗村东边岗屯、公主岭市双城堡镇育林社区北红星村姜德屯内一段。这种即被破坏又相对存在的土墙虽然在村屯内，却得到人们的保护，因为百姓一般不会挖取房屋墙基土。

第三章　结语

一、本次吉林省唐代老边岗土墙调查的特点

　　唐代老边岗土墙调查作为吉林境内秦汉及其他时代早期长城调查的一部分，与省内其他段落长城资源一样，被列入全国长城资源调查内容的时间相对较晚。但是，在国家文物局和国家测绘局的统一部署下，在省文物局的通力指导协调下，在调查队伍的不懈努力下，在调查背景、组织领导、科技含量、成果取得等方面，都是吉林境内唐代老边岗土墙在保护管理和研究工作中空前的一次文化遗产保护基础工程。与以往历次对吉林境内老边岗土墙调查相比，此次调查工作具备以下特征。

1．工作背景

　　自上个世纪60年代至本世纪初，吉林、辽宁两省的文物考古工作者曾先后对唐代老边岗土墙做过零星的局部调查，并结合古代文献，得出了唐代老边岗土墙即文献记载的高句丽千里长城的学术结论。但由于当时条件所限，未对该段土墙做过全面、系统、科学的调查。2006年，根据国务院有关领导关于切实做好长城保护的指示和国家文物局《长城保护工程（2005—2014）总体工作方案》的要求，按照国家文物局、国家测绘局关于联合开展长城资源调查工作的通知精神，并依据2005年国务院《关于加强历史文化遗产保护通知》，国家文物局成立了长城资源调查办公室，组织了全国范围内的长城资源调查工作，这是一次跨区域、跨行业，带有国情、国力调查性质的系统文化遗产保护工程。2009年，吉林境内秦汉及其他时代早期长城正式列入长城保护项目，调查工作随之启动。为此，吉林省文物局高度重视，在长城调查工作相对其他省市开展较晚的情况下，克服一切困难，在组织领导、经费保障、前期准备、人员培训、技术支持等方面都做了大量工作，为此次调查工作提供了基础保障。

2．调查思路明确、调查理念清晰

　　以往对于唐代老边岗土墙所做的调查多为零星的局部调查，调查手段也略显单一。本次长城资源调查，从一开始就把针对长城资源的调查定义为是对国情、国力的一次摸清家底的调查，调查不仅仅针对长城本体，还需对整个长城资源、地理人文环境等有一个整体的把握，尤其是需要将线性文化遗产保护的理念贯穿到调查工作中。以唐代老边岗土墙为例，由于以往对线性文化遗产的概念认识不清，对其内涵把握不准确，一方面造成了对长城墙体的"点段式保护"，另一方面造成了保护主体也不够明确。为了解决以往长城保护工作中存在的问题，国家文物局在调查伊始就出台了《长城资源调查工作总体方案》，按照方案要求，本次调查拟实现通过文物和测绘部门合作开展长城资源调查工作，全面、准确掌握长城的规模、分布、构成、走向及时代、自然与人文环境、保护与管理现状等基础资料，测量长城长度，生成长城基础地理信息和长城专题要素数据，发布长城长度等重要信息。建立科学、准确、翔实的长城记录档案和长城资源信息系统，为编制长城保护规划、开展长城保护工程、加强保护管理和进行科学研究提供依据。这就奠定了长城资源调查的思路和理念，即通过文物测绘部门的合作，将线性文化遗产的保护理念贯穿到调查工作之中，并为下一步编制长城保护规划和规

划的实施提供基础性资料。

3.调查手段丰富多样，科技含量大大提高

此次长城资源调查应该是传统考古调查与现代科技手段的完美结合。一方面，通过传统调查手段对长城资源有一个直观明确的认识，利用调查、走访、文字记录的形式对长城基本信息进行采集；另一方面，利用现有技术手段，如GPS定位、全站仪测量技术、数码摄录技术、激光测距仪等，对长城本体进行精确的测量，最后将通过传统调查和科技手段所获取的信息准确无误地录入由长城资源调查办公室制作的长城资源调查登记表内。这些信息涵盖了文字记录、测绘的图纸、照片、视频及录音资料等。对于在调查过程中不能通过传统调查解决的学术问题，借助传统考古学的手段，采用小规模发掘的方式予以解决，比如长城本体的构筑方式、年代等问题。

二、本次吉林省唐代老边岗土墙调查的主要收获

本次唐代老边岗土墙调查，其业务收获主要体现在以下几个方面。

1.明确了吉林境内唐代老边岗土墙的分布与走向

通过此次调查，进一步确认了吉林境内唐代老边岗土墙总体呈东北—西南走向，局部段落为东南—西北、西北—东南走向，该土墙分布在德惠市的松花江镇、达家沟镇、边岗乡、天台乡、郭家镇、同太乡，农安县的前岗乡、华家镇、龙王乡、三岗乡，公主岭市的双城堡镇、怀德镇、秦家屯镇，梨树县的小城子镇、双河乡、万发镇、郭家店镇、梨树镇，四平市铁西区的条子河乡、平西乡。共有64段，未发现土墙附属设施。

2.确认了唐代老边岗土墙东北端的起点

关于唐代老边岗土墙东北端起点，《旧唐书》与《新唐书》的记载有细微差别。《旧唐书》记载："东北自扶余城，西南至海，千有余里"。而《新唐书》记载："东北首扶余，西南属之海"。这两条文献记载差别之处就在于一"城"之差，那么关于高丽夫余城在何地，学界也有争议，大致有以下几个种观点：一说农安、一说西丰城子山山城、一说吉林龙潭山山城。但从以往调查发现看，《新唐书》的记载应最为精当，即长城起点位于扶余故地，西南濒海。通过近几年的考古调查，基本确认高句丽千里长城起自于德惠市松花江乡老边岗村。

3.对吉林境内唐代老边岗土墙的保护状况有了一个明确的认识

通过此次调查，我们对以往对唐代老边岗土墙的保护工作有以下几点认识：

（1）"点、段式保护管理"为主

由于线性文化遗产的概念出现比较晚，所以以往针对线性文化遗产的保护理念并不完整，再加上遗产线路长、跨度大的特点，因此其保护起来也就面临着更大的困难，其保护方式也以"点、段式保护管理"为主。以老边岗土墙为例，由于该类线性文化遗产均为土质，加上年代久远以及自然和人为因素的破坏，多数段落保存较差甚至消失，那么保护的重心也自然偏向于保存较好地段，而忽略了整体性保护，这就是所谓的"点、段式保护管理"模式。

（2）未公布相应的保护管理条例

在我国，针对大型线性文化遗产的保护尚处于摸索阶段，多数大型线性文化遗产的保护还未做到法规先行，有关大型线性文化遗产的保护法规，除已出台的《长城保护条例》外，未见其他相关法规公布。而具体到地方，尤其是跨省、跨地区的大型线性文化遗产，应该由国家有关部门牵头，多省、市联合做好大型线性文化遗产法规的制定工作。在这方面，京杭大运河正在做有益的尝试。

4．通过考古发掘的手段明确了唐代老边岗土墙的构筑方式

经过此次考古发掘，尤其是通过对公主岭市边岗屯土墙的考古发掘，弄清了老边岗土墙的基本形制，即老边岗土墙为内侧挖壕，外侧筑墙，墙体经简单拍筑，形成壕墙一体的防御工事。

5．基本确认老边岗墙即唐代高句丽千里长城

结合文献记载、以往调查与本次调查、考古发掘取得的成果，基本确认唐代老边岗土墙即文献记载之高句丽千里长城。

三、吉林省唐代老边岗土墙保护的主要问题及工作建议

1．土墙本体保护

老边岗土墙千百年来，因风雨剥蚀破坏程度较重。遭到严重破坏是发生在近现代的农耕垦种，时间是在大规模的机械农机具使用以后，尤其是上世纪八十年代以后。

为使老边岗土墙维持现状不再受到垦殖的侵扰，最好的方式是杜绝耕种或维持轻度耕种。然而土地是农民的既得利益，也是他们维持生计的根本，阻止农民在自己的地块耕种是不理智的，也是违法的。因此老边岗土墙的整体保护也就成为政府和文物部门的新课题，如政府补偿农户因失地所造成的损失，将能化解部分矛盾。但土地一旦归为公有，如果管理不到位就容易发生盗土乱掘事件，这是应当加以防范的。因此，制定老边岗土墙的保护管理规划势在必行。

2．土墙环境保护

老边岗土墙周边环境千百年来变化不是很大，只是近现代人为作业导致土墙周边环境发生较多的变异，如兴村建屯、修筑道路及排灌水渠、拦河筑坝蓄水、沼泽湿地垦为水田、城镇扩张而兴建的基础建设等等。

老边岗土墙行进环境所涉及的地方应由地方政府组织协调，相关建设当远离老边岗土墙，至少维持老边岗土墙周边的现行环境状态。重要的区段可参照文物保护单位的做法设立保护范围和建设控制地带，以埋设界桩或种植低矮灌木作标识划界。

3．土墙管理

以土堆砌的老边岗土墙时断时续，处于似有似无的现状，千余里土墙跨越众多行政区域，绝大部分又分散给数千上万的农户耕种。这就使得综合整治、合理利用等诸多问题缺乏统筹协调，文物保护管理力量捉襟见肘，给保护管理带来极大的难度。对老边岗土墙应尽快确定保护机制，修订地方性法规，分区段设立保护组织。文物遗存的保护管理不仅是文物部门的职责，也是全社会共同的义务，更是地方政府的责任，应该以市县级政府管理为纲，以乡镇级政府管理为目。老边岗土墙涉及到农业、林业、水利、电力、通讯、石油、市政建设、公安执法等多个部门，因此对老边岗土墙的管理是多部门协调的系统工程。尽快制定针对老边岗土墙保护管理的地方性办法，此办法应是一部具体详尽可操作性强同时兼顾相关行业的规定。同时应作到：

（1）由地方文物管理委员会督导，政府各相关部门协同对老边岗土墙进行监督。

（2）文物部门与相关部门协商，文物工作者对老边岗土墙进行常规巡检的同时请电力、通信等行业的线路巡检员协同参与。

（3）文物部门会同公安、工商、农业、建设等相关部门，对日常巡检中发现的问题进行快速、有效的处理。

4．土墙展示与利用

对于以砖石为建筑材料的秦、汉、明等长城可见其形，或雄伟壮观或苍凉悲怆，容易激发人们的各种想象。若将其开发成旅游项目，通常可获得一定的效益。因老边岗土墙的现存状态与山海关长城、八达岭长城以及秦汉长城的姿态相去甚远，这就决定了它的利用价值相对较低。以现有的姿态向人们展示它过去曾经辉煌的历史，其收效甚微。

有鉴于此，适当地选择几个点开发成遗址公园。遗址公园是地方历史遗存的部分再现，同时也是现代人们与历史事物沟通的场所。欲展示必先投入，正确的投入当能获得相应的社会效应。开发遗址公园的通常做法是将历史事件发生地或历史建筑实体所在地进行详尽的规划，以满足公众游览、观赏、休憩、开展科学文化及锻炼身体等活动并有较完善的设施和良好的绿化环境。遗址公园理应承载以上的功能，并继承公共开发的特性。因此，遗址公园需处理好遗址保护和公园建设的关系，结合活动的多样性，深入挖掘遗址多方面的价值。遗址价值的存在是公园的灵魂，体现在自然、历史、人文等各个方面，这种价值的发掘不能以破坏遗址或遗迹本身为代价。如在各类遗址公园中，毁建、改造、迁建等与历史遗产保护原则相抵触的工程项目都应被严格禁止；造成不利于对遗址修缮和维护的商业开发，也应进行必要的控制。换言之，以牺牲遗址的完整性、真实性换取的价值索取，是建设过程中应警惕和防范的。

5．土墙保护的人才培养及队伍建设

为使老边岗的保护管理科学和规范，在现有的管理机构中应适当的增加人员编制。以现有的文物部门为主体，分区段建立保护组织，强化对一线文物保护管理工作者的培训，人员的年龄、知识结构要形成适当的梯次，为他们创造良好的工作环境，使之在老边岗土墙的保护工作中积极主动。以期达到在管理上科学、规范，在巡检中细致、全面，在案件处理方面及时、有效。

6．土墙保护经费

由于对老边岗土墙的管理没有规划，自然也就没有经费。老边岗土墙是带状遗存，如以现行的行政区划机构对其管理的话，当以县级政府管理为宜，经常性的业务管理则以县文物管理所最为适当。然而路途之远，一个往返的行程超百余千米，无有效的交通工具的辅助其管理的时效性较差。

老边岗土墙保护机制建立后，相关地方政府在财政预算中文物保护经费的数额上应有所增加，特别是针对老边岗土墙的保护经费。要配备必要的器材、设备，如远距离监视器材、快速的交通工具等。

7．土墙科学研究

关于老边岗土墙的历史资料发现较少，因此通过文献而详细了解老边岗土墙就比较困难。近年有学者对老边岗土墙进行过一些学术研究，以历史文献并结合这些研究成果为老边岗土墙的保护和利用奠定了基础。

现应丰富对老边岗土墙保护的课题研究，将研究的成果应用于老边岗土墙的保护中去。使得研究与现实、保护与利用、管理与法制相结合并进入到既有社会效益，又有经济效益的良性循环状态。

8．土墙对外宣传

老边岗土墙在中国历史上的影响较小，仅于隋唐东征时有所涉及，因此《旧唐书》、《新唐书》简略提到，以至于现在的人们对其的关注度极低，多年来与之相关报道少有所闻。

由于老边岗土墙的历史以及其地缘政治的影响有其特殊性，它不同于秦汉长城等带状遗存，所以在它的对外宣传方面要做到严谨、包容。消除由民间模糊的传说所带来的影响，阐明老边岗的历史成因以及它在那个时代的属性。当老边岗土墙整体保护规划得以全面实施时，就是对其最好的宣传。

参考文献

1．《旧唐书》

2．《新唐书》

3．《三国志》

4．《三国史记》

5．《辽海丛书》

6．李文信《沈故·批注》

7．《奉天县志》

8．《怀德县志》

9．《德惠县文物志》

10．《农安县文物志》

11．《公主岭县文物志》

12．《梨树县文物志》

13．《四平市文物志》

14．李健才《东北地区中部的边岗和延边长城》，《辽海文物学刊》，1987年第1期。

15．李健才《唐代高丽长城和夫余城》，《民族研究》，1991年第4期。

16．李健才《再论唐代高丽的夫余城和千里长城》，《北方文物》，2000年第1期。

17．王健群《高句丽千里长城》，《博物馆研究》，1987年第3。

18．陈大为《辽宁高句丽山城再探》，《北方文物》，1995年第3期。

19．梁振晶《高句丽千里长城考》，《辽海文物学刊》，1994年第2期。

20．冯永谦《高句丽千里长城建置辩》，《社会科学战线》，2002年第1期。

第四部分　吉林省延边边墙调查报告

第一章　概述

一、延边边墙沿线的地理与地貌特征

延边朝鲜族自治州位于吉林省东部，东与俄罗斯滨海区接壤，南隔图们江与朝鲜咸镜北道、两江道相望，西邻吉林市、白山市，北接黑龙江省牡丹江市。边境线总长755.2千米，其中，中朝边境线522.5千米，中俄边境线232.7千米（图版六七）。

延边地处长白山区，长白山脉贯穿全境，整体地势西高东低，自西南、西北、东北三面向东南倾斜，整个地貌呈山地、丘陵、盆地三个梯度，以珲春一带为最低。延边州内河网密集，流域面积在百余平方千米以上的河流有137条，分属图们江、二道松花江、牡丹江、绥芬河等四大水系。图们江主要支流有红旗河、海兰江、布尔哈通河、嘎呀河、密江河、珲春河等。

延边地处北半球中温带，属中温带湿润季风气候。主要特点是季风明显，春季干燥多风，夏季温热多雨，秋季凉爽少雨，冬季寒冷期长。同时由于东临日本海西部，北部又有高山做天然屏障，与省内纬度、海拔相同的地区相比，又有冬暖夏凉的特点。延边年平均降水量一般为400—650毫米，中部盆地和东北部山谷地区雨量较少，西部山地和东南部近海地区雨量较多，一年中，雨量多集中在6、7、8三个月。边墙区域内植被发育良好，森林覆盖率超过60%，以大型乔木及针阔混交林为主，树种以松树、柞树、白桦、胡桃楸、春榆等为主。

按照延边边墙的分布与走向，结合其所在区域的地形、地貌，我们将其分成了山地边墙和丘陵边墙。

（一）山地边墙的地理与地貌

延边州山地面积比重大，约占全州总面积的80%，分为长白山火山区、张广才岭山区、老爷岭山区、牡丹岭—南岗山区等。山岭蜿蜒起伏，层峦迭嶂，森林茂密。

延边边墙在山地的分布，从行政区划上归属珲春、图们、延吉、龙井、和龙等地。山体高大完整，主要由花岗岩、各种片岩和玄武岩等组成。延边的山地边墙主要分布在和龙市北部，龙井市西北部，延吉市西北部，以及图们市西南、东北部，海拔125—692米之间的山地上（图版六八）。

（二）丘陵边墙的地理与地貌

　　延边的丘陵地带，分布在山地边沿，走向散乱，海拔均在300—500米之间。在重叠起伏的山脉之间，许多江河湍流而过，在其两岸分布着大小不一的河谷盆地，主要分布在西部地区和东南部地区。较大的有海兰江、布尔哈通河、嘎呀河、珲春河等河谷盆地。

　　延边丘陵边墙主要分布在延吉市北部、图们市西部、龙井市西北部、和龙市北部及珲春市北部，海拔在108—550米之间的山地下面的缓坡地上。

　　总体来说，延边的地理、地貌和气候条件，对边墙修筑和保存产生了一定的影响。主要表现在：山地区域不易修筑大段的夯土墙，因而以石墙、山险为垫，同时辅有烽火台、关堡、铺舍等，形成了防御和屯戍的重要部分。此类区域的墙体由于少有人类活动，因而保存的比较完好。而缓坡地易修筑大段的夯土墙，同时又辅有烽火台等，形成严密的防御工事。但由于缓坡地带人员活动相对密集，造成丘陵边墙普遍保存较差，破坏较大，部分段落的地表遗迹已消失（图版六九）。

二、延边边墙以往调查研究情况

　　延边边墙以往调查可分为两个阶段。

第一阶段

　　上个世纪二十年代，魏声和对珲春境内的边墙进行了调查，并认为珲春境内的边墙起始于中俄分界之分水岭，两国界牌"拉字牌"北，经今哈达门乡、英安镇至凉水始尽[1]。

第二阶段

　　1984年为编写《和龙县文物志》，和龙县文物普查队调查了和龙县（今和龙市）境内的部分边墙遗迹，认为西城乡的明岩至邱山西部、土山乡地段以及龙门乡亚东水库一带的边墙墙体保存较好。边墙蜿蜒于峚山峻岭之间，长达40余华里[2]。

　　1984年为编写《龙井县文物志》，龙井县文物普查队调查了龙井县境内的部分边墙遗迹，认为龙井县（今龙井市）境内的边墙遗迹是由和龙县延伸而来，经细鳞河乡、桃源乡、铜佛乡、朝阳川、八道乡（今属延吉市），进入延吉市，最后到达龙井县长安镇（今属图们市辖区）鸡林北山。同时认定在边墙的左右两侧，筑有数十座墩台[3]。

　　1985年为编写《延吉市文物志》，延吉市文物普查队调查了位于烟集乡台岩村西北5千米的平峰山段边墙遗迹，认为边墙从平峰山东端到东部一大石砬子间的山口南侧，修有一条东西向的石墙。墙体从石砬子东侧折向东南，到达小烟集河河谷西缘消失，长度约2.5千米[4]。

　　1984年为编写《珲春县文物志》，珲春县文物普查队对二十年代《珲春古城考》里记述的边墙进行了调查，认为边墙东从哈达门乡和平村西山经过涌新、涌川，再经镇郊的车大人沟新地方村，直至英安镇关门咀子西山，大致东西向横跨三个山岭，三个沟，总长约50千米[5]。

　　1984年及1985年的5月间，文物爱好者，时任延边日报社记者徐学毅历时十天行程约六七百里，对和龙、龙井、延吉三个市县境内的延边边墙进行了徒步考察。他在其《延边古长城考察报告》中认为延边边墙经过的地方是和龙县土山乡东的东林村至龙井县长安镇广济村清茶馆，全长约三百余里[6]。

延边边墙的研究大致可分为两个阶段。

第一阶段

是上世纪二十年代。魏声和在《东北丛刊》第十五期发表的《珲春古城考》中认为延边长城乃系"金源之兴，与高丽争界，此实当交战之冲，古垒纵横，即其遗迹云"。主张"延边边墙金代修筑说。"[7]

第二阶段

是上世纪八十年代至今。在此期间对延边边墙的修筑年代主要有如下几种见解：高丽王朝修筑、渤海国修筑、渤海国始建东夏国沿用、东夏国修筑等。

1984年，"二普"期间，由吉林省文物志编委会主编的《龙井县文物志》将此辖区内的"边墙"记录在志书内。志书中将和龙市东城镇的东古城认定是一座金曷懒路治所，并依据文献中"高丽王朝曾占领曷懒甸修九城"的记载，提出延边边墙"有可能是高丽王朝的边墙。"[8]

1983年朴龙渊先生在《关于渤海中京问题的商榷》一文中，根据延边边墙的走向以及边墙附近有众多的渤海时期的山城、平原城等遗迹推断，"此边墙可能是渤海中京的卫城"[9]。

1985年徐学毅发表《延边古长城考察报告》，认为延边边墙始建于东夏国[10]。

1992年陈相伟先生在《考古学上所见东夏国文化遗存》中提出：延边的"珲春边墙围绕渤海东京龙原府址（珲春八连城）以及出土多方东夏官印的斐优城"，和龙、龙井段的边墙"则环绕渤海中京显德府（和龙西古城）和作为东夏陪都的南部城（磨盘村山城）布局分析，延边两道边墙确系为护卫上述城址构筑的军事防御工程"。并且明确指出：延边长城"确系在渤海旧有城防设施上，蒲鲜万奴为抵挡蒙古铁骑入侵而改修沿用的军事防御工程"[11]。

1990年王慎荣、赵鸣岐编写的《东夏史》依据1986年樊万象《牡丹江边墙调查简报》提出的"牡丹江边墙，可能始建于渤海，东夏国又改修沿用"一说，认为不仅牡丹江边墙为东夏利用渤海边墙并加固修整建成，就是珲春长城和延边长城（即和龙、龙井、延吉、图们境内边墙），亦属渤海所建，后为东夏所用[12]。

2003年，李治廷编，中州古籍出版社出版的《中国边疆通史·东北通史》中认为延边古边墙是东夏建造[13]。

第二章 延边边墙调查的主要成果

一、延边边墙的总体分布与走向

延边边墙主要分布在和龙、龙井、延吉、图们及珲春五个市（县）。本次调查是以和龙市土山子镇五明东山段墙体为起始点，墙体逐渐北行后东折，直至图们市曲水段墙体，告一段落。图们市之西凉水镇窟窿山边墙为一段独立墙体。另一段落边墙从珲春关门咀子段出发，结束于涌泉段。修筑的边墙穿行在丘陵和山地之间，其间地形复杂多变，墙体修筑的结构因地制宜，形式多样。从构筑特点看有土筑，也有毛石干垒，还有利用山险等形成的天然屏障（图版七〇）。

延边边墙按国家长城资源调查手册标准，标定并划分为五十八个小段，全程总长度为114千米，其中101千米为新发现的墙体长度。墙体上部、两侧分布有烽火台86座，其中70座为新发现烽火台。同时新发现关堡及铺舍8处。

延边边墙包括城墙、壕沟、烽火台、关、堡等设施。边墙墙体按类别可分为土墙、石墙、山险等。墙体根据构筑方式的不同，有土筑、土石混筑、毛石干垒等方式，墙体均为自然基础，从结构上看，土墙及土石混筑的墙体，多选择在石材不多的丘陵地带及山坡上，为挖壕取土向一侧堆积，并夯实形成一墙一壕的结构，有的段落为两侧取土，堆积成突出地表的单道墙体；石墙多修建在石材较多的山坡上，采集附近较大的毛石干垒而成；山险是利用自然山体陡峭的崖壁为天然屏障（图版七一、七二）。

1. 和龙市段 是延边边墙南部的起始点，向北穿梭于丘陵和山地之间。自土山子镇东山村北侧的五明东山顶上，沿着山脊向东北延伸，在3500米处向北拐，途经明岩村、蜂蜜河、亚东水库和龙门人参场，从龙门人参场向东1千米后进入龙井市境内。

2. 龙井市段 边墙修筑于丘陵和山地之间，西接和龙龙门人参场东1千米处的边墙，向东北经日新村、大西屯，进入北古屯后，经光新村、官船村，在昌盛屯东北2000米的丘陵处进入延吉境内。

3. 延吉市段 边墙穿行于丘陵和山地之间，西接龙井市昌盛屯东北2千米的边墙，沿山脊向北延伸6300米后向东北进入八道镇，经小八道沟、朝阳河、双凤村，从双凤村的东北300米处，拐向东南延伸，经平峰山进入依兰镇，经兴农村，跨烟集河谷，通往清茶馆村，穿过布尔哈通河进入图们境内。

4. 图们市段 边墙走向主要行进于山地之中。分A、B两段。A段西接布尔哈通河对面的延吉市境内的东端墙体，向东越布尔哈通河河谷至图们磨盘村南1200米处的山脚下，往东在山峦间延伸7000米后，又向东北进入月晴镇，经图们市微波站，抵曲水六队。B段从凉水镇经窟窿山的西段向东延伸，进入凉水镇。

5. 珲春市段 边墙跨越于丘陵和山地之间。起自英安镇关门咀子村北1000米处的山顶处，向东北经新地方村后进入哈达门乡涌泉村，在涌泉村向东延伸，过骆驼河河谷进入太平村、头道村，越头道沟河河谷抵达东侧的山顶，这里也是本次延边边墙调查东部的止点。

二、延边边墙本体及相关遗存的保存现状

1．边墙

边墙由于长时间自然力和人为因素的破坏，有一部分墙体已经消失或损坏较重。调查确认有效墙体约79700米，其中土墙约68300米，石墙约7600米，山险约3400米，河险约400米。调查消失墙体约34700米。按调查所划分的县区域以及按调查系统内所设起止方向分述如下：

（1）和龙市境内边墙本体及保存现状

墙体总长为14940米。可以分为3段。

五明东山边墙（编号222406382101150003）

起于和龙市西城镇明岩村东南250米，邻和龙一级公路，止于和龙市西城镇五明村东山屯北侧1000米。起点高程356米，止点高程555米。走向东北—西南。北接明岩边墙，其间分布有5座烽火台、1个铺舍。从起点沿边墙走向南500米可见五明东山烽火台1号，从烽火台1号沿边墙走向南1000米处墙体东侧500米有五明东山烽火台2号，从烽火台2号沿边墙走向西南1500米处有五明东山铺舍，从铺舍沿边墙走向西南500米处墙体东侧10米有五明东山烽火台3号，从烽火台3号沿边墙走向西南900米处有五明东山烽火台4号，从烽火台4号沿边墙走向西南2300米处有五明东山烽火台5号。全长6630米。

该段墙体为土墙。墙体因处在农田周围，墙体被耕地、农用路、村庄等破坏，小部分墙体只能看出墙体表面痕迹，大部分墙体消失。整体保存较差（图版七三，1）。

明岩边墙（编号222406382101150002）

起于亚东水库北岸，止于和龙市西城镇明岩村东南250米，邻和龙一级公路。起点高程382米，止点高程356米。走向南—北。北接龙门边墙，南接五明东山边墙，其间分布有2座烽火台。明岩烽火台1号位于该段边墙起点西南1000米处，亚东水库的南岸，与墙体相连；从烽火台1号沿边墙走向西南1800米处墙体东侧15米有明岩烽火台2号。全长4730米。

该段墙体为土墙。墙体建造于丘陵之上，大部分段落都因被水库区、耕地、农用路、村庄等破坏而消失。我们对距明岩烽火台1号200米处的墙体进行了测量，该处属于保存较好段落，形制上窄下宽，墙体最宽处6米、残高最高处为3米。墙体东侧有壕沟，宽2米，深1米（图七四；图版七三，2）。

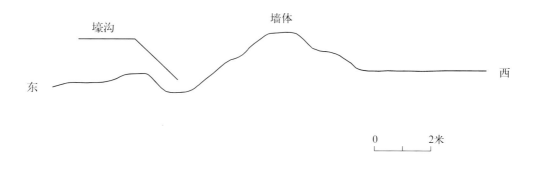

图七四　明岩边墙墙体剖面图

龙门边墙（编号222406382101150001）

起于和龙市西城镇龙门村西北3100米处，止于亚东水库北岸。起点高程422米，止点高程382米。走向南—北。北接日新边墙，南接明岩边墙。其间分布有4座烽火台，起点的东侧260米处有龙门烽火台1号，从龙门烽火台1号沿边墙走向西南1700米处墙体西侧100米有龙门烽火台2号，从烽火台2号沿边墙走向西南1200米处墙体西侧500米有龙门烽火台3号，从烽火台3号沿边墙走向西南1400米处墙体西侧300米有龙门烽火台4号。全长3580米。

该段墙体为土墙。墙体建造于丘陵之上，大多数墙体段落处在农田中，地表可见墙体迹象，只有少部分墙体保存较好，保存差的墙体多是被沟谷或农用路破坏。整体保存一般。

（2）龙井市境内边墙本体及保存现状

墙体总长为23578米。可以分为8段。

日新边墙（编号222405382101150008）

起于龙井市老头沟镇文化村小灰洞屯东250米，止于龙井市老头沟镇文化村日新屯西南5000米。起点高程330米，止点高程422米。走向南—北。北接小灰洞边墙，南接龙门边墙。从起点沿边墙走向南700米处墙体西侧10米可见日新烽火台1号，从1号烽火台沿边墙走向南2500米处墙体东侧30米有日新烽火台2号，从2号烽火台沿边墙走向南800米墙体东侧150米有日新烽火台3号。全长4764米。

该段墙体为土墙。墙体修筑于丘陵之上，由于墙体受到人为耕田、农用车道、修路等因素破坏，整体保存较差。

小灰洞边墙（编号222405382101150007）

起于龙井市老头沟镇北谷屯东北100米，止于龙井市老头沟镇小灰洞村东250米。起点高程331米，止点高程330米。走向南—北。北接北谷屯边墙，南接日新边墙。从起点沿边墙走向西南1200米处墙体东侧有小灰洞烽火台1号，从1号烽火台沿边墙走向西南20000米处墙体东侧80米有小灰洞烽火台2号。全长3495米。

该段墙体为土墙。墙体修筑于丘陵之上，墙体形制清晰，但由于人为耕田、农用车道、修路等因素破坏，整体保存一般（图版七四，1）。

北谷屯边墙（编号222405382101150006）

起于龙井市老头沟镇北谷屯东北5000米，止于龙井市老头沟镇北谷屯东北100米。起点高程412米，止点高程331米。走向东北—西南。北接光新屯边墙，南接小灰洞边墙。该段边墙起点的西侧10米处有北谷屯烽火台1号，从1号烽火台沿边墙走向西南1800米处墙体东侧15米为北谷屯烽火台2号，从2号烽火台沿边墙走向西南2300米墙体西侧2米处有北谷屯烽火台3号。全长6658米。

该墙体为土墙。墙体修筑于山坡之上，因受破坏程度较轻，整体保存较好。我们对距北谷屯烽火台1号西南600米处的墙体进行了测量，墙体东西宽4米，残高2米。西侧有壕沟，宽2米，深1米（图七五）。

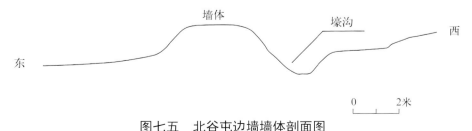

图七五　北谷屯边墙墙体剖面图

光新屯边墙 （编号222405382101150005）

起于龙井市老头沟镇光新屯西南200米，止于龙井市老头沟镇光新屯西南950米。起点高程276米，止点高程412米。走向东北—西南。北接官道边墙，南接北谷屯边墙。全长692米。

该段墙体为土墙。墙体建造于丘陵之上，因破坏较轻，整体保存较好。部分墙体西侧有壕沟。（图版七四，2）

官道边墙 （编号222405382101150004）

起于龙井市老头沟镇官道屯东北2200米处，止于龙井市老头沟镇光新屯西南200米。起点高程335米，止点高程276米。走向东北—西南。北接官船边墙2段，南接光新屯边墙。该段墙体内有4处烽火台，从起点沿边墙走向西南730米处墙体北侧70米为官道烽火台1号，官道烽火台1号西北300为官道烽火台2号，在西南1300米处为官道烽火台3号，3号台西南900米处有官道烽火台4号。全长4202米。

该段墙体为土墙。墙体修筑于丘陵之上，部分墙体保存情况较好，但是大部分墙体由于农田等人为的破坏已经消失，整体保存较差。

官船边墙1段 （编号222405382101150002）

起于龙井市老头沟镇官船村东北1450米，铜佛寺—岐阳水库道路旁，止于龙井市老头沟镇官船村东北770米。起点高程216米，止点高程381米。走向东北—西南。北接昌盛边墙，南接官船边墙2段。墙体止点西北350米为官船烽火台2号，南侧15米为官船烽火台1号。全长602米。

该段墙体为土墙。墙体位于低山丘陵区。在坡度较陡、海拔较高的地段保存较好；在坡度较缓、海拔较低的地段保存较差。墙体走向及形制基本可辨，整体保存一般。

官船边墙2段 （编号222405382101150003）

起于龙井市老头沟镇官船村东北770米，止于龙井市老头沟镇官船村东南200米。起点高程381米，止点高程335米。走向东北—西南。北接官船边墙1段，南接官道边墙。全长673米。

该段墙体为土墙。墙体位于低山丘陵区。在坡度较陡、海拔较高的地段，自然植被生长茂盛，墙体保存较好；在海拔较低的地段，墙体多被辟为农田，保存较差。部分墙体南侧有壕沟。我们对距烽火台1号东100米处墙体进行了测量，墙体南北剖面宽5米，残高4米。南侧有壕沟，宽1.5米，沟深0.5米（图七六）。

昌盛边墙 （编号222405382101150001）

起于龙井市老头沟镇泗水村昌盛屯东北2200米处，止于龙井市老头沟镇泗水村昌盛屯南500米。起点高程305米，止点高程216米。走向东北—西南。北接吉成边墙3段，南接官船边墙1段。从起点沿

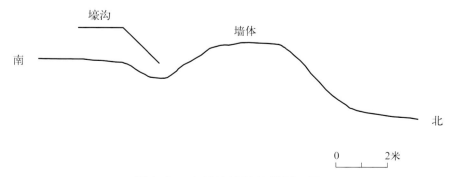

图七六　官船边墙墙体横剖面图

边墙走向西南1100米处墙体东侧500米可见昌盛烽火台。全长2492米。

该段墙体为土墙。墙体位于地势相对较低的山坡、沟谷处，已被辟为玉米田，由于现代人为活动较多，并受到修路的破坏，修筑于此区间的墙体整体保存较差。

（3）延吉市境内边墙本体及保存现状

墙体总长为35473米。可以分为38段。

清茶馆边墙1段（编号222401382102150001）

起于延吉市依兰镇清茶上村东北1000米，止于延吉市依兰镇清茶上村东北1050米。起点高程550米，止点高程550米。走向东南—西北。西接清茶馆边墙2段，东与图们清茶馆边墙相连，清茶馆烽火台1号在该段墙体内侧紧邻止点处。全长877米。

该段墙体为石墙。墙体位于漫岗。保存较好地段能清晰看出墙体土石混筑形制，部分墙体可见南侧有壕沟。保存较差部分墙体基本已被辟为农用路，遭碾压破坏，整体保存一般。我们在距该段起点西116米处对墙体做了测量。墙体为自然基础，上宽4米，下宽8.5米，残高1米。壕宽5米、深1.5米（图七七；图版七五，1）。

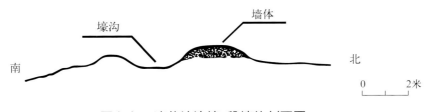

图七七　清茶馆边墙1段墙体剖面图

清茶馆边墙2段（编号222401382102150002）

起于延吉市依兰镇清茶上村东北1050米，止于延吉市依兰镇清茶上村西北1300米。起点高程550米，止点高程516米。走向东南—西北。东接清茶馆边墙1段，西接清茶馆边墙3段。该段起点紧邻清茶馆烽火台1号，止点紧邻清茶馆烽火台2号。全长758米。

该段墙体为石墙。墙体土石混筑，南侧有壕沟。墙体修筑于山坡之上，由于修路和修高压线塔而形成多处豁口，整体保存较好（图版七五，2）。

清茶馆边墙3段（编号222401382102150003）

起于延吉市依兰镇清茶上村西北1300米，止于延吉市依兰镇自安村东北1600米。起点高程516米，止点高程429米。走向东南—西北。东接清茶馆边墙2段，西接清茶馆边墙4段，止点紧邻清茶馆烽火台3号。全长1846米。

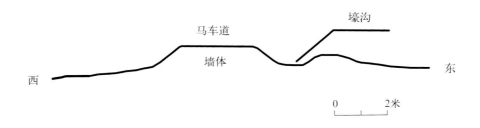

图七八　清茶馆边墙3段墙体剖面图

　　该段墙体为石墙。墙体修筑于山坡上，保存状况一般。我们在清茶馆烽火台2号西50米对墙体做了测量，墙体已被马车道破坏，破坏长度为16米。整段墙体剖面呈梯形，上宽约3米，下宽约6米，残高2米（图七八）。

清茶馆边墙4段 （编号222401382101150004）

　　起于延吉市依兰镇自安村东北1600米，止于延吉市依兰镇新农村北侧延吉至依兰公路旁。起点高程429米，止点高程244米。走向东南—西北。东接清茶馆边墙3段，西接烟河边墙。全长1940米。

　　该段墙体为土墙。墙体修筑在山坡之上，部分墙体南侧可见壕沟。该段墙体绝大部分被农田占用，一部分被殡仪馆陵园北墙所占用，导致消失长度达1077米，墙体整体状况保存较差。我们在距该段起点677米处对墙体进行了测量。墙体上宽3米，下宽7.8米，残高2米。壕沟在墙体南侧，深4.5米，宽1米（图七九）。

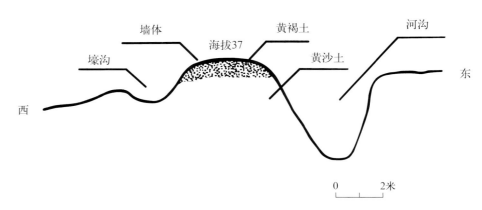

图七九　清茶馆边墙4段墙体剖面图

烟河边墙 （编号222401382101150005）

　　起于延吉市依兰镇新农村北侧延吉至依兰公路旁，止于台岩村西北400米。起点高程244米，止点高程337米。走向东—西。东接清茶馆边墙4段，西接平峰山边墙1段，烟河烽火台在该段墙体内侧，与墙体垂直距离10米。全长5014米。

　　该段墙体为土墙。墙体位于山坡地及山脊上，因为修路、挖坟、农田、取土、水土流失等原因，仅有少量地表残留，大量墙体消失或难以寻觅。

平峰山边墙1段 （编号222401382101150006）

　　起于延吉市依兰镇台岩村西北400米，止于延吉市依兰镇台岩村西北700米。起点高程337米，止点高程365米。走向东南—西北。东接烟河边墙，西接平峰山边墙2段。全长429米。

　　该段墙体为土墙。墙体位于台岩村西北的石头山上，东南方向可望见烟河烽火台，两侧被开辟为农田，墙体被道路叠压，又因为水土流失等原因，多数地段地表残余不足半米，仅可看出土棱，保存情况较差。

平峰山边墙2段 （编号222401382106150007）

　　起于延吉市依兰镇台岩村西北700米，止于延吉市依兰镇台岩村西北600米。起点高程365米，止点高程316米。走向东南—西北。东接平峰山边墙1段，西接平峰山边墙3段，平峰山烽火台1号在该段墙体临近止点处。全长1500米。

该段墙体为山险。该段山势险要，也没有受到人为破坏，整体保存较好。

平峰山边墙3段（编号222401382107150008）

起于延吉市依兰镇台岩村西北600米，止于延吉市依兰镇台岩村西北900米。起点高程316米，止点高程321米。走向东南—西北。东接平峰山边墙2段，西接平峰山边墙4段。全长400米。

该段墙体为河险。早年为沟谷自然形成的河流，现在由于水土流失，或被农田占用，已不见当年的景象。

平峰山边墙4段（编号222401382101150009）

起于延吉市依兰镇台岩村西北900米，止于延吉市依兰镇台岩村西北1700米。起点高程321米，止点高程439米。走向东南—西北。东接平峰山边墙3段，西接平峰山边墙5段，墙体止点紧邻平峰山烽火台2号。全长1263米。

该墙体为土墙。墙体位于山坡之上，由于被农田破坏，有的地段难以辨识其地表部分。整体保存差。

平峰山边墙5段（编号222401382101150010）

起于延吉市依兰镇台岩村西北1700米，止于延吉市依兰镇台岩村西北2500米。起点高程439米，止点高程531米。走向东南—西北。东接平峰山边墙4段，西接平峰山边墙6段。全长785米。

该墙体为土墙。墙体位于山坡之上，附近有大量松林分布，还有一些草甸，并且受农田破坏，人为放牧等因素影响，整体保存一般。少部分墙体南侧可见壕沟（图版七六，1）。

平峰山边墙6段（编号222401382101150011）

起于延吉市依兰镇台岩村西北2500米，止于延吉市依兰镇台岩村西北3000米。起点高程531米，止点高程612米。走向东南—西北。东接平峰山边墙5段，西接平峰山边墙7段。全长423米。

该段墙体为土石混筑墙体。墙体修建于山脊上，整体保存情况较好。墙体上窄下宽，下宽约4~5米，残高约2~4米，构筑形式清晰可见。

平峰山边墙7段（编号222401382102150012）

起于延吉市依兰镇台岩村西北3000米，止于延吉市依兰镇台岩村西北3150米。起点高程612米，止点高程666米。走向东南—西北。东接平峰山边墙6段，西接平峰山边墙8段。全长151米。

该段墙体为石墙。筑造方式采取就地取材，利用山体上的大型石块垒筑而成。石块大致呈长方形，有个别巨大石块长5米。毛石干垒的墙体一直沿续到山顶，部分墙体上的石块已被挪移，散落一边。总体保存情况较好。

平峰山边墙8段（编号222401382106150013）

起于延吉市依兰镇解放军某部雷达站东北650米，止于延吉市依兰镇解放军某部雷达站东北550米。起点高程666米，止点高程665米。走向东北—西南。东接平峰山边墙7段，西接平峰山边墙9段。全长108米。

该段墙体为山险。墙体走到此处为山的峰顶，自然形成的地势由于险要，受损毁程度较小，保存较好。

平峰山边墙9段（编号222401382102150014）

起于延吉市依兰镇解放军某部雷达站东北550米，止于延吉市依兰镇解放军某部雷达站东北350米。起点高程665米，止点高程625米。走向东北—西南。东接平峰山边墙8段，西接平峰山边墙10段，平峰山关在该墙体内侧，关的南墙与边墙墙体相接。全长181米。

该段墙体前60米为山险，后121米为石块垒筑的石墙。墙体地势险要，人迹罕至，现为荒林地，整体保存较好。

平峰山边墙10段（编号222401382102150015）

起于延吉市依兰镇解放军某部雷达站东北350米，止于延吉市依兰镇解放军某部雷达站东南200米。起点高程625米，止点高程650米。走向东北—西南。东接平峰山边墙9段，西接平峰山边墙11段。全长154米。

该段墙体为石墙。墙体位于山脊之上，走向为从坡底一直沿续到山顶。墙体所在山体人迹罕至，长有大量核桃树、灌木类植物，由于受人为干扰很小，石墙鲜有破坏，整体保存较好。筑造方式采取就地取材，用石块垒筑而成。两侧石块较大，中部石块较小，形制较规整。我们选择其中保存较好的一段进行了测量，该段石墙上宽约2米，下宽2米，高1.2米（图八〇；图版七六，2）。

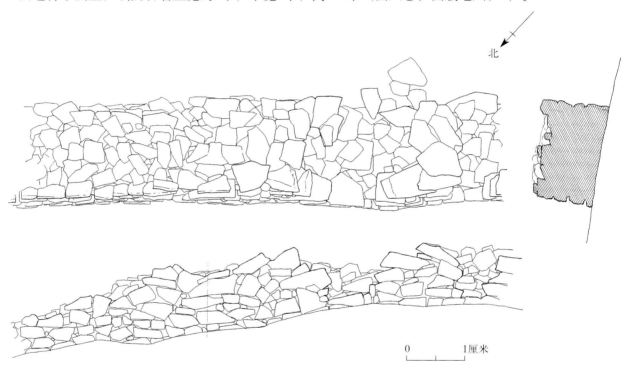

北

0　　　　1厘米

图八〇　平峰山边墙10段墙体平、剖面图

平峰山边墙11段（编号222401382106150016）

起于延吉市依兰镇解放军某部雷达站东南200米，止于延吉市依兰镇解放军某部雷达站东南300米。起点高程650米，止点高程673米。走向东北—西南。东接平峰山边墙10段，西接平峰山边墙12段，止点紧邻平峰山烽火台3号。全长278米。

该段墙体为山险。山势外侧陡峭而内侧平缓，自然形成防御体系。

平峰山边墙12段（编号222401382106150017）

起于延吉市依兰镇解放军某部雷达站东南300米，止于延吉市依兰镇解放军某部雷达站西南500米。起点高程673米，止点高程667米。走向东北—西南。东接平峰山边墙11段，西接平峰山边墙13段，平峰山堡在该段墙体外侧与墙体距离30米。全长163米。

该墙体为山险。山势外侧陡峭而内侧平缓，自然形成防御体系（图版七七，1）。

平峰山边墙13段（编号222401382106150018）

起于延吉市依兰镇解放军某部雷达站西南500米，止于延吉市依兰镇解放军某部雷达站西南450米。起点高程667米，止点高程661米。走向东南—西北。东接平峰山边墙12段，西接平峰山边墙14段。全长219米。

该墙体为山险。山势外侧陡峭而内侧平缓，自然形成防御体系。

平峰山边墙14段（编号222401382106150019）

起于延吉市依兰镇解放军某部雷达站西南450米，止于延吉市依兰镇解放军某部雷达站西南400米。起点高程661米，止点高程674米。走向东北—西南。东接平峰山边墙13段，西接平峰山边墙15段。全长450米。

该墙体为山险。山势外侧陡峭而内侧平缓，自然形成防御体系。

平峰山边墙15段（编号222401382102150020）

起于延吉市依兰镇解放军某部雷达站西南400米，止于延吉市依兰镇解放军某部雷达站西南1300米。起点高程674米，止点高程581米。走向东南—西北。东接平峰山边墙14段，西接双凤边墙10段。全长589米。

该段墙体位于山脊之上，有46米长是利用山的走势，自然形成防御体，其余是采用山里的石块垒筑而成，两侧石块较大，中部石块较小，形制较规整。整体保存较好（图版七七，2）。

双凤边墙1段（编号222401382101150021）

起于延吉市朝阳川镇双凤村东北1200米，止于延吉市八道镇东北1000米。起点高程380米，止点高程276米。走向东南—西北，西侧与互助边墙1段相连，东接双凤边墙2段，双凤烽火台8号在边墙墙体西侧，垂直墙体距离480米。全长2239米。

该段墙体为土墙。墙体位于山坡之上，从起始处仅有239米可见墙体地表残留，墙体上被大量灌木、草类植物覆盖。其后2000米墙体因村庄出现消失。

双凤边墙2段（编号222401382101150022）

起于延吉市朝阳川镇双凤村东北1400米，止于延吉市朝阳川镇双凤村东北1200米。起点高程526米，止点高程380米。走向东南—西北。西接双凤边墙1段，东接双凤边墙3段，止点紧邻双凤烽火台1号，烽火台距离墙体10米。全长678米。

该段墙体为土墙。墙体建造于丘陵之上，位于树林中，受破坏小，整体保存较好。部分墙体南侧有壕沟。我们在距该段起点259米处进行了测量，墙体上宽1米、下宽4米、西北高0.5米、东南高1.2米，东南测有壕，宽2米，深0.5米（图八一；图版七八，1）。

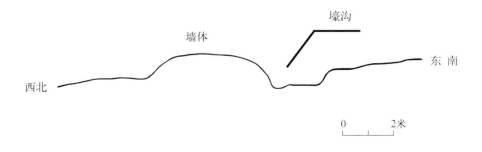

图八一　双凤边墙2段墙体剖面图

双凤边墙3段（编号222401382102150023）

起于延吉市朝阳川镇双凤村东南2800米，止于延吉市朝阳川镇双凤村东北1400米。起点高程652米，止点高程526米。走向东南—西北。西接双凤边墙2段，东接双凤边墙4段，从起点沿边墙走向西北180米处墙体西北5米有双凤堡。全长1455米。

该段墙体前949米土石混筑，后506米为石墙。墙体位于山坡的树林中，因受破坏小，整体保存较好。石墙北侧有一个石砌水道，长10米，水道尽头有一石砌水井，年代不详。

双凤边墙4段（编号222401382102150024）

起于延吉市朝阳川镇双凤村东南3100米，止于延吉市朝阳川镇双凤村东南2800米。起点高程692米，止点高程652米。走向东南—西北。西接双凤边墙3段，东接双凤边墙5段，双凤烽火台2号位于该段起点西侧50米。全长360米。

该段墙体为石墙。墙体建造于山脊之上，偶见石块被挪移，整体保存较好（图版七八，2）。

双凤边墙5段（编号222401382101150025）

起于延吉市朝阳川镇双凤村东南3500米，止于延吉市朝阳川镇双凤村东南3100米。起点高程682米，止点高程692米。走向东南—西北。西接双凤边墙4段，东接双凤边墙6段。全长544米。

该段墙体为土墙。墙体位于山坡之上，破坏较严重，整体保存较差。

双凤边墙6段（编号222401382106150026）

起于延吉市朝阳川镇双凤村东南3750米，止于延吉市朝阳川镇双凤村东南3500米。起点高程683米，止点高程682米。走向东南—西北。西接双凤边墙5段，东接双凤边墙7段，止点南侧5米处有双凤烽火台3号。全长271米。

该段墙体为山险。自然形成的山体地势险要，直接起到防御屏障作用。

双凤边墙7段（编号222401382106150027）

起于延吉市朝阳川镇双凤村东南4350米，止于延吉市朝阳川镇双凤村东南3750米。起点高程666米，止点高程683米。走向东南—西北。西接双凤边墙6段，东接双凤边墙8段。起点东南58米有双凤烽火台5号，止点东10米可见双凤烽火台4号。全长458米。

该段墙体为山险。自然形成的山体地势险要，直接起到防御屏障作用。

双凤边墙8段（编号222401382102150028）

起于延吉市朝阳川镇双凤村东南4700米，止于延吉市朝阳川镇双凤村东南4350米。起点高程645米，止点高程666米。走向东南—西北。西接双凤边墙7段，东接双凤边墙9段，起点北侧30米可见双凤烽火台6号。全长491米。

该段墙体为石墙。墙体位于土坡上，受自然侵蚀破坏较重，墙体石块裸露，整体保存一般。

双凤边墙9段（编号222401382102150029）

起于延吉市朝阳川镇双凤村东南5000米，止于延吉市朝阳川镇双凤村东南4700米。起点高程641米，止点高程645米。走向东南—西北。西接双凤边墙8段，东接双凤边墙10段。全长348米。

该段墙体为石墙，位于树林中，少有破坏，整体保存较好（图版七九，1）。

双凤边墙10段（编号222401382102150030）

起于延吉市朝阳川镇双凤村东南5500米，止于延吉市朝阳川镇双凤村东南5000米。起点高程576米，止点高程641米。走向南—北。西北接双凤边墙9段，近止点处东与平峰山边墙15段相交，止点处西北100米可见双凤烽火台7号。全长966米。

该段墙体一部分土石混筑，一部分为毛石干垒的石墙。墙体沿山势修筑，未发现明显的人为破坏迹象，受自然因素破坏较重。整体保存一般。

互助边墙1段（编号222401382101150031）

起于延吉市八道镇互助村东北5000米，止于延吉市八道镇互助村东北4250米。起点高程276米，止点高程388米。走向东北—西南。北接双凤边墙1段，南接互助边墙2段。从起点沿边墙走向西20米处南侧70米有互助烽火台1号。全长522米。

该段墙体为土墙。墙体修筑于山坡和山脊之上，墙体上有大量自然植被覆盖，少部分墙体被农田、马车道占用，部分墙体南侧有壕沟，整体保存较好。

互助边墙2段（编号222401382101150032）

起于延吉市八道镇互助村东北4250米，止于延吉市朝阳川镇石山村东北3100米。起点高程388米，止点高程433米。走向东北—西南。北接互助边墙1段，南接石山边墙3段，起点处东南150米为互助烽火台2号。全长2623米。

该段墙体为土墙。墙体位于密林中的山坡之上，人迹罕至，破坏较小，整体保存一般。我们在距该段起点1455米处进行了测量，城墙东西长4米，高约2米，东南外侧有壕沟，宽2米，深约1米（图八二）。

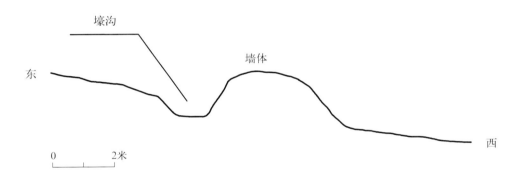

图八二　互助边墙2段墙体剖面图

石山边墙1段（编号222401382102150033）

起于延吉市朝阳川镇石山村东侧1250米，止于延吉市朝阳川镇石山村东南1750米。起点高程371米，止点高程392米。走向西北—东南。北接石山边墙2段，南接吉成边墙3段。全长113米。

该段墙体为石墙。墙体土石混筑，部分墙体东侧有壕沟。墙体修建于地势较高的丘陵、山脊之上，由于破坏较轻，墙体整体保存较好。

石山边墙2段（编号222401382101150034）

起于延吉市朝阳川镇石山村东北1750米，止于延吉市朝阳川镇石山村东侧1250米。起点高程511米，止点高程371米。走向东北—西南。北接石山边墙3段，南接石山边墙1段。全长1960米。

该段墙体为土墙。墙体修建于地势较高的丘陵、山脊之上，大部分段落保存较好，墙体形制清晰可见，有少部分墙体受人为因素影响，破坏较大，地表墙体残存不明显。

石山边墙3段（编号222401382101150035）

起于延吉市朝阳川镇石山村东北3100米，止于延吉市朝阳川镇石山村东北1750米。起点高程433米，止点高程511米。走向东北—西南。南接石山边墙2段，北接互助边墙2段，止点南距石山烽火台1

号350米。全长1605米。

该段墙体为土墙。墙体修建于地势较高的丘陵、山脊之上，部分存在于树林之中，受破坏因素影响较小，墙体形制较为清晰，仅有少量因人为修路等因素保存差或消失，整体保存一般。

吉成边墙1段（编号222401382101150036）

起于延吉市朝阳川镇吉成村西北1500米，止于延吉市朝阳川镇吉成村西北1000米。起点高程395米，止点高程305米。走向东北—西南。北接吉成边墙2段，南接昌盛边墙。全长621米。

该段墙体为土墙。墙体修建于地势较高的丘陵，从大砬子山顶开始，墙体沿山坡向下延伸，遗迹较为明显，下山后墙体因农田或被用作马车道等原因被破坏，甚至消失。

吉成边墙2段（编号222401382101150037）

起于延吉市朝阳川镇吉成村西北2250米，止于延吉市朝阳川镇吉成村西北1500米。起点高程399米，止点高程395米。走向近似于正南北向。北接吉成边墙3段，南接吉成边墙1段。在该段起点东侧65米处有吉成烽火台2号，止点南侧53米处有吉成烽火台1号。全长621米。

该段墙体为土墙。墙体修建于地势较高的丘陵之上，大部分墙体被耕田所破坏，表面遗迹不清，整体保存差。

吉成边墙3段（编号222401382101150038）

起于延吉市朝阳川镇石山村东南1750米，止于延吉市朝阳川镇吉成村西北2250米。起点高程392米，止点高程399米。走向北—南。北接石山边墙1段，南接吉成边墙2段，墙体东侧65米处有吉成烽火台2号。全长2070米。

该段墙体为土墙。墙体修建于地势较高的丘陵、山脊之上，基本被农田、树林、马车道等破坏，仅有起点处270米隐约看出墙体形制，其余消失，整体保存较差。

（4）图们市境内边墙本体及保存现状

墙体总长24280米。可以分为A段和B段。

A段，分成5段，具体有：

图们清茶馆边墙（编号222402382101150001）

起于图们市长安镇磨盘村水南屯东1300米，止于清茶馆村附近的延吉—图们公路与墙体交汇处。起点高程280米，止点高程550米。走向东南—西北。西接清茶馆边墙1段，东接水南边墙。全长8030米。

该段墙体为土墙。保存较好的段落长1950米，地表可见土石混筑的墙体；保存一般的段落长2180米，被人为踩踏或被农用车碾压；由于被耕田及农用路所破坏，导致消失段落长3900米。整体保存一般。

水南边墙（编号222402382101150002）

起于图们市长安镇磨盘村水南屯5000米处（水南关西侧），止于图们市长安镇磨盘村水南屯东南1300米处。起点高程527米，止点高程280米。走向东—西。西接图们清茶馆边墙，东接上东京边墙。墙体北侧分布有6座烽火台。全长3712米。

该段墙体为土墙。由于位于地势较陡的山体之上，并处于密林深处，因此受人为破坏影响较少，只是受到一些自然因素的侵蚀，墙体形制基本可辨，整体保存一般。

上东京边墙（编号222402382101150003）

起于图们市月晴镇杰满村上东京屯西北1600米处，止于图们市长安镇磨盘村水南屯4000米处（水南关东南角）。起点高程403米，止点高程522米。走向东北—西南。西接水南边墙，东接图们微波站边墙。在墙体南侧与北侧分布有8座烽火台。全长3393米。

该段墙体为土墙。由于墙体位于人迹罕见的深山密林中，受人为活动破坏较轻，大部分墙体整体保存较好（图版七九，2）。

图们微波站边墙（编号222402382101150004）

起于图们微波站，止于图们市月晴镇杰满村上东京屯西北1600米处。起点高程543米，止点高程403米。走向东北—西南。西接上东京边墙，东接曲水边墙。依次分布有9座烽火台、1座铺舍和1座关。全长5756米。

该段墙体为土墙。墙体处于深山密林中，修建于山脊之上。由于受人为活动破坏较轻，墙体整体保存较好，形制清晰可辨。部分墙体一侧或两侧可见壕沟，根据现状观察墙体两侧壕沟消失是由于多年的沉积土填平所导致。有些墙体段落由于长期受风雨侵蚀，植物生长的破坏，迹象不是很明显，保存较差。消失墙体大多是变为沟谷或湿地（图版八〇，1）。

曲水边墙（编号222402382101150005）

起于图们市月晴镇曲水村曲水六队南山脚下，止于图们微波站。起点高程125米，止点高程543米。走向南—北。西南接图们微波站边墙，其间分布有3座烽火台。全长3389米。

该段墙体为土墙。墙体处于深山密林中，修建于山脊之上，视野开阔，西侧可眺望磨盘山，东侧可俯看曲水村。大部分墙体整体保存较好，形制清晰可辨。

B段，仅为一段，是独立墙体。

窟窿山边墙

起于图们市凉水镇河西村南侧山脚，止于窟窿山顶。止点西北侧与图们江相望。起点高程125米，止点高程198米。走向东南—西北。全长1893米。

该段墙体为土墙。墙体依山势修建在山脊之上，保存较好的墙体南侧可见壕沟，宽2～3米、残高1～1.5米。保存一般的墙体段落由于长年受雨水冲刷、自然植被破坏，墙体迹象基本能看出，但不见壕沟；由于马车道等因素的破坏，导致一部分墙体消失。整体保存一般（图版八〇，2）。

（5）珲春市境内边墙本体及保存现状

墙体总长14220米，可以分为3段。

关门咀子边墙（编号222404382101150001）

起于珲春市英安镇关门咀子村东北1900米，止于珲春市英安镇新地方村西北600米。起点高程222米，止点高程108米。走向东—西。该段墙体东接新地方边墙，起点处有关门咀子烽火台1号。全长4800米。

该段墙体为土墙。墙体修建在漫岗上，并穿过村庄，除了消失部分，保存较差的部分几乎被自然风化以及人为耕地等破坏，现已基本看不清墙体痕迹，消失墙体为村庄占用。

新地方边墙（编号222404382101150002）

起于珲春市英安镇新地方村西北600米，止于珲春市哈达门镇涌泉村西南380米。起点高程108米，止点高程158米。走向东—西。东接涌泉边墙，西接关门咀子边墙，新地方烽火台1号、2号均在墙体南侧。全长4000米。

该段墙体为土墙。墙体大部分段落被自然风化以及人为耕地等破坏，现在只能基本看清其基础的痕迹。

涌泉边墙（编号222404382101150003）

起于珲春市哈达门镇涌泉村西南380米，止于珲春市哈达门镇涌泉村东南5300米。起点高程158

米，止点高程194米。走向东—西。西接新地方边墙，墙体南侧分布有2座烽火台。涌泉边墙是延边边墙最东边的边墙。全长5420米。

　　该段墙体为土墙。整段墙体仅有120米可见形制，保存较差的部分几乎被自然风化以及人为耕地破坏，基本看不清墙体痕迹。另外有2000米墙体因被村庄占用而消失。我们在据起点50米处对墙体进行了测量，墙体上宽2~3米，下宽6米，残高1.5~2米。南侧有壕沟，最深处宽1.5米，深1.5米（图八三；图版八一，1）。

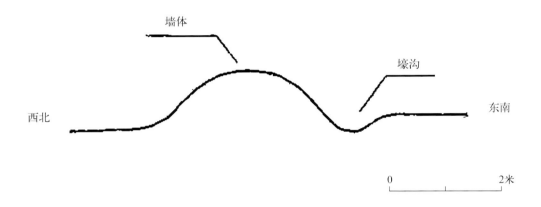

图八三　涌泉边墙墙体剖面图

2．关堡

此次延边境内共调查关、堡计5座，其中关3座，堡2座。

图们水南关（编号222402353101150001）

位于图们市长安镇磨盘村水南屯东南3100米处，高程527米。关西南约0.4千米有布尔哈通河，所在的水南屯现有居民30余户。西接水南边墙起点，关东南角为上东京边墙止点，西侧距水南烽火台6号约1000米。

　　水南关平面呈方形，方向140度，面积约500平方米，周长89米。西北墙长20米，上宽4米，下宽6米，内高1.2~1.5米，外高1.6米；西南墙长22米，上宽3米，下宽6米，内高1米，外高2~2.5米；东南墙中间有一个门址，宽1.5米。门道右侧长11米，门道左侧长9.5米，上宽4米，下宽6米，内高1.2~1.4米，外高2米；东北墙长25米，上宽3米，下宽6米，内高1米，外高1.5~2米。关的东南角和西北角与边墙墙体相接，西北墙外1.5米处有一宽约3米的壕沟，壕沟以北还有一凸字形台地，似与瞭望有关。关墙外侧四周平坦，应经过人工修整。关内中部偏北有一土包，被盗掘，盗坑略呈圆形，直径约1.5米，深1米。墙体全部为石块垒砌，整体保存较好（图八四；图版八一，2）。

图们微波站关（编号222402353101150002）

位于图们市月晴镇笠峰村西北山上，距离微波站西南3000米，高程487米。西南约5千米有布尔哈通河，所在山下的笠峰村现有住户158户，西侧670米为图们微波站烽火台8号，东北侧600米为图们微波站烽火台7号。

　　微波站关平面呈方形，方向150度，面积500平方米，周长88米。北墙长23米，西墙长21米，南墙

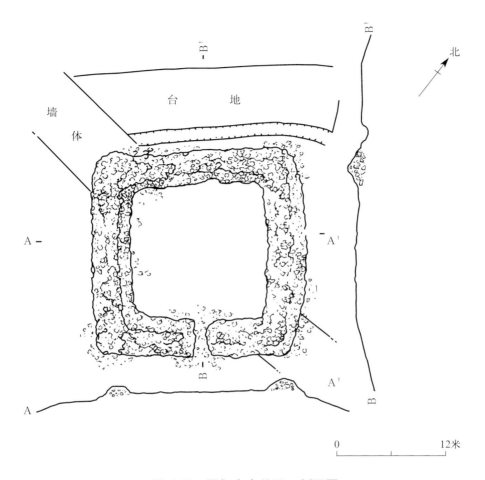

图八四 图们水南关平、剖面图

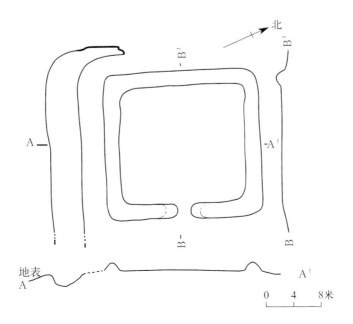

图八五 图们微波站关平、剖面图

长22米，东墙长22米。墙体残高1～3米，东墙正中有一宽2米的门址，南墙和西墙的南端外3.5米处有一壕沟，宽4.2米，深2米。关墙为石块砌筑，形制清晰，保存较好（图八五）。

延吉平峰山关（编号222401353101150001）

位于延吉市依兰镇解放军某部雷达站东北350米的平峰山边墙9段止点，高程625米。西面为朝阳河，东边为烟集河，所在山下的平峰屯现有居民70户。关所在山体南侧0.7千米为珲乌高速。该关在边墙墙体内侧，南墙与平峰山边墙9段墙体相接，西侧紧邻平峰山边墙10段。

平峰山关平面近似长方形，方向170度。由南北两间房址组成，周长56米，面积180平方米。关的东墙即为平峰山边墙9段墙体，长23米，中间有一宽约4米的门道；南墙内侧长17米，西墙内侧长18米，并有一4米长的内折，北墙内侧长6米。在关内位于门道中部一有长8米的隔墙，将此关一分为二。紧挨关北侧可见一南北长9米，东西宽5米的椭圆形凹坑，疑为蓄水池。在蓄水池之北3米处有一条自山体上方向东流淌的小溪（图八六；图版八二，1）。

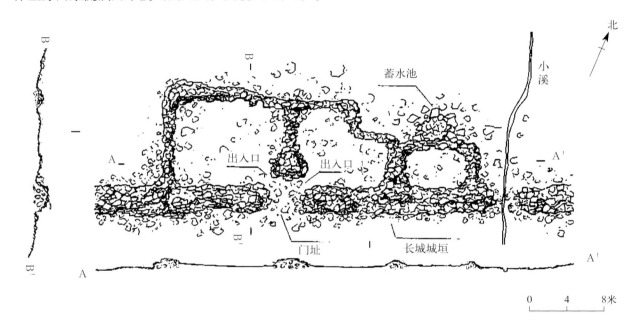

图八六　延吉平峰山关平、剖面图

延吉平峰山堡（编号222401353102150002）

位于延吉市依兰镇解放军某部雷达站旁的平峰山山顶，高程667米。现有居民70户。该堡在平峰山边墙12段墙体外侧，距离墙体30米，平峰山烽火台3号在其东南侧70米处。

平峰山堡平面为方形，方向180度。南墙中央有一个门址。周长162米，占地面积为1638平方米，该堡四面墙体保存较好，均土石混筑，高0.5～1.4米，东西长39米，南北长42米，门址宽4米。西墙外高1.3米，内高0.5米，底宽4米，上宽1米；南墙外高1.2米，内高0.5米，底宽4米，上宽1米；东墙外高1.4米，内高0.5米，底宽4米，上宽1米；北墙外高1.2米，内高0.5米，底宽4.2米，上宽1米。墙体外侧均有壕沟，四角有角楼分布。西壕宽4米，深1.3米；南壕宽4米，深1.2米；东壕宽4米，深1.4米；北壕宽4米，深1.2米；壕沟在角楼处变窄，宽仅约1～2米。角楼均呈圆形，西南角楼直径4米，东南角楼直径4.4米，东北角楼直径4.6米，西北角楼直径4.4米。

在堡内偏北侧有一处建筑址，呈凹字形，东西长约24米，南北长约6米，保存较差的北墙长约24

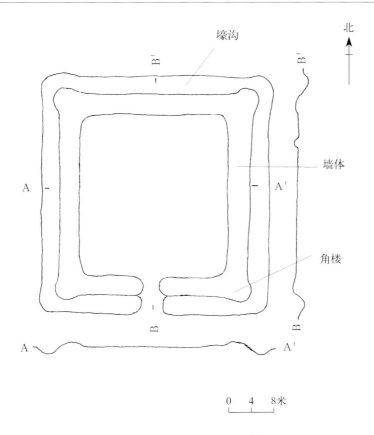

北

壕沟

墙体

角楼

0　4　8米

图八七　延吉平峰山堡平、剖面图

米，残高0.5米，底宽2.5米，上宽1米。建筑基址南侧伸出两道长6米，宽0.8米的石墙（图八七；图版八二，2）。

延吉双凤堡 （编号222401353102150003）

位于延吉市朝阳川镇双凤村东南的山顶，高程644米。现有居民50户。距双凤边墙3段墙体西北5米，西北1700米有双凤烽火台1号。

双凤堡平面为长方形，周长22米，占地面积30平方米，方向为正南。墙体南北长6米，东西宽5米，现存高度最高为0.5米。墙外有壕沟，沟深0.3米，宽0.5米。其东北角有一疑似烟道。堡内中央地面上平铺一层石块，石块分布范围为南北2.1米，东西1.2—1.4米。在南距边墙墙体8米处，发现有水井1座，还有一条长10米的长弧形石子道路连接墙体和水井（图八八）。

3．单体建筑

此次在延边边墙调查中，共计调查单体建筑89座，其中烽火台86座，铺舍3座。以下按县区域分别介绍。

（1）和龙市境内边墙单体建筑及保存现状

和龙境内共发现烽火台11座，铺舍1座。

龙门烽火台1号 （编号22406353201150001）

位于和龙市西成镇龙门村西北3000米的山坡上，高程443米。西距龙门边墙起点260米，西南侧约1700米有龙门烽火台2号。烽火台处于农田中，东南约3.5千米为省道202线，东南约7.5千米处为铁路线，东南约7千米有海兰江通过。

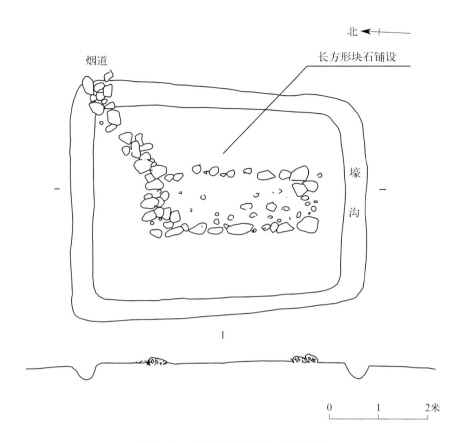

图八八　延吉双凤堡平、剖面图

　　平面近圆形，剖面为半圆形。土石混筑，已经坍塌，周围有大量石块散落，台体形制较为清晰，保存一般。现存台体直径10米，残高2米。台体底部边缘有一圆形环壕，宽2米，深0.5米。台体上方有一盗坑，长2米，宽1米，深2米（图八九）。

龙门烽火台2号（编号222406353201150002）

　　位于和龙市西成镇龙门村西北2200米的山坡上，高程432米。东侧100米为龙门边墙墙体，东北侧约1700米为龙门烽火台1号，西南侧约1200米为龙门烽火台3号。烽火台处于农田之中，东南约3.5千米为省道202线，东南约7.5千米处为铁路线。

　　平面近似圆形，剖面为半圆形。土石混筑，略有坍塌，形制大体清晰，保存一般。现存台体直径8米、残高1米。台体底部边缘有一圆形环壕，宽1.5米，深0.5米。台体顶部有一盗坑，长1.5米，宽0.5米（图九〇）。

龙门烽火台3号（编号222406353201150003）

　　位于和龙市西城镇龙门村西北2500米的山地中，高程547米。东侧约500米为边墙墙体，偏北部约1200米为龙门烽火台2号，南侧约1400米为龙门烽火台4号。烽火台处于山地中，东南约3.5千米为省道202线，东南约7.5千米处为铁路线。

　　平面近圆形，剖面为梯形。土石混筑，已经坍塌，保存一般。台体底径12米，上径3米，残高1.5米。台体底部边缘有一圆形环壕，宽3米，深0.5~0.8米。台体上部偏西侧有一盗坑，长4米，宽2米，深1米（图九一）。

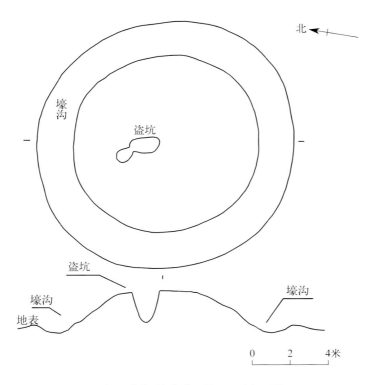

图八九　龙门烽火台1号平、剖面图

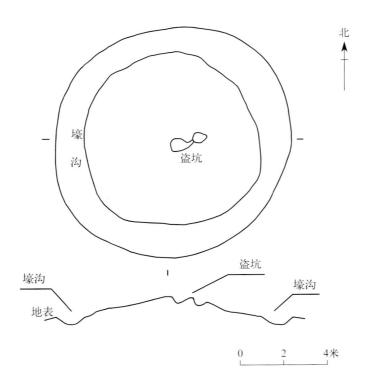

图九〇　龙门烽火台2号平、剖面图

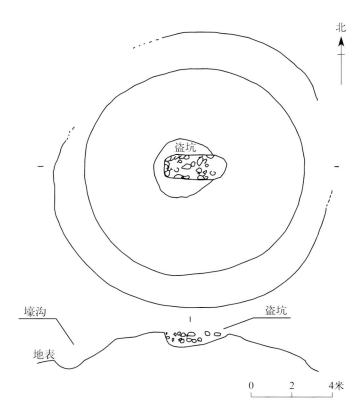

图九一　龙门烽火台3号平、剖面图

龙门烽火台4号（编号222406353201150004）

位于和龙市西城镇龙门村西南2000米的双芽山山顶上，高程503米。东侧300米为龙门边墙墙体，北侧约1400米为龙门烽火台3号，所在山体南侧紧靠亚东水库。东南约3.5千米为省道202线，东南约7.5千米处为铁路线。

平面近似圆形，剖面为弧形。土石混筑，由于地势较高，未受明显人为破坏，台体形制完整清晰，保存较好。台体直径约20米，残高2米（图九二；图版八三，1）。

明岩烽火台1号（编号222406353201150005）

位于和龙市西城镇明岩村东北4300里，亚东水库南岸，紧临水库边缘，高程382米。东北处1000米为明岩边墙起点，西南距明岩烽火台2号约1800米。东侧约0.6千米处为省道202线，东侧约4千米处有铁路线。

平面近似方形，剖面略呈矩形。土石堆筑，台体明显坍塌，周围散落石块，形制完整清晰，整体保存一般。台体底径长18米，上径14米，残高2米（图九三；图版八三，2）。

明岩烽火台2号（编号222406353201150006）

位于和龙市西城镇明岩村东北2600米，高程472米。西距明岩边墙墙体15米，北约1800米有明岩烽火台1号。东侧约0.6千米处为省道202线，东侧约4千米处有铁路线。

平面近似圆形，剖面为平弧形。土石混筑，台体偏南处被一条东西向马车道破坏，而且烽火台南侧都是耕地，因受人为破坏较大，保存较差。台体直径18米，残高1.5米（图九四；图版八四，1）。

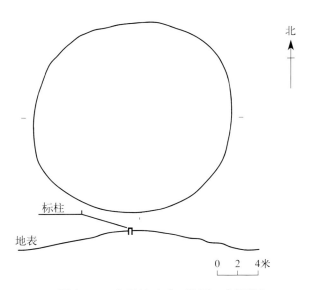

图九二 龙门烽火台4号平、剖面图

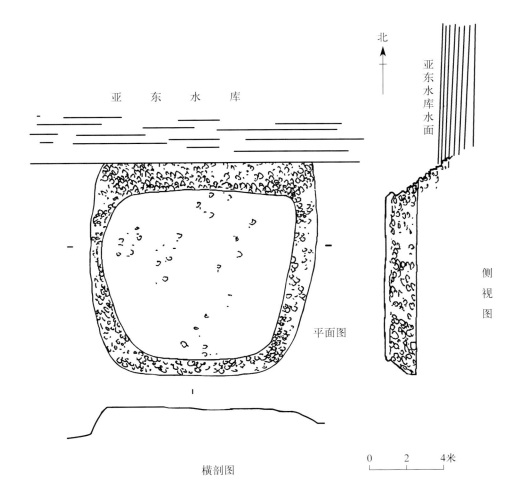

图九三 明岩烽火台1号平、剖面图、侧视图

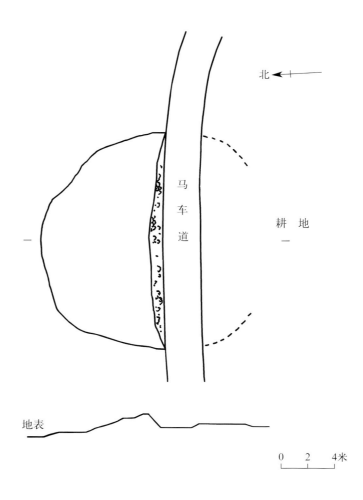

图九四　明岩烽火台2号平、剖面图

五明东山烽火台1号（编号222406353201150007）

位于和龙市西城镇五明村东山屯东北5500米的山坡上，高程451米。台体西侧7米是五明东山边墙墙体，东南约1000米有五明东山烽火台2号。东南约0.5千米为202线省道，东南约1.5千米为铁路线。

平面近圆形，剖面为梯形。土石混筑，由于处于农田边缘，受人为破坏较重，严重坍塌，整体保存较差。台体底径12米，上径3米，残高0.5～0.8米。台体底部边缘有一圆形环壕，宽1～1.5米（图九五）。

五明东山烽火台2号（编号222406353201150008）

位于和龙市西城镇五明东山屯东北5200米处的山坡上，高程502米。西距边墙墙体500米，西北侧约1000米有五明东山烽火台1号，西南约1500米可见五明东山铺舍。东南约0.5千米为202线省道，东南约1.5千米为铁路线。

平面近似圆形，剖面为梯形。土石混筑，严重坍塌，周围有大量散落石块，整体保存较差。台体底径10米，上径6米，残高1.5～2米。台体底部边缘东侧和南侧有壕沟，宽1～1.2米。顶部有一盗坑，东西宽4米，南北长5米，深0.5米（图九六）。

五明东山烽火台3号（编号222406353201150009）

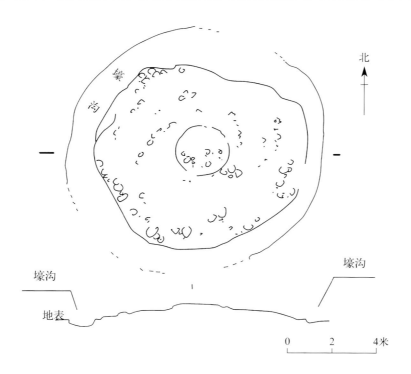

图九五　五明东山烽火台1号平、剖面图

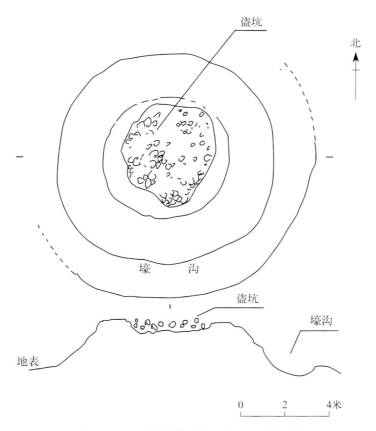

图九六　五明东山烽火台2号平、剖面图

　　位于和龙市西城镇五明村东山屯东北3300米的山上，高程476米。西距五明东山边墙墙体10米，东北约500米有五明东山铺舍，西南约900米有五明东山烽火台4号。东南约0.5千米为202线省道，东南约1.5千米为铁路线。

　　平面近圆形，剖面为半圆形。土石混筑，台体形制清晰，保存一般。台体底径10米，上径2.5米，残高2米。台体底部边缘有一圆形环壕，宽约2米。台体顶部有一盗坑，长1.5米，宽1米（图九七）。

五明东山烽火台4号 （编号222406353201150010）

　　位于和龙市西城镇五明村东山屯东北2800米的山上，高程526米。东北侧约900米有五明东山烽火台3号，西南约2300米处有五明东山烽火台5号。东南约0.5千米为202线省道，东南约1.5千米为铁路线。

　　平面近似圆形，剖面为弧形。土石混筑，有大量石块脱落，保存一般。台体底径14米，上径2.5米，残高2米。台体底部边缘有一圆形环壕，上宽3米，底宽1米，深0.5米。台体顶部中央有一盗坑，直径1米，深1米；西北侧还有一盗坑，长1.4米，宽1米，深1米（图九八）。

五明东山烽火台5号 （编号222406353201150011）

　　位于和龙市西城镇五明村东山屯东侧1000米的山上，即五明东山边墙墙体止点处，高程555米。

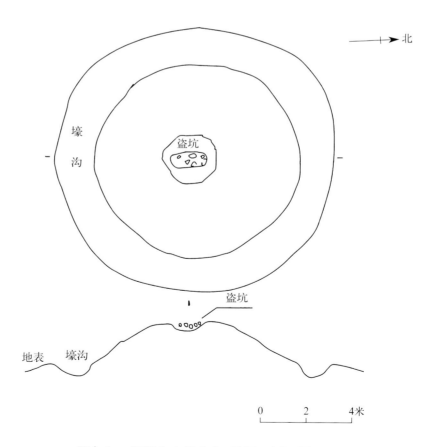

图九七　五明东山烽火台3号平、剖面图

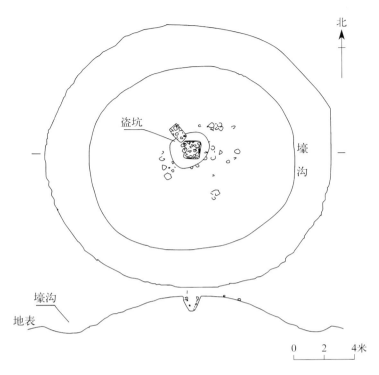

图九八　五明东山烽火台4号平、剖面图

东北约2300米处为五明东山烽火台4号。烽火台北侧临蜂蜜河，东南侧约1.5千米有海兰江通过，东南约0.5千米为202线省道，东南约1.5千米为铁路线。

平面近似圆形，剖面为梯形。土石混筑，台体形制清晰，保存一般。台体底径15米，上径7米，残高2.5米。台体底部边缘除东侧外，其他三面有壕沟，宽3米，深0.5～1米。台体上部西侧边缘处有一盗坑，直径1.5米，深约4米（图九九；图版八四，2）。

五明东山铺舍（编号222406352105150012）

位于和龙市西城镇五明村东山屯东北4700米山上，高程457米。铺舍的西墙亦即边墙的墙体，五明东山烽火台3号在其西南侧约500米处，东北1500米处有五明东山烽火台2号。东南约0.5千米为202线省道，东南约1.5千米为铁路线。

铺舍依山势而建，南高北低，形制清晰，土石混筑，整体保存较好。平面为长方形，方向302度。东西长15米，南北宽10米，面积为150平方米。墙体高1.5米，底宽5米，上宽1米。铺舍的西墙亦是五明东山边墙城垣，中部上方有一缺口，疑为门址（图一○○）。

（2）龙井市境内边墙单体建筑及保存现状

龙井境内共发现烽火台15座。

昌盛烽火台（编号222405353201150001）

位于龙井市老头沟镇泗水村昌盛屯东北1450米，高程418米。台体在沿边墙起点走向西南1100米处墙体东侧500米的山顶上，周围是玉米田和牧场。

平面近似圆形，剖面为梯形。土石混筑，保存一般。现存台体上部直径6米，底部直径约20米，残高4米。台体底部边缘有一圆形环壕，宽约2米，深约0.3米。台体上部中心有一个近圆形盗坑，直径

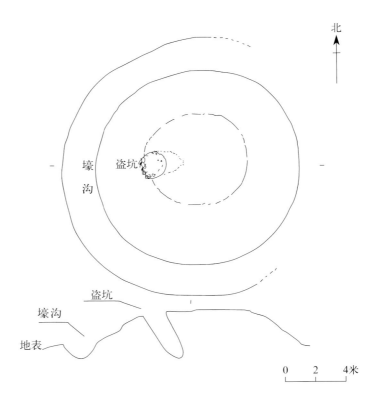

图九九　五明东山烽火台5号平、剖面图

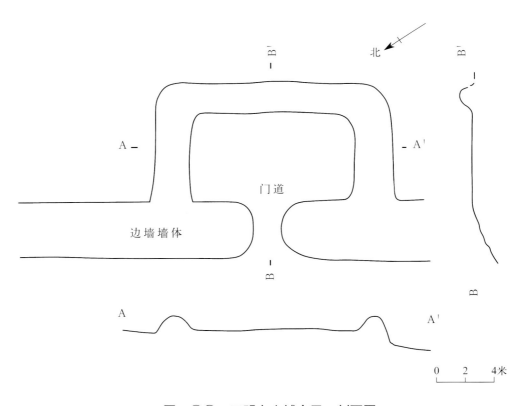

图一○○　五明东山铺舍平、剖面图

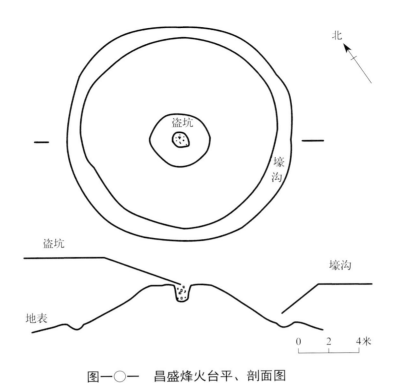

图一〇一 昌盛烽火台平、剖面图

约2米，深1.5米。在台体上采拾到夹砂褐陶器口沿1个（图一〇一）。

官船烽火台1号（编号222405353201150002）

位于龙井市老头沟镇官船村东北730米的山体上，高程380米。台体在官船边墙1段止点南侧15米处，西北约360米处有官船烽火台2号。

平面近似圆形，剖面为梯形。土石混筑，保存较差。现存台体上部直径7米，底部直径约12米，残高约2米。台体底部边缘有一圆形环壕，宽约2米，深约0.5米。在台体上有两处盗坑，中部有一个大型盗坑，南北长约4米，东西宽2米，深3米；在其旁边另有一个小盗坑，长约2米，宽约1米，深0.5米（图一〇二）。

官船烽火台2号（编号222405353201150003）

位于龙井市老头沟镇官般村东北700米的山上，高程418米。台体在官船边墙2段起点西北约350米的山顶部，东南360米为官船烽火台1号。

平面近似圆形，剖面为半圆形。土石混筑，有明显坍塌，保存一般。现存台体上部直径2.5米，底部直径约24米，残高约4米。台体底部边缘有一圆形环壕，壕沟上宽3米，底宽1米，深0.5米。台体上部西侧有一盗坑，长3米，宽1.5米，深1.5米（图一〇三）。

官道烽火台1号（编号222405353201150004）

位于龙井市老头沟镇官道村东北2000米处，高程438米。台体东北距官道边墙起点730米，西北300米处有官道烽火台2号。

平面近似圆形，剖面为半圆形。土石混筑，严重坍塌，有大量石块裸露，保存较差。现存台体底径14米，残高1.5米（图一〇四）。

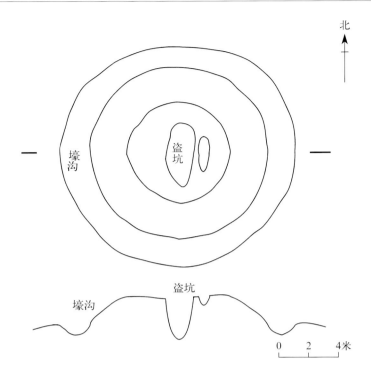

图一〇二　官船烽火台1号平、剖面图

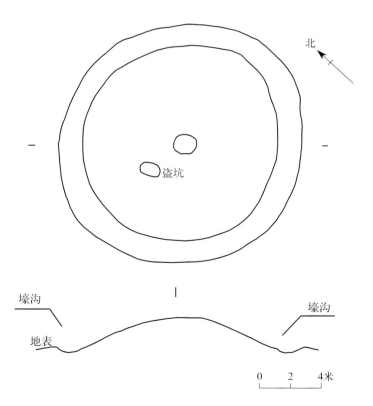

图一〇三　官船烽火台2号平、剖面图

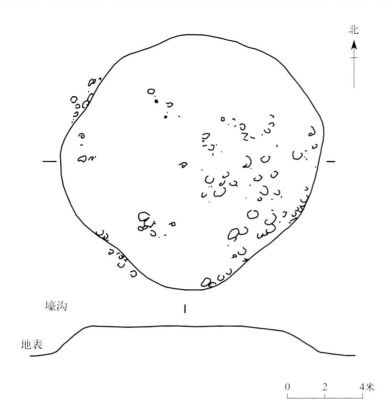

北

壕沟

地表

0　　2　　4米

图一○四　官道烽火台1号平、剖面图

官道烽火台2号（编号222405353201150005）

位于龙井市老头沟镇官道村东北2200米，高程503米。东南300米处为官道烽火台1号，西南1300米处为官道烽火台3号。台体北、西北、东北三个方向为断崖，地势险峻，视野开阔。

平面近似圆形，剖面为梯形。土石混筑，保存较好。现存台体上部直径3米，底部直径约18米，残高约4米。底部四周有宽约4米的土平台环绕，疑为壕沟，后因风雨侵蚀，长年堆积而被填平，成为平台，也可能是作为整个台体的基础，在其上建造烽火台（图一○五）。

官道烽火台3号（编号222405353201150006）

位于龙井市老头沟镇官道村东北1200米的山体上，高程386米。台体东北1300米处为官道烽火台2号，西南900米处有官道烽火台4号。

平面近似圆形，剖面为梯形。土石混筑，保存一般。现存台体上部直径4米、底部直径约12米、残高约2米。台体底部边缘有一圆形环壕，上宽约4米，底宽1米，深0.3米。台体上有两处盗坑，中心一处盗洞近圆形，直径约2米，深1米；西侧有一个近长方形较小的浅坑，直径约1米（图一○六）。

官道烽火台4号（编号222405353201150007）

位于龙井市老头沟镇官道村西北1000米处的山体中，高程392米。台体东北900米处为官道烽火台3号，西南1300米处为官道边墙的止点。

平面近似圆形，剖面为梯形。土石混筑，虽然中央有两处小盗坑，但形制较为完整，保存一般。现存台体底径18米，上径5米，残高2米。台体底部边缘有一圆形环壕，宽3米，深0.5～0.8米（图一○七）。

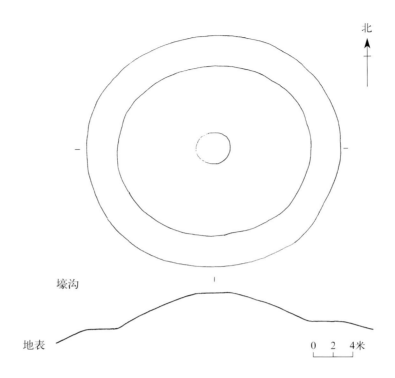

图一〇五　官道烽火台2号平、剖面图

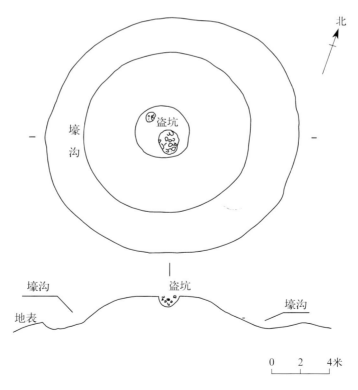

图一〇六　官道烽火台3号平、剖面图

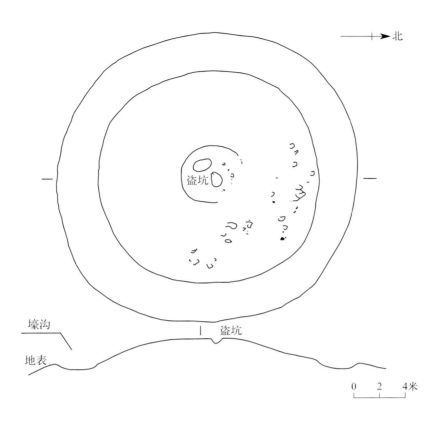

图一〇七　官道烽火台4号平、剖面图

北谷屯7烽火台1号（编号222405353201150008）

位于龙井市老头沟镇北谷屯北5000米，高程425米。台体距北谷屯边墙起点东侧10米，西南1800米为北谷屯烽火台2号。

平面近似圆形，剖面为半圆形。土石混筑，保存一般。现存台体底径14米，残高5米。台体底部边缘有一圆形环壕，已几乎被沉积土填平，宽3米。台体顶部被立有"国家标志"字样的水泥柱破坏，旁边伴有一处小盗坑（图一〇八）。

北谷屯烽火台2号（编号222405353201150009）

龙井市老头沟镇北谷村东北3500米，高程44米。台体西侧15米处为北谷屯边墙墙体，东北1800米有北谷屯烽火台1号，西南2300米处有北谷屯烽火台3号。

平面近似圆形，剖面为半圆形。土石混筑，略有坍塌，形制基本完整，保存较好。现存台体直径20米，残高4米。台体底部边缘有一圆形环壕，宽3米，深0.5米（图一〇九）。

北谷屯烽火台3号（编号222405353201150010）

位于龙井市老头沟镇北谷村东北1000米，高程454米。台体东侧2米为边墙墙体，东北侧2300米有北谷屯烽火台2号。

平面近似圆形，剖面为半圆形。土石混筑，保存较好。现存台体底径18米，残高2.5米。台体底部边缘有一圆形环壕，宽3米，深0.5米；边墙墙体从东侧壕沟上穿过。台体上部有两处椭圆形小盗坑，直径都为1米（图一一〇；图版八五，1）。

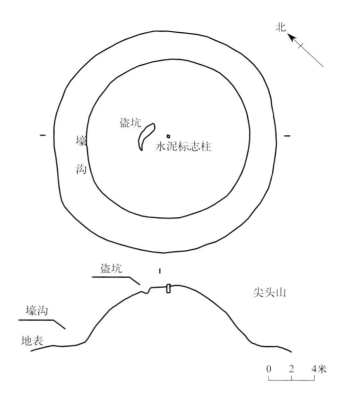

图一〇八　北谷屯烽火台1号平、剖面图

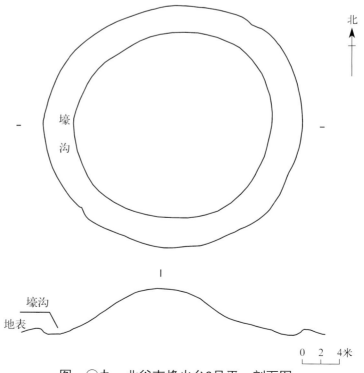

图一〇九　北谷屯烽火台2号平、剖面图

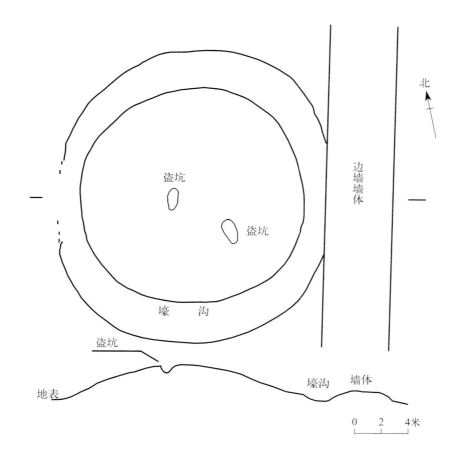

图一一〇　北谷屯烽火台3号平、剖面图

小灰洞烽火台1号 （编号222405353201150011）

位于龙井市老头沟镇文化村小灰洞屯东北3400米处，高程395米。台体在边墙墙体东侧50米，南侧2000米有小灰洞烽火台2号。

平面近似圆形，剖面为半圆形。土石混筑，略有坍塌，保存一般。现存台体直径10米，残高2米。台体上有一处盗坑，盗坑东西宽1米（图一一一）。

小灰洞烽火台2号 （编号222405353201150012）

位于龙井市老头沟镇小灰洞村东北500米，高程401米。台体在小灰洞边墙墙体东侧80米处，南侧有日新烽火台1号。

平面近似圆形，剖面为半圆形。土石混筑，明显坍塌，保存一般。现存台体底径10米，上径5米，残高1.5米。台体底部边缘有一圆形环壕，宽2米，深0.5~1米。台体上部有三处小盗坑（图一一二）。

日新烽火台1号 （编号222405353201150013）

位于龙井市老头沟镇文化村日新屯北侧1200米，高程393米。台体在日新边墙西侧10米处，其北侧1000米为小灰洞烽火台2号，南侧2500米为日新烽火台2号。

平面近似圆形，剖面为弧形。土石混筑，保存一般。现存台体底径8.5米，残高2米。台体顶部有一个长约2米，宽1.5米，深0.8米的盗坑（图一一三）。

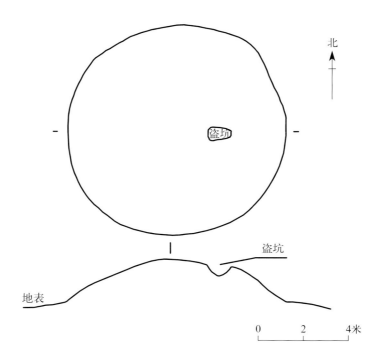

图一一一　　小灰洞烽火台1号平、剖面图

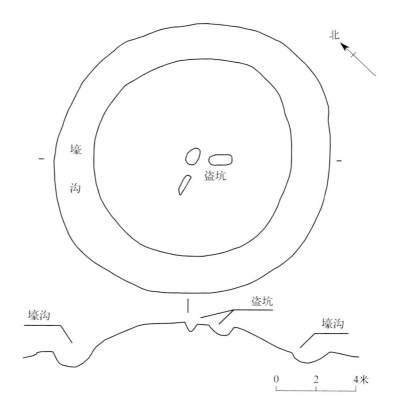

图一一二　　小灰洞烽火台2号平、剖面图

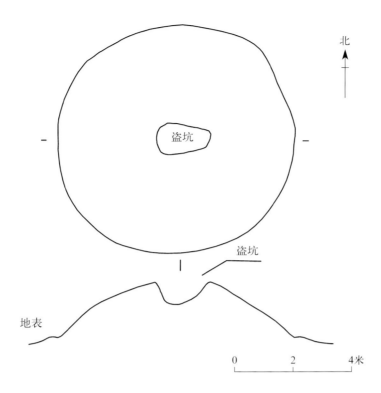

图一一三 日新烽火台1号平、剖面图

日新烽火台2号 （编号222405353201150014）

位于龙井市老头沟镇文化村日新屯西南1100米，高程394米。台体在日新边墙墙体东侧30米处，北侧2500米有日新烽火台 1 号，南侧800米有日新烽火台 3 号。

平面近似圆形，剖面为梯形。土石混筑，保存一般。现存台体底径15米，上径5米，残高2米。台体中部有一人为盗坑，直径长约1.2米（图一一四）。

日新烽火台3号 （编号222405353201150015）

位于龙井市老头沟镇文化村日新屯西南2000米，高程434米。台体在日新边墙墙体东侧150米，北侧800米处有日新烽火台2号。

平面近似圆形，剖面为弧形。土石混筑，保存较好。现存台体底径10米，残高1~1.5米。台体底部边缘有一圆形环壕，壕宽2米，深0.5米。南侧壕沟外侧有宽1米，深0.7米的现代壕沟。在台体上部北侧有一小型盗坑（图一一五）。

（3）延吉市境内边墙单体建筑及保存现状

延吉境内共发现烽火台22座及铺舍1座。

清茶馆烽火台1号 （编号222401353201150001）

位于延吉市依兰镇清茶上村东北900米处的山上，高程552米。台体与清茶馆边墙1段止点和清茶馆边墙2段起点紧邻，与墙体垂直距离为5米。

平面近似圆形，剖面为弧形。土石混筑，台体周围有大量散落石块，整体保存一般。现存台体残高3米，南高北低，直径约18米。台体底部边缘四周有一圆形环壕，宽3米，深1米。台体上部北侧有一人为盗坑，南北长5米，东西宽2米，深1.5米（图一一六）。

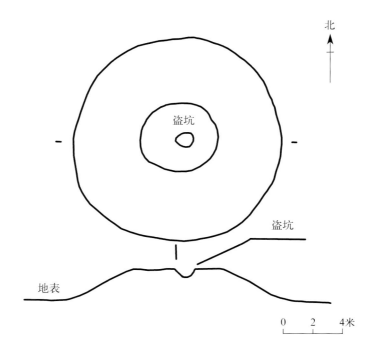

图一一四　日新烽火台2号平、剖面图

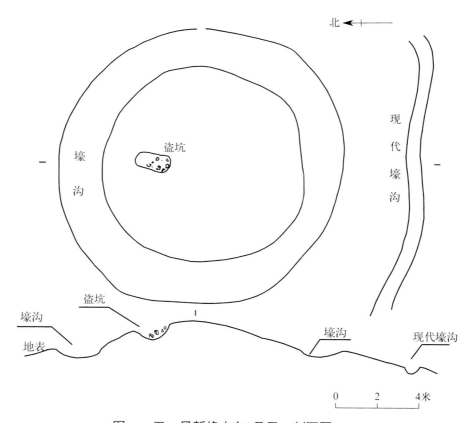

图一一五　日新烽火台3号平、剖面图

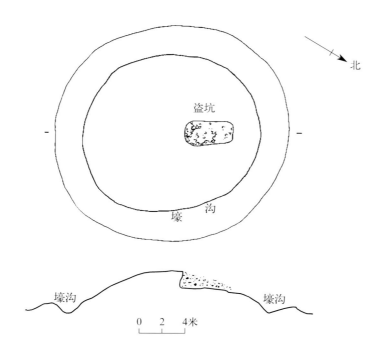

图一一六　清茶馆烽火台1号平、剖面图

清茶馆烽火台2号 （编号222401353201150002）

位于延吉市依兰镇清茶上村西北1250米的山上，高程516米。台体在清茶馆边墙2段止点处，其东部874米为清茶馆烽火台1号。

平面近似圆形，剖面呈弧形。土石混筑，周围散落有石块，保存一般。台体直径约22米、残高约6米。台体底部边缘有壕沟，宽约1.5米，深1米。由于挖沟的土堆筑在壕的东侧，因此，在东南壕沟外围形成有土棱环绕的现象，土棱宽约2米，高约1.5米。台体上部西侧有一宽3米，深1米的葫芦形盗坑，伴有踏步痕迹（图一一七；图版八五，2）。

清茶馆烽火台3号 （编号222401353201150003）

位于延吉市依兰镇清茶上村西北2700米的山坡上，高程421米。台体在边墙内侧，与清茶馆边墙3段和4段的起止点紧邻，距离墙体5米。

平面近似圆形，剖面近似弧形。土石混筑，坍塌严重，整体保存一般。现存台体底径约26米，残高2米。台体底部边缘西、南、北三侧有壕沟，宽约2米，深1米。北侧壕沟被水沟打破，壕沟外周还有一宽约2米，高约1米的土墩环绕。台体上部有两处人为盗坑（图一一八）。

烟河烽火台 （编号222401353201150004）

位于延吉市依兰镇烟河村东北750米的山上，高程351米。烽火台在烟河边墙墙体内侧，距离墙体10米。

平面近似呈圆形，剖面呈半圆形。土石混筑，保存较好。现存台体直底径约20米，残高4米。台体底部边缘有一圆形环壕，上宽4米，下宽2米，深1米。台体北侧较陡，其余较平缓，东南部壕沟被4个现代坟破坏（图一一九；图版八六，1）。

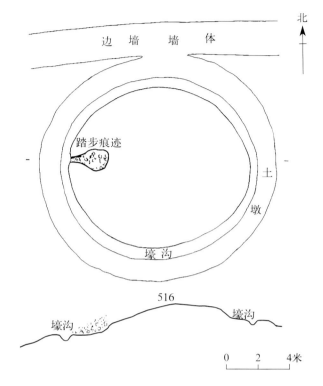

图一一七　清茶馆烽火台2号平、剖面图

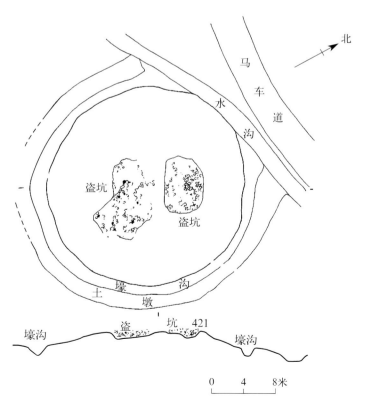

图一一八　清茶馆烽火台3号平、剖面图

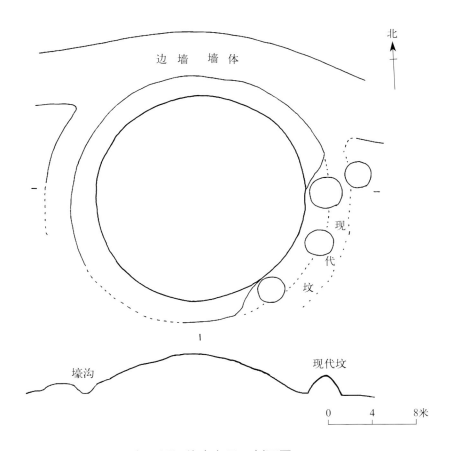

图一一九　烟河烽火台平、剖面图

平峰山烽火台1号（编号222401353201150005）

位于延吉市依兰镇台岩村西北平峰山东南山脚的沟谷中，四周地势平坦开阔，高程221米。台体在平峰山边墙3段止点处的墙体内侧，距离墙体20米。

平面为圆形，剖面近似半圆形。台体表面有石头裸露，土石混筑，整体保存较差。现存台体南北长19米，东西长21米，残高4米（图一二〇）。

平峰山烽火台2号（编号222401353201150006）

位于延吉市依兰镇台岩村北平峰山山腰处，高程439米。台体在平峰山边墙4段止点处的墙体内侧，距离墙体10米。

平面近似圆形，剖面呈斜坡状。土石混筑，坍塌严重，台体上长有大量灌木丛并有大量石头裸露。烽火台南部被一条马车道破坏，整体保存较差。现存台体直径约20米，南部残高1米，北部残高1.3米（图一二一）。

平峰山烽火台3号（编号222401353201150007）

位于延吉市依兰镇解放军某部雷达站南侧400米的山顶部，高程672米。台体西侧70米有平峰山堡，东侧即为山险墙。

平面近似圆形，剖面近似半圆形。土石混筑，在台体东北侧底部有若干裸露的基石，整体保存较好。现存台体直径约22米，残高4米（图一二二）。

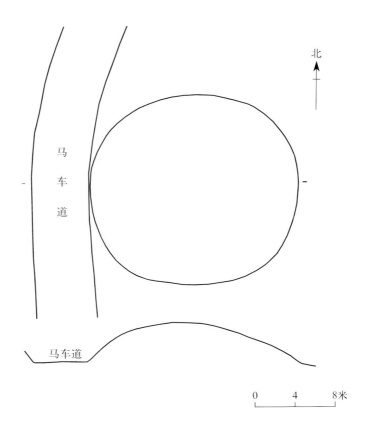

图一二〇　平峰山烽火台1号平、剖面图

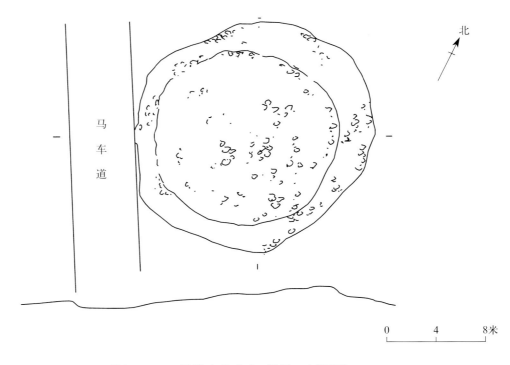

图一二一　平峰山烽火台2号平、剖面图

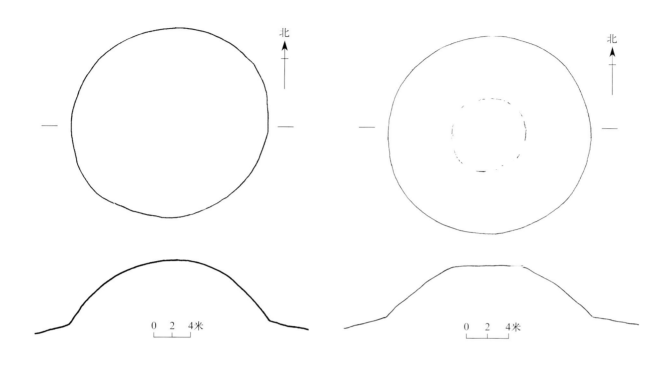

图一二二　平峰山烽火台3号平、剖面图　　　　　图一二三　平峰山烽火台4号平、剖面图

平峰山烽火台4号（编号222401353201150008）

位于延吉市依兰镇解放军某部雷达站西南400米的山顶上，高程674米。台体东北侧100米为平峰山边墙14段，西北约650米处可见双凤烽火台7号。

平面近似圆形，剖面为梯形。土石混筑，整体保存较好。现存台体南北底径约19米，残高5米（图一二三；图版八六，2）。

双凤烽火台1号（编号222401353201150009）

位于延吉市朝阳川镇双凤村东北1200米的山坡上，高程380米。台体在双凤边墙1段墙体西南10米处，东南2000米有双凤烽火台2号。

平面近似圆形，剖面为梯形。土石混筑，保存一般。现存台体底径约20米，上径约为12米，残高2.5米。台体上部中间偏南有一大坑，长5米，宽2米，深1米（图一二四）。

双凤烽火台2号（编号222401353201150010）

位于延吉市朝阳川镇双凤村东南3100米的山顶部，高程692米。台体在双凤边墙4段墙体与5段墙体之间，与墙体垂直距离10米，西侧50米为双凤边墙4段止点，东侧580米为双凤烽火台3号，西侧470米有双凤堡。

平面近似圆形，剖面近似半圆形。土石混筑，保存一般。现存台体底径15米，残高4米。台体底部边缘有一圆形环壕，底宽1米，上宽3米，深1.2米，台体上部东侧有两个盗坑，对台体的总破坏长度达8米（图一二五）。

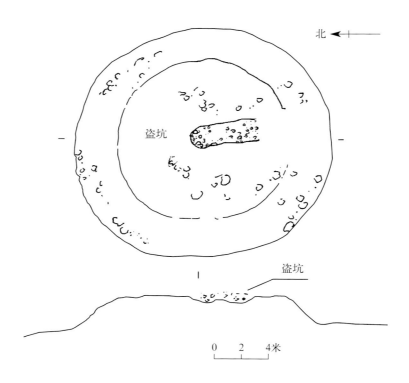

图一二四　双凤烽火台1号平、剖面图

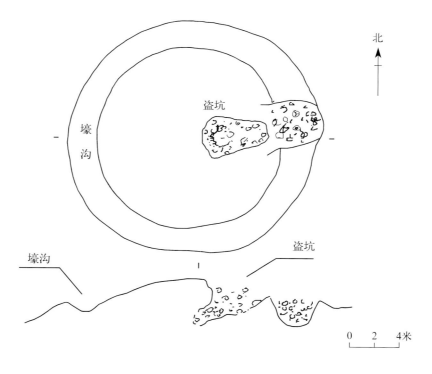

图一二五　双凤烽火台2号平、剖面图

双凤烽火台3号（编号222401353201150011）

位于延吉市朝阳川镇双凤村东南3500米的山上，高程682米。台体在双凤边墙5段墙体与6段墙体之间，与墙体垂直距离10米，西北侧580米有双凤烽火台2号，东南280米有双凤烽火台4号。

平面为椭圆形，剖面近似梯形。土石混筑，保存较好。现存台体东西径长23米，南北径长17米，残高2米（图一二六；图版八五，1）。

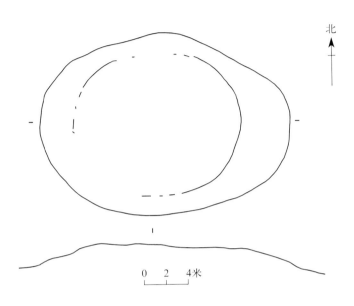

图一二六　双凤烽火台3号平、剖面图

双凤烽火台4号（编号222401353201150012）

位于延吉市朝阳川镇双凤村东南3750米的山上，高程683米。台体在双凤边墙6段墙体与7段墙体的分界点南侧5米处，西侧300米有双凤烽火台3号，东侧700米为双凤烽火台5号。

平面为椭圆形，剖面为弧形。土石混筑，保存一般。现存台体东西径长15米，南北径长12米，残高1.5米（图一二七）。

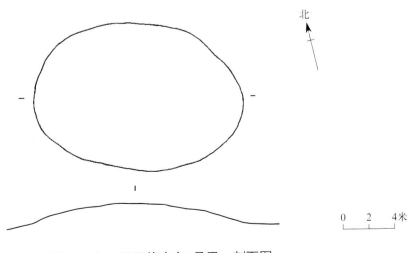

图一二七　双凤烽火台4号平、剖面图

双凤烽火台5号 （编号222401353201150013）

位于延吉市朝阳川镇双凤村东南4350米的山体上，高程684米。台体在双凤边墙7段墙体与8段墙体的分界点，西北侧800米为双凤烽火台4号，东南300米有双凤烽火台6号。

平面近似圆形，剖面为弧形。土石混筑，保存一般。现存台体底径约14米，残高2.5米。台体底部边缘除东侧外，西、北、南三侧均有壕沟，宽1.5米，深1米。台体上部西侧有一盗坑，长约8米，宽约5米（图一二八）。

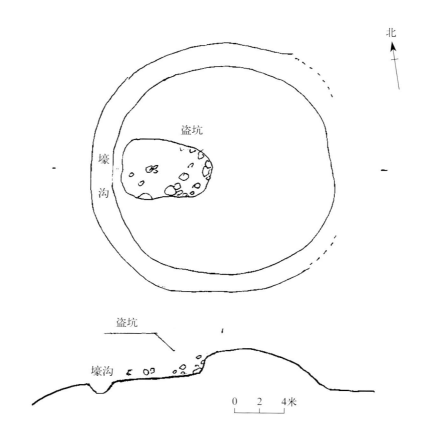

图一二八　双凤烽火台5号平、剖面图

双凤烽火台6号 （编号222401353201150014）

位于延吉市朝阳川镇双凤村东南4700米的山体上，高程683米。台体东南距双凤烽火台7号350米，西北距双凤烽火台5号300米。

平面近似圆形，剖面近似半圆形。土石混筑，整体保存较好。现存台体形体巨大，南部较缓、北部较陡。台体南北直径约30米，残高5米（图一二九）。

双凤烽火台7号 （编号222401353201150015）

位于延吉市八道镇双凤村附近的山腰处，距离空军雷达站西700米，高程650米。台体在双凤边墙9段墙体与8段墙体的分界点，东南500米为双凤烽火台8号，西北350米为双凤烽火台6号。

平面近似圆形，剖面为梯形。土石混筑，四周有大量石块散落，保存较差。现存台体上径为14

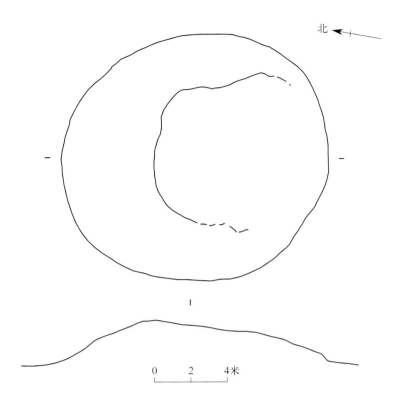

图一二九　双凤烽火台6号平、剖面图

米，下径为20米，残高4米。台体底部边缘除西侧外，三面有壕沟，宽1米，深0.5米。台体上部西侧有一长方形不规则状盗坑，长约6米（图一三○；图版八七，2）。

双凤烽火台8号（编号222401353201150016）

位于延吉市八道镇双凤村附近，延吉至三道公路东侧，高程667米。台体在双凤边墙1段墙体东侧，与墙体垂直距离480米。

平面近似圆形，剖面为弧形。土石混筑，保存较差。现存台体直径14米，残高1.5米。台体上方有3个小扰坑（图一三一）。

互助烽火台1号（编号222401353201150017）

位于延吉市八道镇互助村东北4990米的山体上，利用自然山势修筑，顶部平缓，高程295米。台体东侧4米为断崖，位置距互助边墙1段墙体南侧60米，西南侧600米有互助烽火台2号。

平面近似圆形，剖面为半圆形。土石混筑，保存一般。现存台体直径为20米，残高约1.5米（图一三二）。

互助烽火台2号（编号222401353201150018）

位于延吉市八道镇互助村东北4250米的山顶部，两侧为悬崖，高程436米。台体在互助边墙1段止点东南150米处，东北600米处有互助烽火台1号。

平面近似圆形，剖面近似半圆形。土石混筑，保存一般。现存台体直径为11米，残高2米。在台体上部南侧有一处盗坑，坑中还发现有火烧迹象（图一三三）。

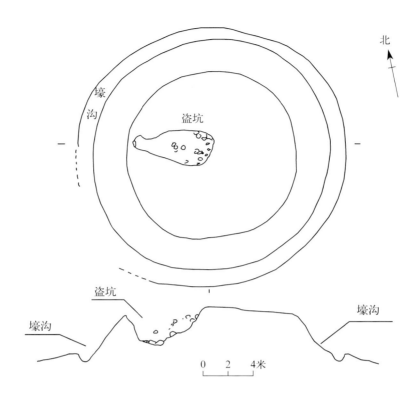

图一三〇　双凤烽火台7号平、剖面图

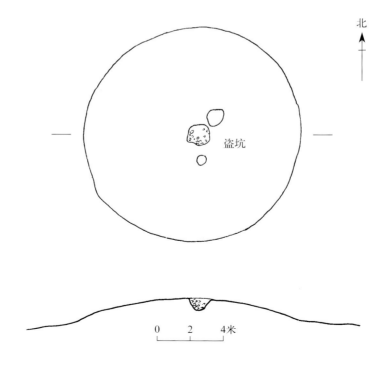

图一三一　双凤烽火台8号平、剖面图

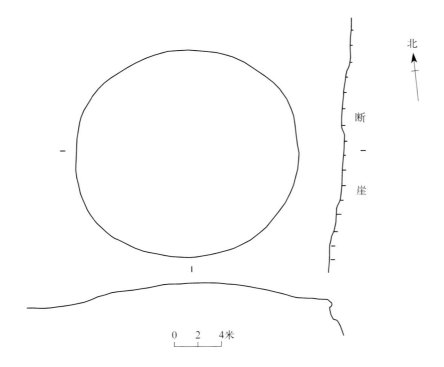

图一三二　互助烽火台1号平、剖面图

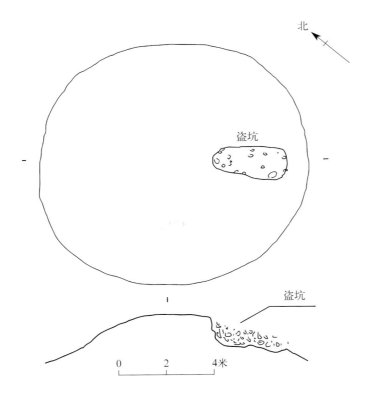

图一三三　互助烽火台2号平、剖面图

石山烽火台1号（编号222401353201150019）

位于延吉市朝阳川镇石山村东南1750米的山体半山腰上，其北侧为山体，南侧为山坡，视野开阔，高程421米。台体在石山边墙1段墙体西侧60米处，北侧约2000米处有石山烽火台2号。

平面近似圆形，剖面为梯形。土石混筑，台体坍塌严重，表面有石头裸露，保存一般。现存台体南高北低，上径约5米，下径约10米，北部残高约0.5米，南部残高约2米。台体底部边缘有一圆环形壕沟，宽1米，深0.5米。在台体顶部还有二处人为盗坑（图一三四；图版八八，2）。

石山烽火台2号（编号222401353201150020）

位于延吉市朝阳川镇石山村东北1750米的山上，高程511米。台体在石山边墙3段墙体西侧150米的山顶，南侧约2000米处有石山烽火台1号。

平面近似圆形，剖面为半圆形。台体东北侧紧邻断崖，呈东高西低之势。土石混筑，表面有大量石头裸露，坍塌严重，保存一般。现存台体底径约14米，残高4米。台体底部边缘西北侧有壕沟，宽约1米，深约0.5米。台体上部中央有一处宽1米，长1.5米盗坑（图一三五）。

吉成烽火台1号（编号222401353201150021）

位于延吉市朝阳川镇吉成村西北1400米的山坡上，高程394米。台体在吉成边墙1段起点沿边墙走向53米处的墙体东侧34米，北侧约1000米处有吉成烽火台2号。

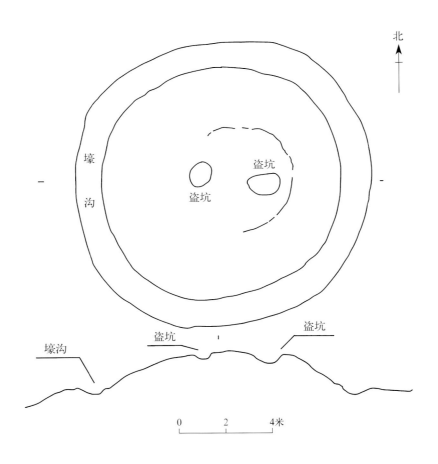

图一三四　石山烽火台1号平、剖面图

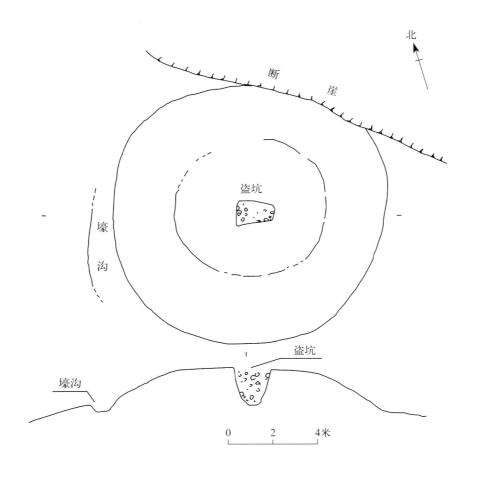

图一三五　石山烽火台2号平、剖面图

平面近似呈圆形，剖面为梯形。土石混筑，保存一般。现存台体上部直径约12米，下部直径约22米，残高约4米。台体底部边缘除西侧外，其它三面均有壕沟，宽2米，深0.5米。在台体西南部有一大型盗坑，东西长4米，南北宽2米，深约1米（图一三六）。

吉成烽火台2号（编号222401353201150022）

位于延吉市朝阳川镇吉成村西北2200米的山上，高程398米。台体在吉成边墙2段起点和3段止点东侧65米处，南侧约1000米有吉成烽火台1号。

平面近似圆形，剖面为梯形。土石混筑，保存一般。现存台体上部直径约10米，底部直径约20米，残高约3米。台体底部边缘有一圆形环壕，宽4米，残深0.5米。台体顶部中心有一个大盗坑，长4米，宽3米，深1米（图一三七）。

平峰山铺舍（编号222401352105150023）

位于延吉市依兰镇解放军某部雷达站西南950米，高程541米。铺舍西侧14米为平峰山边墙15段墙体。

平面呈长方形，方向165度。铺舍墙体为毛石干垒，保存较好的面积为22平方米，周长19.2米。东墙长4米，上宽0.6米，下宽1.5米，残高1.5米；西墙长5.2米，上宽0.6米，下宽0.8米，残高1米；

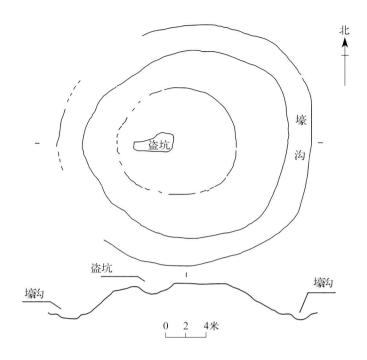

图一三六　吉成烽火台1号平、剖面图

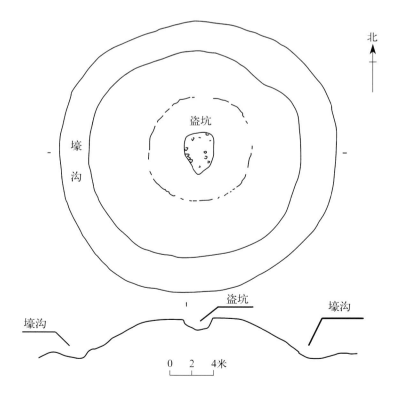

图一三七　吉成烽火台2号平、剖面图

北墙长5.5米，上宽0.7米，下宽1米，残高1米；南墙残长2.5米，上宽0.7米，下宽1.5米，残高1.5米，在南墙西端有一个2米宽的缺口，应为门址（图一三八；图版八八，1）。

　　（4）图们市境内边墙单体建筑及保存现状

　　图们境内共发现烽火台31座及铺舍1座。

图一三八　平峰山铺舍平、剖面图

曲水烽火台1号（编号222402353201150025）

　　位于图们市月晴镇曲水村曲水六队南侧3780米，建于山包上，高程440米。距台体东北5米有曲水边墙通过，东北部约2000米有曲水烽火台2号，西南390米与图们微波站边墙相连接。

　　平面近似圆形，剖面为弧形。土石混筑，整体保存较好。现存台体直径6米，残高1.5米。台体底部边缘有一圆形环壕，宽2米。北侧壕沟外有一宽6米的台地（图一三九）。

曲水烽火台2号（编号222402353201150026）

　　位于图们市月晴镇曲水村曲水六队南侧1800米，建于自然山包上，高程344米。台体在曲水边墙墙体东侧5米处，西南部约2000米有曲水烽火台1号，偏正北部约1500米可见曲水烽火台3号。

　　平面近似圆形，剖面为圆弧形。土石混筑，形制完整清晰，保存较好。现存台体直径7米，残高1米（图一四〇）。

曲水烽火台3号（编号222402353201150027）

　　位于图们市曲水村曲水六队南侧200米，高程271米。曲水边墙墙体在台体西侧3米处穿过，北侧

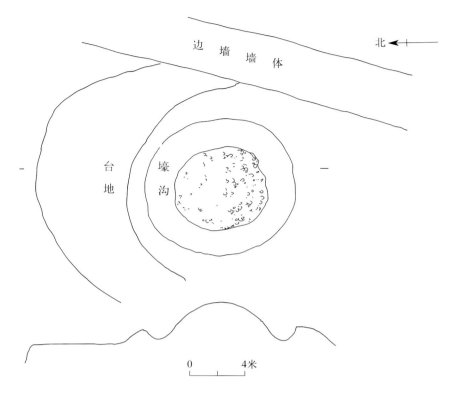

图一三九　曲水烽火台1号平、剖面图

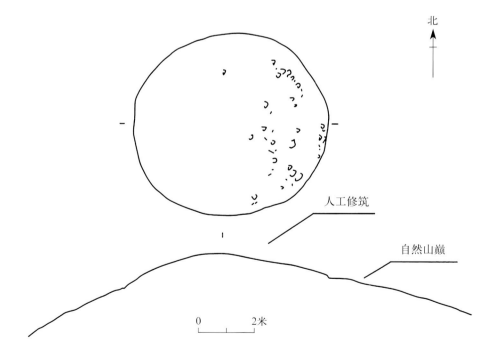

图一四〇　曲水烽火台2号平、剖面图

250米为曲水边墙起点，偏南侧约1500米处有曲水烽火台2号。

平面近似圆形，剖面为半圆形。土石混筑，保存较好。现存台体直径18米，残高4米（图一四一）。

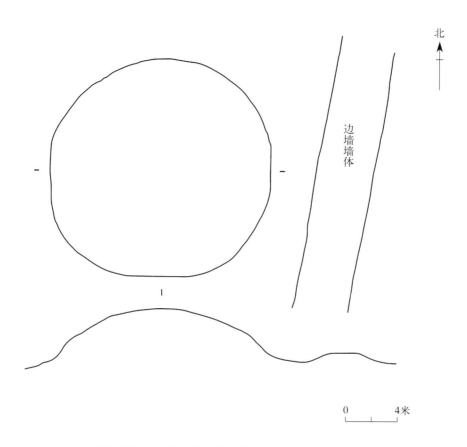

图一四一　曲水烽火台3号平、剖面图

图们微波站烽火台1号（编号222402353201150016）

位于图们市月晴镇笠峰村西北山上，已被用做图们微波站，高程543米。该烽火台是图们微波站边墙的起点，在其西南约500米可见图们微波站烽火台2号。

平面近似圆形，剖面为平弧形。土石混筑，因破坏严重，台体形制不明显，保存较差。现存台体底部直径20米（图一四二）。

图们微波站烽火台2号（编号222402353201150017）

位于图们市月晴镇笠峰村西北山上，距离微波站西南500米，高程505米。台体在图们微波站边墙墙体南侧20米处，西部约170米有图们微波站铺舍，东北部约500米可见微波站烽火台1号。

平面近似圆形，剖面为圆弧形。土石混筑，整体保存一般。现存台体直径19米，残高6米。台体底部边缘有一圆形环壕，宽2～3米。台体北侧有一盗坑，宽2米，长7米，深2米（图一四三；图版八九，1）。

图们微波站烽火台3号（编号222402353201150018）

位于图们市月晴镇笠峰村西北山上，距离微波站西南925米。高程547米。台体在图们微波站边墙

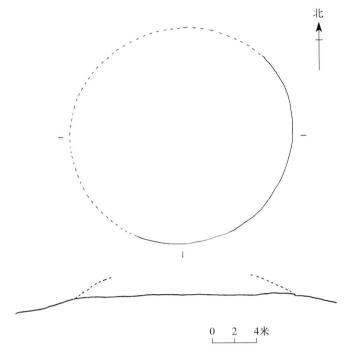

北

0　2　4米

图一四二　图们微波站烽火台1号平、剖面图

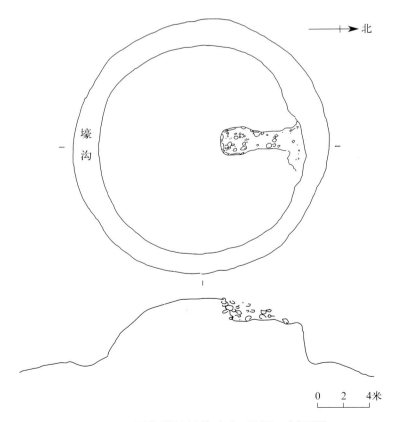

北

壕沟

0　2　4米

图一四三　图们微波站烽火台2号平、剖面图

墙体西侧50米处，东侧约500米有图们微波站铺舍，西南部约650米可见微波站烽火台4号。

　　平面近似圆形，剖面为梯形。土石混筑，周围散落着大量的石块，保存较差。台体底径25米，上径6米，残高3米。台体上部有二处盗坑，一个位于台体中心如勺形，通长9米，深3米。另一个位于台体的东北方向，呈圆形，直径2米，深1米（图一四四）。

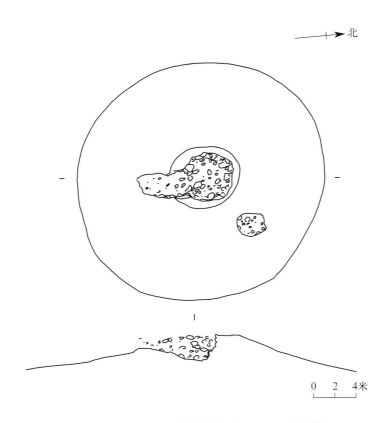

图一四四　图们微波站烽火台3号平、剖面图

图们微波站烽火台4号（编号222402353201150019）

　　位于图们市月晴镇笠峰村西北山上，距离微波站西南1025米。高程481米。台体在图们微波站边墙墙体西北侧40米处，东侧约650米有图们微波站烽火台3号，西南部约700米可见图们微波站烽火台5号。

　　平面近似圆形，剖面为梯形。土石混筑，形制完整清晰，整体保存较好。现存台体底径19米，上径4米，残高5米。在台体底部边缘有一圆形环壕，宽4米，深1米（图一四五；图版八九，2）。

图们微波站烽火台5号（编号222402353201150020）

　　位于图们市月晴镇笠峰村西北山上，距离微波站西南1525米。高程443米。台体在图们微波站边墙墙体西北侧30米处，东侧约700米有微波站烽火台4号，西南部约770米可见微波站烽火台6号。

　　平面近圆形，剖面略呈弧状。土石混筑，形制完整清晰，整体保存较好。现存台体直径24米，残高1.5米。在贴近台体底部边缘有一道壕沟，东南侧已被破坏，壕宽约15～20米，深1.5米。在壕沟两侧有高1～2米，底宽2～3米的土墙（图一四六）。

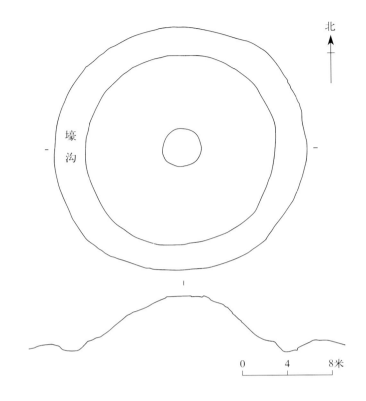

图一四五　图们微波站烽火台4号平、剖面图

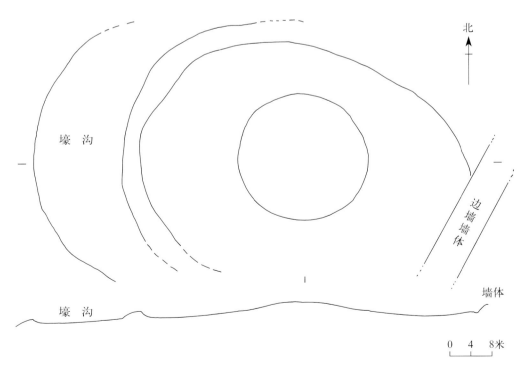

图一四六　图们微波站烽火台5号平、剖面图

图们微波站烽火台6号（编号222402353201150021）

位于图们市月晴镇笠峰村西北山上，距离微波站西南2175米。高程477米。台体在图们微波站边墙墙体西侧20米处，东北侧约770米有图们微波站烽火台5号，西南部约170米可见图们微波站烽火台7号。

平面近圆形，剖面近梯形。土石混筑，形制完整清晰，保存较好。现存台体底径长17米，上径4米，高5米。台体西侧有一道宽3米的壕沟，壕沟西侧有二级疑似台体，每级宽约6米（图一四七）。

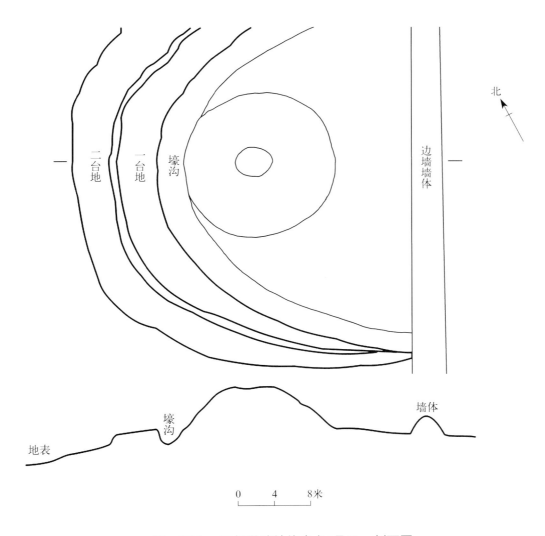

图一四七　图们微波站烽火台6号平、剖面图

图们微波站烽火台7号（编号222402353201150022）

位于图们市月晴镇笠峰村西北山上，距离微波站西南2500米。高程481米。台体在图们微波站边墙墙体西侧5米处，东北侧约170米有图们微波站烽火台6号，西南部约600米可见图们微波站关。

平面近似椭圆形，剖面呈弧形。土石混筑，形制完整清晰，保存较好。现存台体东西长15米，南北宽10米，残高4米。烽火台西南方向有一人工修整的平台，宽6米（图一四八）。

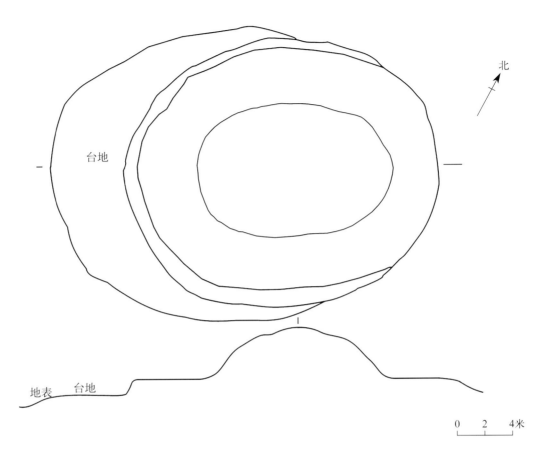

图一四八　图们微波站烽火台7号平、剖面图

图们微波站烽火台8号 （编号222402353201150023）

位于图们市月晴镇笠峰村西北山上，距离微波站西南3275米。高程475米。台体在图们微波站边墙墙体南侧65米处，东侧约670米有图们微波站关，西南部约320米可见图们微波站烽火台9号。

平面近似圆形，剖面为梯形。土石混筑，保存较好。现存台体底径20米，上径5米，残高5米。台体底部边缘有一圆形环壕，宽约4米，深1.5米。壕沟外侧有一圈疑似人工修整过的平台（图一四九）。

图们微波站烽火台9号 （编号222402353201150024）

位于图们市月晴镇笠峰村西北山上，距离微波站西南3500米。高程478米。台体在图们微波站边墙墙体南侧50米处，东北约320米有图们微波站烽火台8号，西南约280米与上东京边墙相连。

平面近似椭圆形，剖面呈梯形。土石混筑，保存较好。现存台体东西长32米，南北宽27米，残高4米。台体底部边缘有一圆形环壕，宽约4米，深1.5米（图一五〇）。

上东京烽火台1号 （编号222402353201150008）

位于图们市月晴镇杰满村上东京屯西北3700米，高程450米。台体在上东京边墙墙体北侧2米处，西侧420米为水南关东南角，东侧470米为上东京烽火台2号。

平面近似圆形，剖面呈弧形。土石混筑，保存一般。现存台体直径16米，残高最高处6米，最低

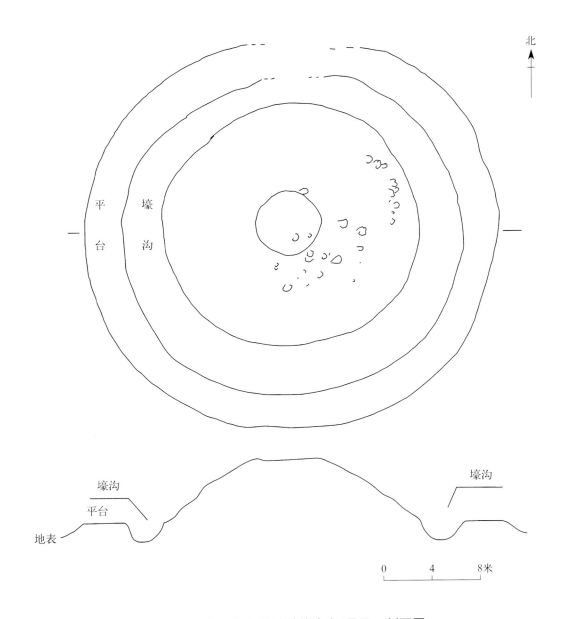

图一四九　图们微波站烽火台8号平、剖面图

处2米。台体底部边缘有一圆形环壕，几乎被沉积土填平，宽2米，深0.4米。台体上部北侧有三个小盗坑（图一五一）。

上东京烽火台2号（编号222402353201150009）

位于图们市月晴镇杰满村上东京屯西北3260米，高程448米。台体在上东京边墙墙体北侧5米处，西侧约470米为上东京烽火台1号，东侧约1000米处为上东京烽火台3号。

平面近似圆形，剖面为梯形。土石混筑，形制完整，保存较好。现存台体上径6米，底径20米，残高4米。台体底部边缘有一圆形环壕，宽3米，深0.5米。台体上部东侧有一小盗洞，洞口宽约0.7米，洞深3米（图一五二）。

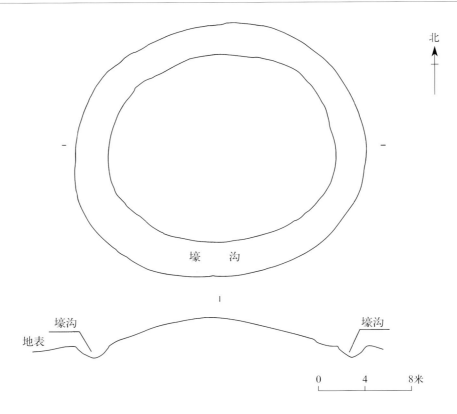

图一五〇　图们微波站烽火台9号平、剖面图

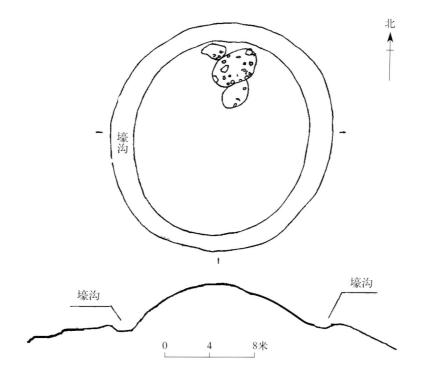

图一五一　上东京烽火台1号平、剖面图

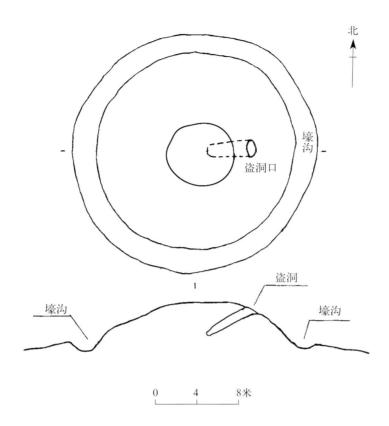

北

壕沟

盗洞口

壕沟

盗洞

壕沟

0   4   8米

图一五二　上东京烽火台2号平、剖面图

上东京烽火台3号 （编号222402353201150010）

位于图们市月晴镇杰满村上东京屯西北2260米，高程347米。台体在上东京边墙墙体南侧10米处，西侧约1000米为上东京烽火台2号，东侧约400米为上东京烽火台4号。

平面近似圆形，剖面为梯形。土石混筑，保存较好。现存台体上径3米，底径12米，残高3米。台体底部边缘西侧有壕沟，宽3米，深0.5米（图一五三）。

上东京烽火台4号 （编号222402353201150011）

位于图们市月晴镇杰满村上东京屯西北1960米，高程405米。台体在上东京边墙墙体南侧5米处，西距上东京烽火台3号约400米，东北距上东京烽火台5号约300米。

平面近似圆形，剖面为梯形。土石混筑，保存较好。现存台体上径3米，底径12米，残高7米。台体底部边缘西侧有宽2米，深0.5米的壕沟。壕沟西侧有两层台地，呈阶梯分布，台地宽3米，残高3米（图一五四；图版九〇，1）。

上东京烽火台5号 （编号222402353201150012）

位于图们市月晴镇杰满村上东京屯西北1880米处，高程502米。台体在上东京边墙墙体北侧10米处，西侧约300米有上东京烽火台4号，东北约450米处可见上东京烽火台6号。

平面近似椭圆形，剖面为梯形。台体依山势而建，东、北侧较陡，西、南侧较缓和。台体下部为自然山体基础，上部土石混筑，整体保存较好。现存台体上径4米，底部东西长15米，南北宽10米，残

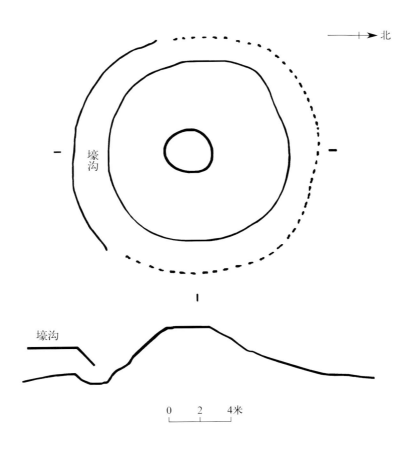

图一五三　　上东京烽火台3号平、剖面图

高4米（图一五五）。

上东京烽火台6号（编号222402353201150013）

位于图们市月晴镇杰满村上东京屯西北1680米，高程498米。台体在上东京边墙墙体北侧50米处，西侧约450米有上东京烽火台5号，东南约500米可见上东京烽火台7号。

平面近似圆形，剖面为梯形。土石混筑，保存一般。现存台体上径约2米，底径9.5米，残高3米。台体底部除西侧外，其余三面有壕沟，底宽1米，上宽2米，高0.8米。在台体中部偏南有1个盗坑，直径约3米，深1.5米（图一五六）。

上东京烽火台7号（编号222402353201150014）

位于图们市月晴镇杰满村上东京屯西北1260米，高程512米。台体在上东京边墙墙体南侧120米处，西侧约500米处有上东京烽火台6号，其东北侧约600米可见上东京烽火台8号。

平面近似圆形，剖面为梯形。土石混筑，形制完整清晰，保存较好。现存台体上径长3米，底径长12米，残高6米。台体底部边缘有一圆形环壕，宽2米，深0.5米（图一五七；图版九〇，2）。

上东京烽火台8号（编号222402353201150015）

位于图们市月晴镇杰满村上东京屯西北1600米，高程403米。上东京边墙在台体北侧约20米处穿过，西侧约600米为上东京烽火台7号。

平面近似椭圆形，剖面为弧形。土石混筑，台体北侧较陡，其它略缓，形制清晰，保存一般。底

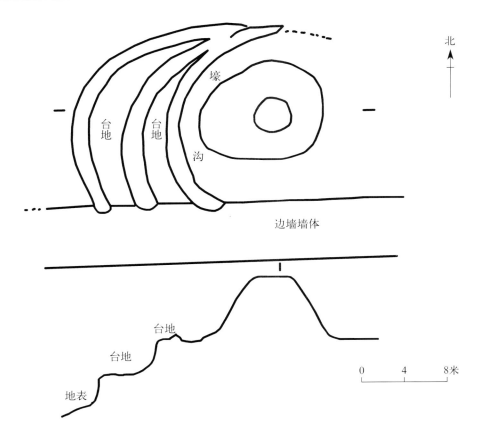

图一五四　上东京烽火台4号平、剖面图

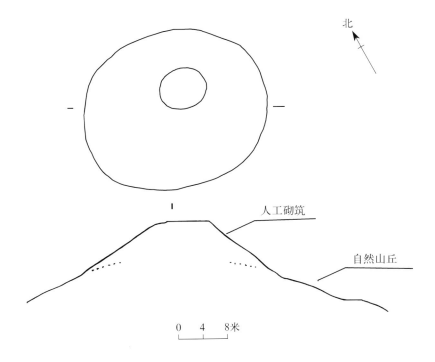

图一五五　上东京烽火台5号平、剖面图

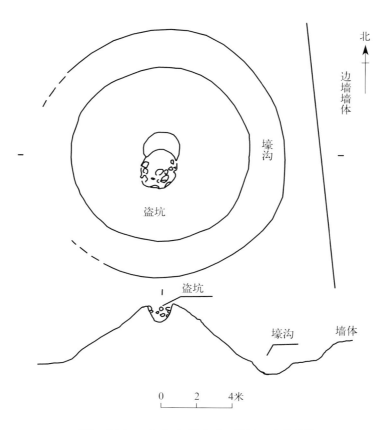

图一五六　上东京烽火台6号平、剖面图

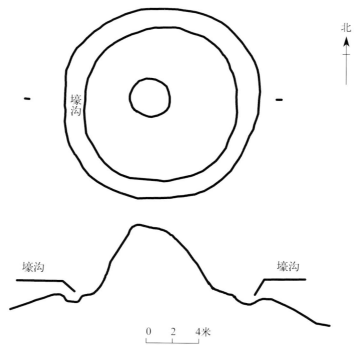

图一五七　上东京烽火台7号平、剖面图

径东西长18米，南北宽12米，残高5米。台体底部边缘除东侧无壕沟外，其余三面均有壕沟，宽5米，深0.5米。在台体上部有一盗坑，长3米，宽2米（图一五八）。

水南烽火台1号（编号222402353201150002）

位于图们市水南村东南750米山顶处，高程197米。台体在水南边墙止点北侧4000米处，东南距水南烽火台2号4500米。

平面近似圆形，剖面为梯形。土石混筑，保存一般。现存台体上径6米，底径8米，残高2~3米。台体底部边缘东侧和南侧有壕沟，宽1米。在台体中间偏西侧有一近似长方形的盗坑，长约3.5米，宽约2米（图一五九）。

水南烽火台2号（编号222402353201150003）

位于图们市水南村东南1200米山顶处，高程433米。北侧为曲水村，东侧望图们市，西侧见碧水村。台体在水南边墙墙体北侧100米处，西北距水南烽火台1号4500米。

平面近似圆形，剖面为梯形。土石混筑，在烽火台西北部有一通长约12米的酒瓶状盗坑，基本把台体顶部破坏，保存较差。现存台体底径16米，上径约8米，残高6米。台体底部边缘有一圆形环壕，宽3米（图一六○；图版九一，1）。

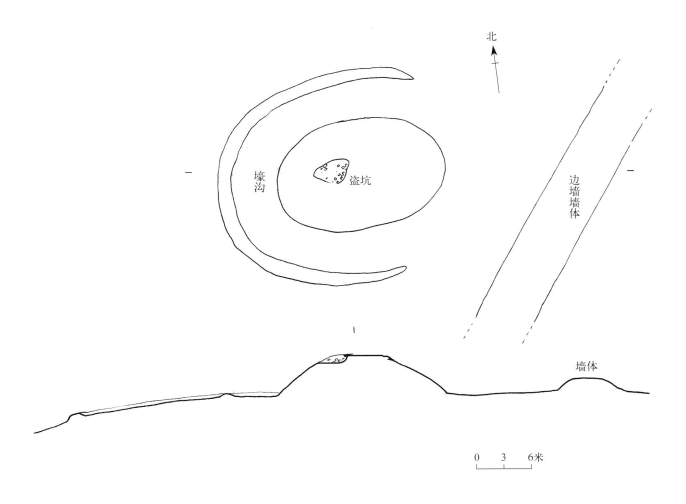

图一五八　上东京烽火台8号平、剖面图

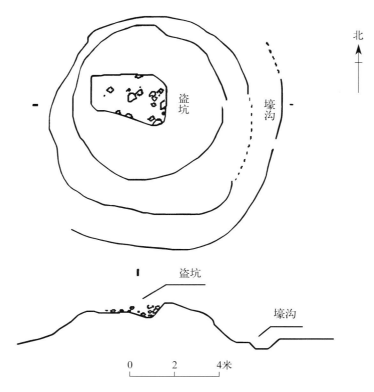

图一五九　水南烽火台1号平、剖面图

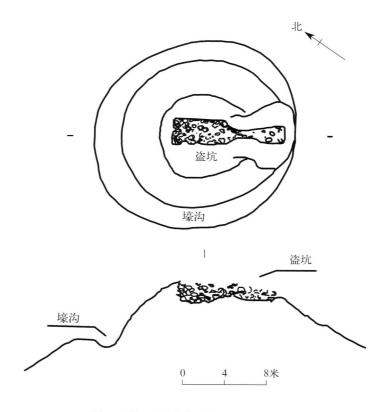

图一六○　水南烽火台2号平、剖面图

水南烽火台3号（编号222402353201150004）

位于图们市水南村东南2600米处的山顶上，高程601米。台体在水南边墙墙体北侧20米处，西距水南烽火台2号1600米，东距水南烽火台4号210米。

平面近似长椭圆形，剖面为矩形。土石混筑，整体保存较差。现存台体东南至西北狭长，顶部长约10米，宽约7米，底部长约20米，宽约12米，残高5米。台体底部边缘有一圆形环壕，宽3米，深0.2米。台体上部西北侧有一个大盗坑，长5米，宽2.5米，深2米（图一六一）。

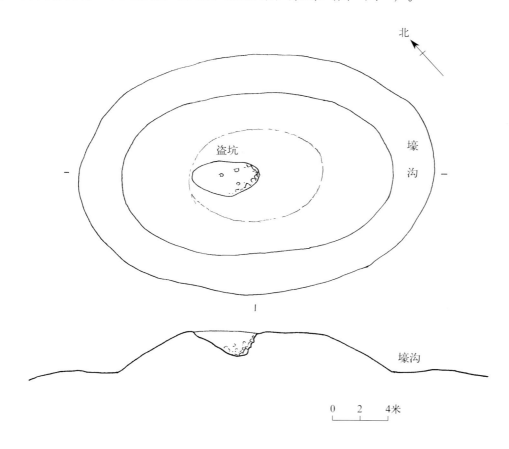

图一六一　水南烽火台3号平、剖面图

水南烽火台4号（编号222402353201150005）

位于图们市长安镇磨盘村水南屯东南2900米处的山顶，高程581米。台体在水南边墙墙体北侧25米处，西距水南烽火台3号210米，东距水南烽火台5号400米。

平面近似圆形，剖面为梯形。土石混筑，整体保存较好。现存台体上部直径6米，底部直径10米，残高3米。台体底部边缘有一圆形环壕，宽2米，深0.3米（图一六二；图版九一，2）。

水南烽火台5号（编号222402353201150006）

位于图们市长安镇磨盘村水南屯东南3200米处山顶，高程539米。台体在水南边墙墙体北侧15米处，西距水南烽火台4号约400米，东距水南烽火台6号约500米。

平面近似圆形，剖面为梯形。土石混筑，保存较好。现存台体上部直径5米，底部直径15米，残高4米。台体底部边缘有一圆形环壕，宽2米，深0.5米（图一六三；图版九二，1）。

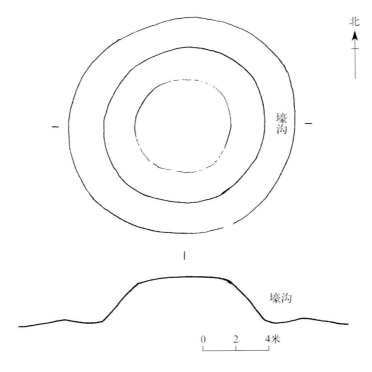

图一六二　水南烽火台4号平、剖面图

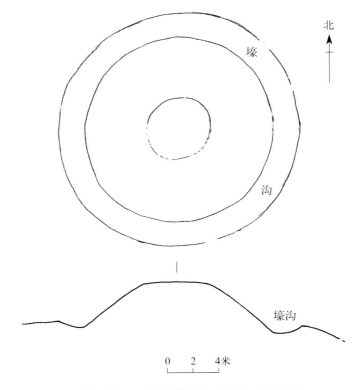

图一六三　水南烽火台5号平、剖面图

水南烽火台6号（编号222402353201150007）

位于图们市长安镇磨盘村水南屯东南3500米处的山顶，高程478米。台体在水南边墙墙体北侧70米处，西侧距水南烽火台5号500米，东侧距水南关1100米。

平面近似圆形，剖面为梯形。土石混筑，保存较好。现存台体上部直径5米，底部直径12米，残高4米。台体底部边缘有一圆形环壕，宽2米，深0.8米（图一六四）。

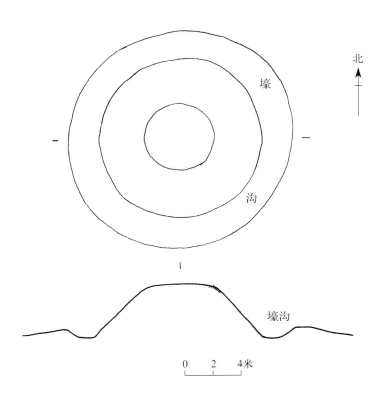

图一六四　水南烽火台6号平、剖面图

图们清茶馆烽火台1号（编号222402353201150001）

位于图们市长安镇清茶馆屯南侧250米，高程481米。台体在图们清茶馆边墙墙体南侧30米处，东南部约1000米有图们清茶馆烽火台2号，西北1600米为图们清茶馆边墙的止点。其两侧是农田，西部120米处有现代公路。

平面近似圆形，剖面为弧形，土石混筑，整体保存较好。现存台体直径约8米，残高3.5米。台体底部边缘西侧有一宽约6米的台地，台地西侧有壕沟，宽约1米，深0.5米（图一六五）。

图们清茶馆烽火台2号（编号222402353201150029）

位于图们市长安镇清茶馆屯东南1100米，高程350米。图们清茶馆边墙墙体南侧与台体相连，西北约1000处有图们清茶馆烽火台1号，东南约1600米可见图们清茶馆烽火台3号。台体周围是农田，西侧500米是现代公路。

平面近似圆形，剖面近似为梯形，土石混筑，整体保存较好。现存台体上径为9米，底径为14米，残高3.8米（图一六六）。

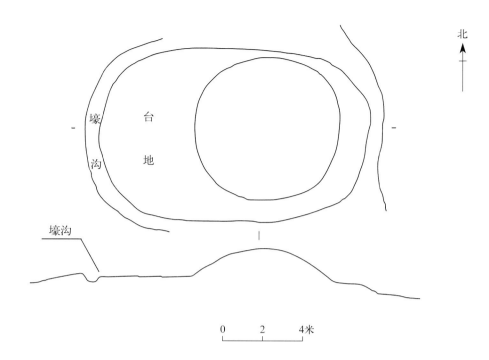

图一六五　图们清茶馆烽火台1号平、剖面图

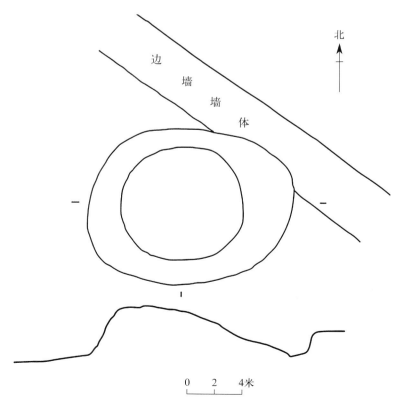

图一六六　图们清茶馆烽火台2号平、剖面图

图们清茶馆烽火台3号（编号222402353201150030）

位于图们市长安镇清茶馆屯东南2650米，高程309米。台体在图们清茶馆边墙墙体之上，西北约1600米有图们清茶馆烽火台2号，东南约1400米有图们清茶馆烽火台4号。台体周围是农田，西北250米处有现代公路。

平面近似圆形，剖面为梯形，土石混筑，保存一般。现存台体上径约2.5米，底径约10米，残高3米。台体底部边缘除东侧以外，其他三面均有壕沟，宽约1.5米，深0.5米。台体上部偏南有一个不规则的盗坑，直径约1米，深0.5米（图一六七；图版九二，2）。

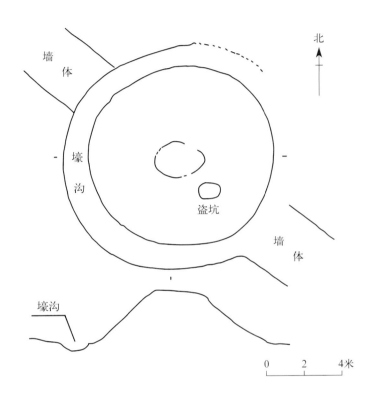

图一六七　图们清茶馆烽火台3号平、剖面图

图们清茶馆烽火台4号（编号222402353201150031）

位于图们市长安镇清茶馆屯东南4000米，高程274米。台体在图们清茶馆边墙墙体南20米处，西北侧约1400米有图们清茶馆烽火台3号，东南约1000米可见图们清茶馆烽火台5号。台体周围是农田，西侧有两座通信铁塔，西南700米处有现代公路。

平面近似椭圆形，剖面为梯形，土石混筑，保存较好。现存台体上径约6米，底径约13米，残高2.5米（图一六八；图版九三，1）。

图们清茶馆烽火台5号（编号222402353201150032）

位于图们市长安镇清茶馆屯东南5000米的山上，高程331米。台体在图们清茶馆边墙墙体西侧2米处，西北侧约1000米有图们清茶馆烽火台4号，东南1400米处为图们清茶馆边墙的起点。

平面近似圆形，剖面为梯形。土石混筑，保存较差。现存台体上径约8米，底径约18米，残高5米。台体底部边缘有一圆形环壕，宽2米，深0.8米。在烽火台顶部西侧有一长方形人为盗坑，东西长2米，南北宽0.8米，深约3米（图一六九）。

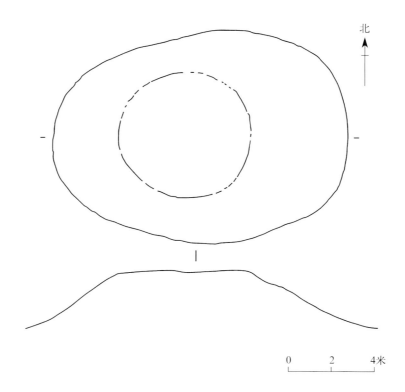

图一六八　图们清茶馆烽火台4号平、剖面图

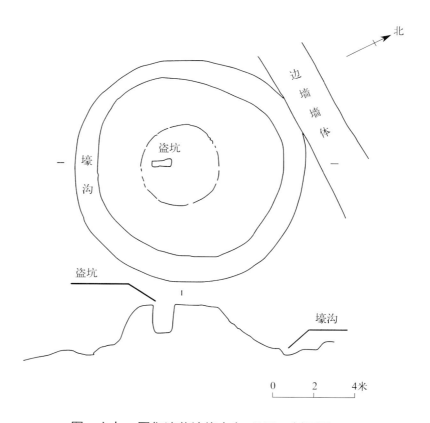

图一六九　图们清茶馆烽火台5号平、剖面图

图们微波站铺舍（编号222402352105150028）

位于图们市月晴镇笠峰村西北山上，距离微波站西南660米，高程502米。铺舍在图们微波站边墙墙体东侧5米处，西南500米为图们微波站烽火台3号，东北侧约170米为图们微波站烽火台2号。

平面呈长方形，土石混筑为半地穴式建筑。东西长约50米，南北宽10米，穴深0.8米左右，面积约500平方米。由于该铺舍位于密林深处，未受到明显人为破坏，保存较好。（图一七○；图版九三，2）

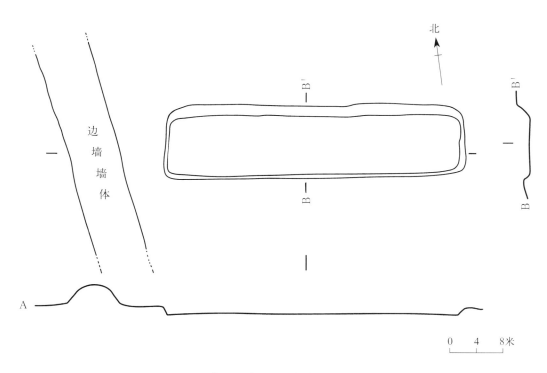

图一七○　图们微波站铺舍平、剖面图

（5）珲春市境内边墙单体建筑及保存现状

珲春境内共发现烽火台7座。

关门咀子烽火台1号（编号222404353201150001）

位于珲春市英安镇关门咀子村北1500米，高程232米。关门咀子烽火台1号是关门咀子边墙的起点，东侧约1300米可见关门咀子烽火台2号。

平面近圆形，剖面近似梯形。土石混筑，略有坍塌，保存一般，台体现存底径约9米，上径4米，残高1.7米。其顶部有一盗坑，直径2米，深0.5米（图一七一）。

关门咀子烽火台2号（编号222404353201150002）

位于珲春市英安镇关门咀子村东北2000米，高程147米。北侧20米为边墙墙体，西侧约1300米有关门咀子烽火台1号，东侧约2700米可见关门咀子烽火台3号。台体东侧紧邻农田，南100米为农道。

平面近似圆形，剖面近似梯形。土石混筑，略有坍塌，周围散见塌落的石块，保存一般。现存台体底径15米，上径7米，残高1.5～2米。台体北侧有一长方形人为盗坑，长2米，宽1米，深0.5米（图一七二）。

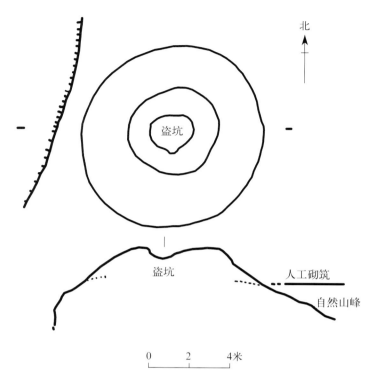

北

盗坑

盗坑

人工砌筑

自然山峰

0　　　2　　　4米

图一七一　关门咀子烽火台1号平、剖面图

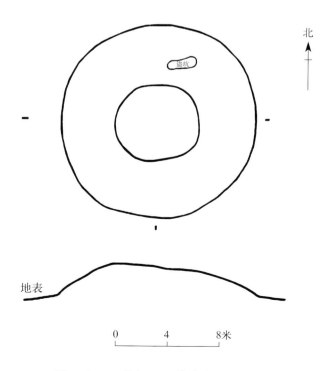

北

盗坑

地表

0　　　4　　　8米

图一七二　关门咀子烽火台2号平、剖面图

关门咀子烽火台3号（编号222404353201150003）

位于珲春市英安镇关门咀子村东北4800米，高程240米。南距关门咀子边墙墙体200米，东距关门咀子边墙墙体止点800米，西侧约2700米有关门咀子烽火台2号。

平面近似圆形，剖面呈弧形。土石混筑，形制清晰完整，保存较好。现存台体底径12米，上径5米，残高1.5米（图一七三）。

新地方烽火台1号（编号222404353201150004）

位于新地方村东北1700米，在与涌泉村之间的山顶部，其东20米和北20米为农用小道。高程250米。烽火台北100米为新地方边墙墙体，东侧约2500米为新地方烽火台2号。

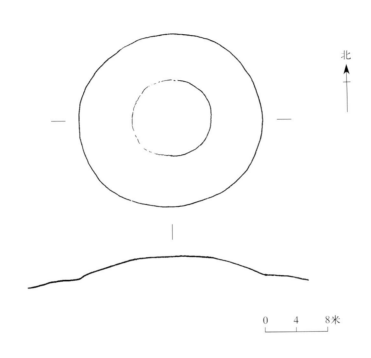

图一七三　关门咀子烽火台3号平、剖面图

平面近似圆形，剖面为梯形。土石混筑，已经坍塌，有大量石块散落，整体保存较差，现存台体底径16米，上径8米，残高2米。在其台体底部边缘有一圆形环壕，底宽1米，上宽2～3米，深0.5米。台体顶部有多处不规则盗坑（图一七四）。

新地方烽火台2号（编号222404353201150005）

位于涌泉村村部所在地西400米处，新地方村东北，高程164米。北30米为新地方边墙墙体，西侧约2500米有新地方烽火台1号。

平面近似圆形，剖面为梯形。土石混筑，台体上部基本被大型盗坑破坏，有大量石块散落，保存一般。现存台体底径20米，上径7米，残高2～2.5米。台体底部边缘有一圆形环壕，下宽1米，上宽3米，深0.5～1米（图一七五）。

涌泉烽火台1号（编号222404353201150006）

位于涌泉村东1500米，高程190米，在其西1100米山脚下有通往涌泉村的公路。西侧距涌泉边墙

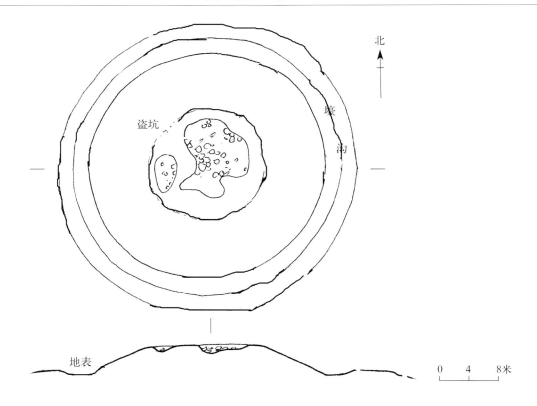

图一七四　新地方烽火台1号平、剖面图

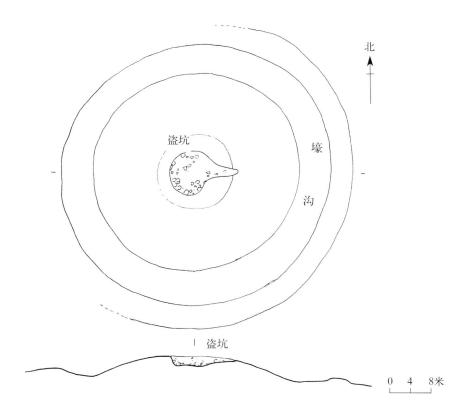

图一七五　新地方烽火台2号平、剖面图

起点2700米，东侧约2700米有涌泉烽火台2号。

平面近似圆形，剖面为梯形。土石混筑，台体顶部有三处人为盗坑，破坏较严重，基本将烽火台顶部全部盗空，周围散落着大量的石块，整体保存较差。现存台体底径12米，上径4米，残高1.5米。台体底部边缘有一圆形环壕，下宽1米，上宽3米，深0.5米（图一七六）。

涌泉烽火台2号（编号222404353201150007）

位于珲春市哈达门乡东2200米山顶上，高程205米。北侧距涌泉边墙墙体30米，西距涌泉烽火台1号约2700米。

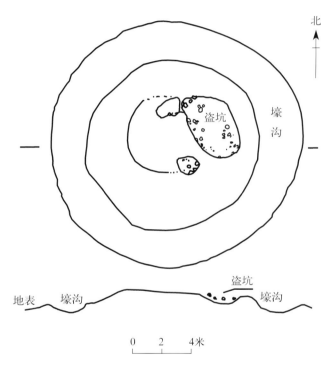

图一七六　涌泉烽火台1号平、剖面图

平面近似圆形，剖面为梯形。土石混筑，保存一般。现存台体底径20米，上径5米，残高3米。台体底部边缘有一圆形环壕，上宽5米，下宽1.5米，深3米。在台体顶部有一长3米，宽1米，深0.5米的盗坑（图一七七；图版九四，1）。

4．考古发掘

为了进一步确认延边边墙构筑年代以及了解边墙附属设施的构筑形制，经吉林省文物局申请，国家文物局批准，由吉林省文物考古研究所委托延边州文物管理委员会办公室（现更名为延边州文物保护中心）、延边州博物馆、延吉市博物馆等相关人员组成的考古发掘工作队于2011年7月20日至9月20日，对延边边墙墙体及相关附属设施进行了考古试掘。

此次试掘的遗存有：平峰山边墙10段、水南边墙、平峰山关、平峰山堡、水南关、平峰山烽火台3号、平峰山铺舍共计七处遗存。发掘总面积为762平方米。各遗存试掘情况如下：

平峰山边墙10段　　此段边墙北与平峰山关相接，南望平峰山烽火台3号，以毛石干垒修砌而成，全长154米。发掘地点选择边墙中段保存较好处布置1×5米探沟1个。搬移探沟中石筑墙体上的石块后，可以看到墙体是直接砌筑于山坡地上，地面未经任何平整，石墙下叠压有3～5公分厚黑土，应是

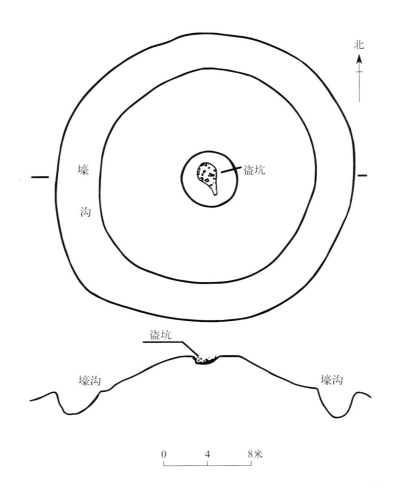

图一七七　涌泉烽火台2号平、剖面图

修筑石墙时的地表土，表土下即是山体岩石层。墙体两侧用较大的石条状石块错缝干垒，中间充填大小不等的石块。墙体横剖面呈梯形，基宽2.2米，上宽1.8米，现高1.5米。墙体内未见任何遗物（图一七八；图版九四，2）。

水南边墙　此段边墙起点于水南关1号西侧，止点于图们市长安镇磨盘村水南屯东南1300米。土筑，全长3712米。墙体解剖地点距水南关东南35米。布置1×10米探沟1个。边墙墙体构筑采取的是一侧挖土堆筑另一侧并夯实的方式，形成一墙一壕的格局。此处墙基宽4米、上宽1.5米、现高1.2米；壕宽2米、深0.7米。墙体中出土陶器口沿1件，泥质，灰色轮制，侈口、尖唇，其形制与渤海遗址中出土的器物相类，为确定延边边墙的构筑年代提供了实物证据（图一七九；图版九五）。

平峰山关　位于延吉市某空军雷达站东北320米。平面近长方形，方向170度。中部有一个8米隔墙和一个3米的隔墙将关分为三间，西侧房间最大，东侧房间最小。墙体石筑，其南墙也是边墙墙体，长32米，门道辟于南墙偏西，即西侧房间和中央房间隔墙南部与边墙墙体交汇处，宽4米。此次发掘在西间、中间分别布置3×3米探方各1个，在东间布置2×2米探方1个。关内地层很薄，揭除表土后可见墙体滚落的石块，清除石块即为原生土。在东间的探方内发现有用火痕迹，并出土两片夹砂褐陶片，

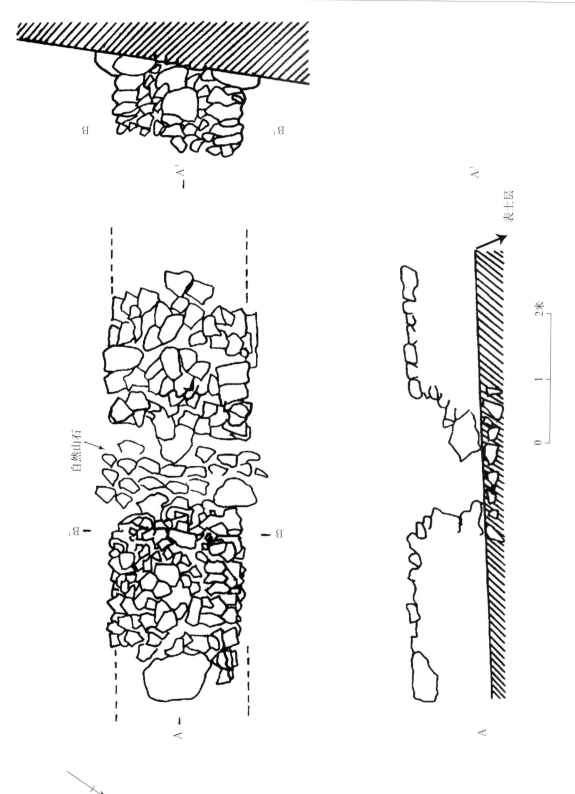

图一七八 2011年度平峰山边墙10段墙体发掘平、剖面图

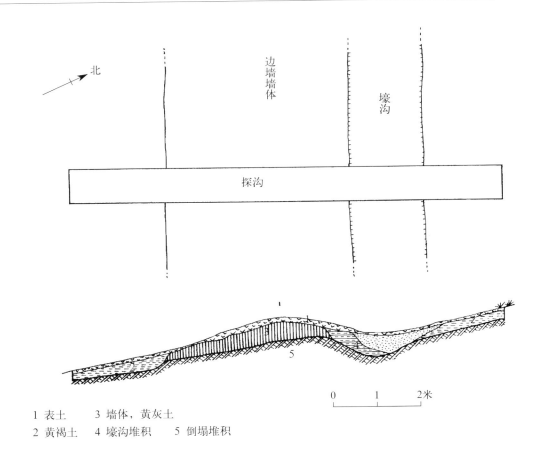

　　　　1 表土　　　3 墙体，黄灰土
　　　　2 黄褐土　　4 壕沟堆积　　5 倒塌堆积

图一七九　　2011年度水南边墙墙体发掘位置及平、剖面图

其年代应早于边墙修筑的年代，属延边地区青铜时期的遗物（图一八〇；图版九六）。

水南关　位于图们市长安镇磨盘村水南屯东南3100米处。平面呈方形，方向140度。墙体以石块垒砌，周长89米，东南墙中央有一处宽1.5米的门址。关的东南角及西北角与边墙的墙体连接。由于此关远离村屯，地处茂密的山巅，所以保存较好。关内杂草丛生，间有一些高矮不等的树木。清理杂草后，在近门址处布置宽1米，长22米探沟1个。表土下有5至10公分厚的文化层，在文化层中出土了泥质灰陶片和圆唇卷沿陶罐口沿等器物残片。另外，在关的西南墙根处发现了一段石墙，推测其应为一处地穴式或半地穴式房屋建筑。考虑到当年的考古发掘面积已完成，并且为了保存它的完整性，以便做规划后更好地保护和利用好这一珍贵遗迹，便停止了本年度的挖掘工作（图一八一；图版九七）。翌年，在此房内出土的1件重唇筒形罐具有典型渤海早期陶罐特征[14]（图版九八，3）。

平峰山堡　位于延吉市西北某空军雷达站东300余米，平面近方形，方向180度。堡墙东西长39米，南北长42米，周长162米。墙体四角均有角楼，墙外侧有护城壕，南墙中部是一门址。堡内中轴线偏北部有一凹字形建筑基址。为了解该城遗存的具体情况，首先对城中建筑基址进行了试掘，布置10×10米探方3个。该建筑基址文化层单一，揭除表土后即裸露出残存的石砌墙体和灶址，烟道等遗迹，在清理灶址时发现了子弹夹、墨水瓶等遗物，在清理房址的地面上还发现了玻璃碎片。发掘清理出土遗物证明这是一处现代遗址。该遗址下为原生土，未见其它时代文化层。

　　为近一步了解该堡性质、年代及构筑方式，于城内偏南处布东西向贯通城池及西墙的2×35米探

图一八〇 2011年度平峰山关发掘探方位置图及平、剖面图

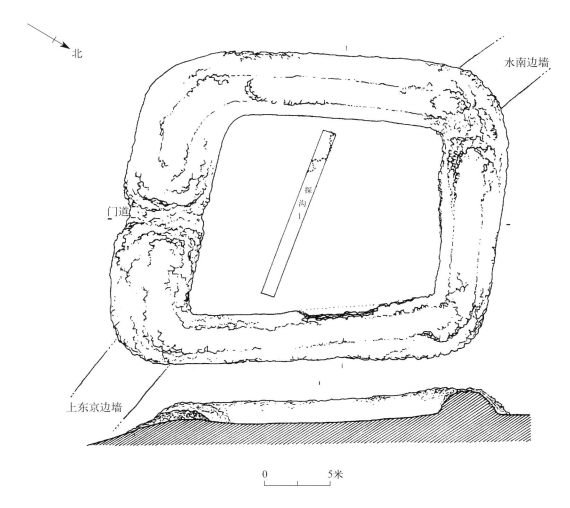

北

水南边墙

门道

探沟1

上东京边墙

0　　　　5米

图一八一　2011年度水南关发掘探方位置图

沟1个；在西南角角楼上布置东西向2×12米探沟1个、南北向2×12米探沟1个。堡内探沟的表土层下即为原生土，探沟内未见任何时代的遗物。墙体探沟表明堡墙为土筑，夯层不明显，从而更正了调查时墙体为石筑的认识，角楼亦为土筑，平面近圆形，剖面呈锅底状，底径1.5米、高0.5米。通过考古发掘，可以确认堡内北部建筑为现代遗存，但此堡的修筑年代，还有待全面进行更深入细致的考古工作（图一八二）。

平峰山烽火台3号　　位于平峰山堡东墙西侧20米。平面近圆形。台体半径11米，现高4米。此次发掘在台体西北部布置10×10米探方1个，占台体平面的1/4。清理前这里树木丛生，揭除表土后，台体自上而下裸露出堆放的大小不等的自然石块。为了尽可能不破坏台体原貌，选择台体北侧中央再次布置1×25米探沟1个。通过探沟断面，可以清晰看到台体的建筑形式。此台修筑于一略凸起的地表之上，底部铺一至二层石块，然后中央填土夯实，最后整体再堆放一至二层石块。台体顶部较平整，剖面为梯形，与调查时记录的剖面呈半圆形是不同的。此台南14米是平峰山边墙15段墙体。（图一八三；图版九七，2；九八，2）

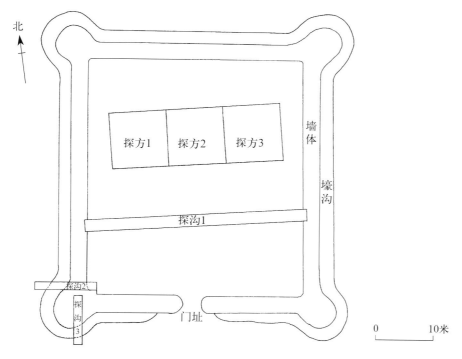

图一八二 2011年度平峰山堡发掘探方、探沟位置图

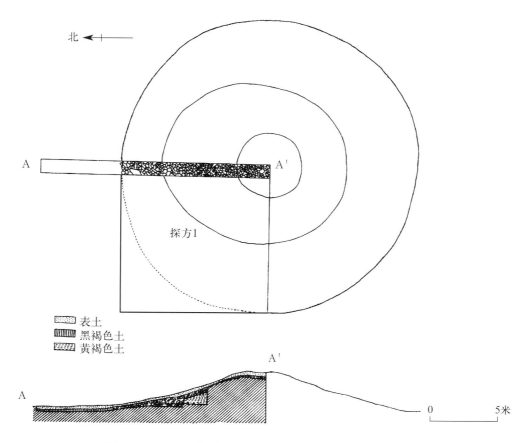

表土
黑褐色土
黄褐色土

图一八三 2011年度平峰山烽火台3号发掘平、剖面图

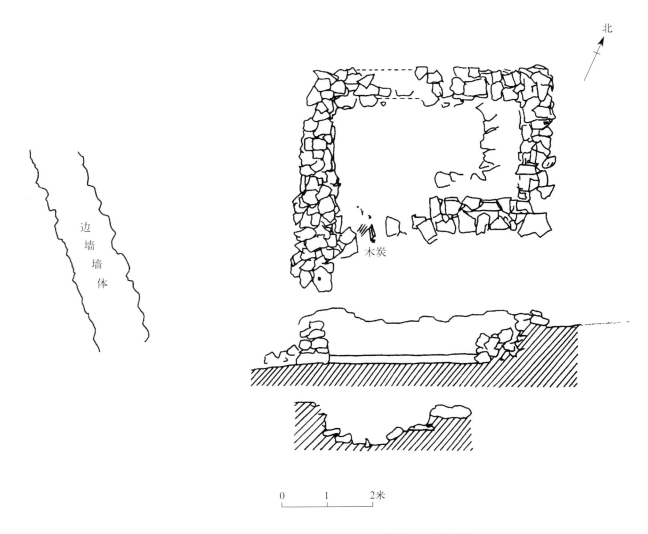

图一八四　　2011年度平峰山铺舍发掘平、剖面图

平峰山铺舍　　位于延吉市某部空军雷达站西南950米。该铺舍是在补充调查时发现的。铺舍形制清晰，平面为长方形，方向165度。四周残存墙体以毛石干垒修筑而成。石墙上宽0.7米，底宽0.8~1.5米，残高1~1.5米，东西长5.5米，南北宽4米，面积为22平方米。在东墙体的南端有一宽2米的门道。此次发掘清理了铺舍房内堆积，但没有发现任何遗物。另外，还对铺舍东北8米处的疑似马圈进行了试掘，布置1×8米探沟1个，也没有发现相关遗迹、遗物。（图一八四；图版九八，1）

　　此次发掘收获颇丰。一是弄清了平峰山堡的墙体及角楼的构筑方式，将城内建筑基址界定为现代遗存；并且根据城内探沟获取的信息可知，此堡存年较短，至于始建何时，还有待于对堡址进行全面揭露及进一步的研究。二是弄清了石筑边墙和土筑边墙的结构。三是水南边墙出土的陶器口沿以及水南关出土的具有渤海早期特征的陶罐，为确定延边边墙的修筑年代，提供了珍贵的实物资料。

三、延边边墙调查数据统计及分析

（一）延边边墙本体数据统计及分析

延边边墙分为丘陵边墙和山地边墙。丘陵边墙长69282米，山地边墙长45102米，主线总长度为114384米。现存墙体丘陵边墙长44316米，山地边墙长35375米，占边墙主线长度的69.67%；消失墙体丘陵边墙长24966米，山地边墙长9727米，占边墙主线长度的30.33%。

从数据上看，延边边墙墙体的材质类别包括土墙、石墙、山险、河险四大类。其中，丘陵边墙土墙长63788米，山地边墙土墙长38460米，土墙所占的比重最大，约占边墙总长度的90%；丘陵边墙石墙长3594米，山地边墙石墙长4695米，约占边墙总长度的7%；山险、河险所占的比重较小。

从保存状况上看，保存较好的墙体约占边墙总长度的三分之一，其中与丘陵边墙相比，山地边墙保存较好的墙体要多些。此外，土墙保存较好的段落是在墙体两侧或一侧有壕沟地段；石墙保存较好段落是在石墙两侧石块较大、基础稳定、形制规整地段。墙体消失部分占边墙总长度的三分之一，其中丘陵边墙消失24966米，山地边墙消失9727米。破坏的原因，主要是墙体本身受到温差、风雨侵蚀、植物生长、石块脱落坍塌、河流和洪水冲击等自然因素以及受到耕地、取土、修道、水利建设、放牧、人畜踩踏等人为因素（见表1、表2、表3）。

表1　延边边墙墙体长度统计表

边墙段落	分布县（市）	边墙长度		合计	现存墙体长度		合计	消失墙体长度		合计	备注
		丘陵边墙	山地边墙		丘陵边墙	山地边墙		丘陵边墙	山地边墙		
图们至和龙段	图们	8030	16250	24280	4130	14701	18831	3900	1549	5449	
	延吉	21802	13671	35473	13291	9313	22604	8511	4358	12869	
	龙井	16920	6658	23578	10465	6558	17023	6455	100	6555	
	和龙	8310	6630	14940	5210	3210	8420	3100	3420	6520	
窟窿山段	图们	0	1893	1893	0	1593	1593		300	300	独立墙体
珲春段	珲春	14220	0	14220	11220	0	11220	3000		3000	
总　计		69282	45102	114384	44316	35375	79691	24966	9727	34693	

表2　延边丘陵边墙墙体保存状况统计表

现状 ＼ 类别	较好	一般	较差	差	消失	合计
土墙	9779	8581	14987	5962	24479	63788
石墙	1990.5	174	769.5	173	487	3594
山险	1500	0	0	0	0	1500
河险	0	400	0	0	0	400
总计	13269.5	9155	15756.5	6135	24966	69282

表3　延边山地边墙墙体保存状况统计表

现状 ＼ 类别	较好	一般	较差	差	消失	合计
土墙	17047	8431	3309	188	9485	38460
石墙	2725	896	383	449	242	4695
山险	1218	729	0	0	0	1947
河险	0	0	0	0	0	0
总计	20990	10056	3692	637	9727	45102

（二）延边边墙关堡数据统计及分析

根据上述统计，分析如下：

从建筑形制上看，关堡平面大都为长方形或方形，有4座关堡有门址，为东门或南门，有1座关堡有4个角楼。城墙土石混筑或石块垒砌，墙体外侧有壕沟。

从保存状况看，整体较好。原因是关堡所在的位置海拔较高，处于山体中，远离居民住所和生产生活地带，只是受一些自然因素的干扰破坏。

从分布位置看，关堡均分布在边墙墙体内侧的沿边一线，与边墙墙体相隔不出百米，中间又修筑若干烽火台来策应守备和传递信息（见表4）。

表4　延边边墙关、堡统计表

名称	平面形状	周长（米）	面积（平方米）	现存门址	现存角楼	主要历史设施	修建年代	保存状况
平峰山关	长方形	56	180	1	无	蓄水池1座		一般
平峰山堡	方形	162	1638	1	4	建筑址1座		较好
双凤堡	长方形	22	30	无	无	水井1座		一般
水南关	方形	89	500	1	无	无		较好
图们微波站关	方形	88	500	1	无	无		较好

（三）延边边墙单体建筑数据统计及分析

此次调查中，我们获得了有关延边边墙烽火台和其他单位建筑的较为详细、具体的统计数，据资料，使我们对其有了更深入的了解。

从建筑材质上看，烽火台以土石混筑为主，石筑的甚少。土石混筑烽火台共84座，其中丘陵地带39座，山地地带45座，约占总数的97.7%；石筑烽火台2座，占总数的2.3%。

从平面形制上看，丘陵地带和山地地带的烽火台都以圆形为主，共78座，约占总数的90.7%；椭圆形7座，约占总数的8.2%；矩形1座，约占总数的1.1%。

从保存状况看，保存较好的共31座，其中丘陵地带8座，山地地带23座，约占总数的36.1%；保存一般的共39座，其中丘陵地带24座，山地地带15座，约占总数的45.3%；保存较差的共16座，约占总数的18.6%。

根据统计数据可以分析如下：

延边边墙调查发现的其他单体建筑均为铺舍，均位于山地边墙地带，共3座。和龙五明东山铺舍、图们微波站铺舍为土石混筑，平峰山铺舍为石筑。三座铺舍皆为矩形，保存较好，并且紧邻于边墙墙体（见表5～见表8）。

表5　延边边墙烽火台统计表

分布区域	丘陵地带				山地地带			
	平面形状	材质		合计	平面形状	材质		合计
		石	土石			石	土石	
图们	圆形		5	5	圆形		21	21
	矩形			0	矩形			0
	椭圆形			0	椭圆形		5	5

	圆形		10	10	圆形	1	9	10
延吉	矩形			0	矩形			0
	椭圆形			0	椭圆形		2	2
	圆形		12	12	圆形		3	3
龙井	矩形			0	矩形			0
	椭圆形			0	椭圆形			0
	圆形		5	5	圆形		5	5
和龙	矩形	1		1	矩形			0
	椭圆形			0	椭圆形			0
	圆形		7	7	圆形			0
珲春	矩形			0	矩形			0
	椭圆形			0	椭圆形			0
总计		1	39	40		1	45	46

表6　延边边墙烽火台保存状况统计表

分布区域	丘陵地带				山地地带			
	保存情况	材质		合计	保存情况	材质		合计
		石	土石			石	土石	
图们	较好		3	3	较好		17	17
	一般		1	1	一般		5	5
	较差		1	1	较差		4	4
	差			0	差			0
	消失			0	消失			0

延吉	较好		1	1	较好		4	4
	一般		7	7	一般	1	5	6
	较差		2	2	较差		2	2
	差			0	差			0
	消失			0	消失			0
龙井	较好		2	2	较好		2	2
	一般		8	8	一般		1	1
	较差		2	2	较差			0
	差			0	差			0
	消失			0	消失			0
和龙	较好		1	1	较好			0
	一般	1	3	4	一般		3	3
	较差		1	1	较差		2	2
	差			0	差			0
	消失			0	消失			0
珲春	较好		1	1	较好			0
	一般		4	4	一般			0
	较差		2	2	较差			0
	差			0	差			0
	消失			0	消失			0
总计		1	39	40		1	45	46

表7　其他单体建筑—铺舍　统计表

平面形状 ＼ 材质	石	土石	合计
圆形	0	0	0
椭圆形	0	0	0
矩形	1	2	3
不规则形	0	0	0
不清	0	0	0
总计	1	2	3

表8　其他单体建筑—铺舍　保存状况统计表

保存状况 ＼ 材质	石	土石	合计
较好	1	2	3
一般	0	0	0
较差	0	0	0
差	0	0	0
消失	0	0	0
总计	1	2	3

四、延边边墙现状评估

（一）延边边墙文物自然风貌及人文环境现状评估

1．延边边墙自然风貌现状评估

延边边墙自然风貌现状，按照边墙分布的地理、地貌特点可分为山地边墙和丘陵边墙。

延边州山地面积比重大，约占全州总面积的80%。分为长白山火山区、张广才岭山区、老爷岭山区、牡丹岭—南岗山区等。山岭蜿蜒起伏，层峦迭嶂，森林茂密。山体高大完整，主要由花岗岩、各种片岩和玄武岩等组成。

延边的丘陵地带,分布在山地边缘,走向散乱,海拔均在300—500米之间。在重叠起伏的山脉之间,湍流着许多江河,在其两岸分布着大小不一的河谷盆地。主要公布在西部地区和东南部地区。较大的有牡丹江、布尔哈通河、海兰江、珲春河、嘎呀河等河谷盆地。

边墙本体面临的自然破坏因素主要包括:植物根系扰动、物理风化、雨水冲刷等。在外部环境作用下,墙体主要存在两种病害——坍塌和缺失。但沿线的自然环境保存良好,基本未受到大规模人类活动的干扰,整体保存较好。

2. 延边边墙人文环境现状评估

延边边墙跨越延边州五个县(市),穿行在山岭和丘陵地带,其间经过了多个乡镇和村屯,大部分穿行在丘陵地带的墙体在耕作用地上,另外体量较大的通信基站、高压走廊和无序架设的低压线网等也跟墙体存在于同一区域。因此我们认为,农业耕作、挖土取石、人畜踩踏、占压、盗掘等成为人为破坏边墙的因素。但是边墙目前尚未经过过多的人为修补,其材料、结构、形态的真实程度较高,保存现状具有真实性。

(二) 延边边墙遗存本体现状评估

1. 延边边墙墙体现状评估

经此次调查并确认的延边边墙为114.384千米。由于自然和人为的破坏,许多边墙墙体已经消失或损坏严重。经调查,确认有效墙体约79.691千米,其中土墙约68.284千米,石墙约7.56千米,山险约3.447千米,河险约0.4千米。调查消失墙体约34.693千米。

在现存墙体中,土墙总长102.248米,其中保存较好的26826米,一般17012米,较差18296米,差6150米,消失33964米。石墙总长8299米,其中保存较好的4715.5米,一般1070米,较差1152.5米,差622米,消失729米。山险共8段,总长3447米。河险1段,总长400米。

延边边墙现状,从保存程度上看,可分五类:

1类,保存较好。此类边墙遗迹能基本保留原来的形态,通过解剖墙体可以明确看出边墙遗迹的修建方法、结构特征、平面形制等。属于此类的边墙墙体,墙基、墙体保存比例一般占到3/4以上,如上东京边墙,平峰山边墙7、8、9段,小灰洞边墙等。此类保存较好的边墙墙体,在延边边墙墙体总量中占近1/3。

2类,保存一般。此类边墙保留部分遗迹,能根据遗迹可以辨别出类别、属性、功能等。此类边墙墙体,墙基、墙体保存比例在1/4—3/4之间,图们清茶馆边墙,龙门边墙,图们微波站边墙等属于此类。

3类,保存较差。此类边墙仅残留一点遗迹,墙体设施基本无存,墙基、墙体保存比例在1/4以下。

4类,保存差。此类边墙仅留存地面土坎或散落堆石痕迹,濒临消失。不能明显看出其结构、类别,烟河边墙等属于此类。

5类,消失。此类边墙地面遗迹已经无存,有的周围环境也基本改变。本次调查只能从文献记录、乡民介绍和相邻墙体或烽火台的遗迹中推定其地理坐标和走向布局。双凤边墙1段、吉成边墙3段等属于此类。

延边山地边墙墙体共45102米。其中保存较好的20990米,保存一般的10056米,保存较差的3692米,保存差的637米,消失的9727米。保存较好的墙体类别为山险、石墙及部分土墙。这主要与本地区的地形、地势和人为活动密切相关。这些山险、石墙段落多为山高林密，人迹罕至地段，包括图们上东京边墙，土墙保存的较好也是这个原因。另外，消失比较多的墙体类别为土墙，主要是因为居民修路、耕作及自然水土流失等对墙体造成毁灭性的破坏，甚至使之消失。

　　延边丘陵边墙墙体共69282米。其中保存较好的约13269.5米，保存一般的9155米，较差的15756.5米，保存差的6135米，消失的24966米。这种状况的形成与本地的自然环境和人文环境同样是分不开的。有的段落远离村落，人迹罕至，所以保存较好。如小灰洞边墙、明岩边墙；有的段落山势陡峭，如平峰山边墙2段（山险），所以保存较好；有的地段地势相对低平，交通发达，与居民相距较近，人们的生产、生活活动对其破坏则较严重，甚至使之消失。如烟河边墙，修筑在地势低平的地面上，由于附近的村镇建设、修路、居民生产生活影响导致墙体地表消失。

2．延边边墙关堡现状分析

　　此次调查的延边边墙关堡共5座。其中保存较好的3座，保存一般的2座。这种保存状况的形成与延边边墙关堡的地理位置及建筑材质有关。

　　延边边墙关堡基本都是建在地势较高的山顶处（有四座建在山顶），山高林密，人迹罕至，并且关堡都是以石块构筑，人们的日常生产生活对其造成的破坏较少。但是由于长期风雨侵蚀及周边树木发达的根系破坏墙体，已使关堡的墙体部分坍塌，石块脱落。

3．延边边墙烽火台现状评估

　　此次调查，延边共发现烽火台86座，其中石筑2座，土石混筑84座。

　　烽火台保存较好的有31座，一般的有39座。这是因为多数单体建筑在山顶处，且都以石构筑，土质较少，山高林密，人迹罕至，人们很少登爬和进行采掘、耕作等生产活动。

　　保存较差的16座，这些烽火台所处地势不高，距人们居住地较近，或在耕地区，另改建电塔、发射塔等。人们的生产、生活对其产生的破坏作用明显（见表9）。

表9　延边边墙烽火台保存情况统计表

保存状况 ＼ 材质	石	土、石	总计
较好	0	31	31
一般	2	37	39
较差	0	16	16
差	0	0	0
消失	0	0	0
总计	2	84	86

4.延边边墙其它单体建筑—铺舍现状评估

　　此次调查延边边墙共发现三处铺舍，其中石筑1处，土石混筑2处。整体保存较好。分析后可知铺舍都是在地势较高、植被密、交通不便、人迹罕至之地，且都是以石构筑，土质较少，人们的日常生产、生活对其影响不大，但是由于长期风雨侵蚀，已经出现墙体坍塌、石块脱落现象。

（三）延边边墙的保护与管理现状评估

　　延边边墙遗存属新发现大型线型遗存，并且跨延边州辖境内的五个县市，状况较为复杂，"四有"工作由延边州文物保护中心统一管理。存在着人员少，工作强度大，资金不足，虎线过长，体制、机制等方面部题，下一步我们将积极争取国家文物局批准相关规划和保护方案，加大宣传力度。提高社会对延边边墙遗存重要历史价值和文物价值的认识，才能更好地保护与展示延边边墙的文物遗迹和文物环境风貌，更好地与地方经济发展相结合，与城乡建设相结合，与改善环境相结合，充分发挥大遗址保护和改善民生的积极作用。

第三章　结语

一、对延边边墙分布与走向有了全新认知

（一）以往对延边边墙的分布认知分为两大段

　　珲春境内为一段。此段的边墙发现较早，是这样描述的："边壕，珲春北境东自中俄分界之分水岭起（拉字界牌北）有边墙一道。向西北行每隔十里有土筑堡垒一，或双垒并峙，高约丈许。其基广一丈五六尺，又自勇智乡（今哈达门乡）洛特河子山起，并见边墙蜿蜒，堡垒接续，至兴仁乡（今英安镇）之水湾子随山高下，值高山之顶，常有巨垒其上。更向西北，在德惠乡（今密江镇）方面，又有壕堑，深约六七尺三四尺不等，堑左犹存边墙形。由密江屯迤西，至珲春与汪清县界之黑滴达（今凉水镇迤东路边石砬子处，即龙虎石刻旧址附近），循图们江江岸山岭西南，筑有石墙，高及丈许，远至汪清县界之孤山子北，凉水泉子街始尽。又石头河子窟窿山顶亦有土筑边墙，迤逦而西至延吉县境。上述墙堡，是否互相联属，以年久湮没，若断若续，难以指认。[15]"

　　1984年编写《珲春县文物志》文物普查队亦对上述记叙的边墙进行了局部调查，认为边墙"东从哈达门乡和平村西山经过涌新、涌川，再经镇郊的东大人沟新地方，直至英安镇关门咀子西山，大致东西向横跨三个山岭，三个沟，总长约50华里。[16]"

　　和龙至延吉境内为另一段。此段是上世纪八十年代初才被发现的。1983年至1985年，为编写延边州各县市文物志，和龙、龙井、延吉三个县市在各辖区进行文物普查的同时，对边墙的部分段落展开了实地调查。当时认为延边边墙的走向是：西起和龙县八家子乡东山村二道沟的山坡，向北穿越土山、西城、龙门三乡，横跨亚东水库，进入龙井县（今龙井市）境内的细鳞河乡，经桃源、铜佛、朝阳川三个乡镇之后，进入八道乡，然后在八道乡的互助东折，延伸至延吉市的烟集、兴安乡、最后到达龙井长安镇（今属图们市辖区）鸡林北山[17]。

　　1984年、1985年，文物爱好者，时任延边日报社记者徐学毅历时十天行程约六七百里，对和龙、龙井、延吉三个市县境内的延边边墙进行了徒步考察。他在其《延边古长城考察报告》中认为延边边墙由西向东经过的地方是："和龙县土山乡东山村—西城之西北山—亚东水库—和龙县人参场—龙井县细鳞河果树农场—日新乡边墙村—日新乡小辉洞村—小北村第一小队—小北五队—老头沟镇桃源乡之东山—桃源乡官船三队—铜佛乡小水村六队、七队—吉成水库—八道乡馒头山—双凤村四队—延吉市烟集乡台岩七队—台岩二队—新岩一队之南山—兴农村之南山—龙井市长安镇广济村清茶馆。"全长约三百余里[18]。

　　由于延边境内两段边墙发现的时间相隔半个多世纪，所以调查者只依据自己了解的段落进行了介绍，并没有宏观地去考察延边边墙的分布与走向。

（二）此次调查结果表明现存延边边墙可分为三段

　　延边边墙分布于和龙、龙井、延吉、图们、珲春五个市（县），呈"厂"形走向。分为：和图段、窟窿山段、珲春段。全长114千米，其中101千米为此次调查新发现的长度。

　　和图段：

　　始于和龙市土山子镇东山村北侧的五明东山顶部，为延边边墙的起点，墙体沿山脊东北行，经明岩村、蜂蜜河，跨亚东水库，过龙门人参场后进入龙井市境内的日新村，再行经大西屯、北古屯、光新村、官船村、昌盛屯，然后入延吉市境内的八道镇，沿小八道沟、朝阳河、双凤村而行，墙体自双凤村折拐东向，伸展至平峰山、依兰镇、兴农村，穿烟集河谷奔清茶馆，再越布尔哈通河筑于图们市境内磨盘村之南的耸山峻岭之中，经月晴镇、微波站抵于布尔哈通河与嘎呀河交汇处的曲水六队[19]。此段边墙全长98271米。

　　窟窿山段：

　　此段边墙为本次调查新发现的一段独立墙体。起于图们市凉水镇河西村南侧山麓，止于窟窿山顶部，呈东南—西北走向。全长1893米。

　　珲春段：

　　起于珲春市英安镇关门咀子村东北1900米处，墙体向东接于新地方村，消失于哈达门镇涌泉村。呈东西走向。全长14220米。

　　此次开展的延边边墙实地踏查，是在前人工作的基础上，本着将延边境内边墙视为统一整体的理念，对已知和未知的延边边墙进行了全面科学的实地勘察，不仅拓展了延边边墙的分布范围，而且第一次弄清了延边边墙的走向。

二、新发现一批与延边边墙相关遗存

　　虽然延边边墙的某些段落墙体被学者收录到不同时期的文章中，但与墙体密切相关的附属设施学界则知之甚少。因此，本次调查在勘察墙体分布和走向的同时，将边墙附属设施的勘察列为重点工作，收获颇丰。经查实，延边边墙沿线附属设施共计94处，其中堡2座、关3座、铺舍3座、烽火台86座。

　　和图段有：和龙市龙门1～4号烽火台、明岩1～2号烽火台、五明东山1～5号烽火台、五明东山铺舍，龙井市昌盛烽火台、官船1～号烽火台、官道1～4号烽火台、北谷屯1～3号烽火台、小灰洞1～2号烽火台、日新1～3号烽火台，延吉市清茶馆1～3号烽火台、烟河烽火台、平峰山1～4号烽火台、双凤1～7号烽火台、互助1～2号烽火台、石山1～3号烽火台、吉成1～2号烽火台、平峰山铺舍、平峰山堡、双凤堡、平峰山关，图们市清茶馆1～5号烽火台、水南1～6号烽火台、上东京1～8号烽火台、微波站1～9号烽火台、曲水1～3号烽火台、微波站铺舍、水南关、微波站关。

　　珲春段有：关门咀子1～3号烽火台、新地方1～2号烽火台、涌泉1～2号烽火台。

　　上述相关遗存绝大部分为首次发现，为全面了解延边边墙整体构筑情况，以及进一步确认延边边墙的年代与性质，提供了珍贵的科学依据。

三、延边边墙整体特征

通过此次进行的延边边墙调查工作，使我们对延边边墙的整体特征有了比较全面的了解。

延边边墙墙体修筑在山地和丘陵地带。

山地的边墙一般在海拔125～692米之间的山坡上，主要分布在和龙市北部、龙井市西北部、延吉市西北部，以及图们市西南、东北部。

丘陵地带的边墙，一般修筑在海拔300～500米之间的河谷盆地边缘，主要分布在延吉市北部、图们市西部、龙井市西北部的部分地区、和龙市北部部分地区，以及珲春市的北部。

延边边墙墙体外侧多是重峦叠嶂的山脉，内侧是珲春盆地、延吉盆地、海兰江平川。

延边边墙墙体按类别可分为土墙、石墙、山险等。墙体均为自然基础，根据构筑方式不同，有土筑、土石混筑、毛石干垒等。

土墙及土石混筑墙体，多选择在石材不多的丘陵地带及山坡上建筑，为挖壕中之土向一侧堆积，略经夯实形成一墙一壕的结构，个别段落有两侧取土，堆积成突出地表的单道墙体结构。一般墙体上部宽2～4米，下部宽4～8米，高1～2米。壕沟一般宽约2米，个别地点能达到4～5米，深约0.5～1.5米。

石墙多修建在石材较多的山坡上，采拾附近较大的毛石干垒而成，石墙砌筑较规整，一般上下同宽，约2米，现存高1米左右。石墙两侧未见壕沟遗迹。

山险是以自然形成的陡峭崖壁为天然屏障。

烽火台一般土石混筑，平面近似圆形或椭圆形，剖面多为半圆形或梯形。有的烽火台台体底部边缘有一环壕或半圆形壕。

关平面为方形或长方形，门道一般设在关的南墙，石筑。

堡平面为方形或长方形，门道辟于南墙中部，土筑。

延边边墙虽然也见堡、关、烽火台等相关设施，但与金界壕的形制还是有区别的。如，金界壕的主要特征之一是墙体外侧修筑高出30～50厘米的半圆形土台，而延边边墙不见此遗迹。再如，金界壕在交通要隘处，界壕上兴修关隘，控制墙体内外通行，然而此类戍堡遗迹也是延边边墙所没有的[20]。

四、延边边墙修筑年代及性质

关于延边边墙的修筑年代及性质，以往主要有：金代修筑，与高丽争界及与高丽长城又峙说；渤海修筑，是渤海中京的卫城说；渤海始建，东夏国沿用，是蒲鲜万奴为抵挡蒙古铁骑入侵而改建沿用的军事防御工事说；东夏国修筑，为防御西北宿敌耶律留哥而修筑的长城说；汉魏时期高句丽所建，其目的是为防御挹娄人南侵沃沮人说；高丽王朝修筑与金代对峙说等等。

关于延边边墙何时修筑，又为何修筑，目前学界显然尚未达成共识，其原因主要是对延边边墙知之甚少。一方面是许多学者并未对延边边墙进行过实地调查，另一方面则是缺少发掘出土的文物做为实证。下面通过此次实地调查结果及水南关发掘出土的陶器等所获取的多层面信息，对以上诸说逐一分析，并谈一下我们的认识。

1. 关于延边边墙修筑于金代说。上世纪二十年代，魏声和在《珲春古城考》一文中认为：延边边墙乃系"金源之兴，与高丽争界，此实当交战之冲，古垒纵横，即其遗迹云"[21]。吉林省已故著名历史地理学者李健才先生力主此说。1987年李先生发表《东北地区中部的边岗和延边长城》，文章中根据《金史·世纪》《金史·高丽传》《东周兴地胜揽》《金史·太祖本纪》《金史·太宗本纪》《金史·蒲察世杰传》等相关文献记载，并结合延边边墙的走向、相关遗迹指出：今延边长城和高丽所筑长城南北相对，金章宗时，又挖掘界壕，东接高丽，以防高丽的再次进攻，并且依据延边边墙形制和西部金代界壕边堡类同的情况，认为延边边墙这一巨大工程和重要历史遗迹的建置年代，只有金代[22]。

上世纪二十年代，魏声和只知有珲春边墙，不知其西还有和图段边墙，如果先生了解延边边墙呈"厂"形分布，而且是抵御北部的防御工事，或许就不会认为延边边墙是金代修筑的了。李健才先生并没有对延边边墙进行过实地调查，先生并不了解延边边墙的构筑方式，实际延边边墙与西部金代界壕的区别是相当明显的。因此，延边边墙修筑于金代的说法很难成立。

2. 关于延边边墙是渤海中京卫城说。朴龙渊认为，延边边墙就整体来说它围绕头道平原和延吉平原的西部和北部，这些平原的南部有松月山城等诸多山城，边墙附近又有细鳞河日新遗址等多处渤海遗址，边墙附近的交通要道还有"獐项古城"等。因此，从地理位置和渤海遗址的分布情况此边墙可能是渤海中京的卫城"[23]。

朴先生这一认知的错误，主要是对延边边墙的整体分布尚不明确。此次调查显示延边边墙并不仅仅是围绕头道平原和延吉平原修筑的，这段边墙只是延边边墙的一部分，边墙亦没有在鸡林处消失，而是向东伸展至布尔哈通河与嘎呀河交汇的河谷。再往东还有窟窿山段、珲春段。那么在此线体的北部就不仅是渤海的中京，还有珲春平原内的渤海东京等等[24]。所以，延边边墙是渤海中京卫城的意见值得考量。

3. 关于延边边墙渤海始建，东夏国改修沿用说。王慎荣、赵鸣岐依据1986年樊万象《牡丹江边墙调查简报》提出的"牡丹江边墙，可能始建于渤海，东夏国又改修沿用"一说，认为不仅牡丹江边墙为东夏利用渤海边墙并加固修整，就是珲春长城和延边长城（即和龙、龙井、延吉、图们境内边墙），亦属渤海所建，后为东夏所用[25]。

1990年陈相伟先生在其发表的《考古学上所见东夏国文化遗存》中也认为延边边墙"确系在渤海旧有城防设施上，蒲鲜万奴为抵挡蒙古铁骑入侵而改修沿用的军事防御工程。[26]"

牡丹江边墙的形制更接近于金界壕，而与延边边墙差别较大，两者不能混为一谈，这是其一。另外，我们在水南关内没有发现晚于渤海的遗存，也没有后人改造再利用的痕迹。可见，延边边墙为渤海始建，东夏国沿用的见解只能是作者推测。

4. 关于延边边墙修筑于东夏国时期说。徐学毅认为："延边古长城是东夏国西北与耶律留哥分土的疆域。并提出了五点论据。一是城子山山城（即磨盘村山城）是东夏国国都，其城垣形制与存高均与古边墙相同。二是古长城的烽火台与城子山山城北部毗连的浴池山山顶烽火台相连，这表明敌人侵袭的警报通过烽火台可以从边疆一直传达到东夏国的军事、政治中枢。三是发现的十七个烽火台大都是在古长城的南侧，因此长城是防御西北宿敌耶律留哥的。四是延边古长城之所以不见于史料，主要因为东夏短命。五是长城的修筑当于东夏国的兴亡相始终，东夏国被蒙古人灭亡之后，长城迅速失去了防御的功用，湮没在世纪之风雨中[27]。

在没有对水南关进行发掘前，由于在延边边墙分布内侧的头道平原内有金代东古城，延吉盆地东部有东夏国南京治所—磨盘村山城，珲春平原中有出土多方东夏国官印的斐优城，以及在历次边墙调查中并没有发现可以确认年代的文物，所以2010延边边墙调查结束后的一段时间，我们也曾将边墙的始建年代推定为东夏国时期，直到其后水南关的发掘，出土了具有渤海早期特征的陶罐，才纠正了以往的认知。

5．关于延边边墙为汉魏时高句丽所建说。1985年，由吉林省文物志编委会主编的《延吉市文物志》，在古长城条目中罗列了三种意见，其中一说是高句丽王朝为防御挹娄人南侵驱赶沃沮人所筑[28]。

汉晋时期，延边东部是沃沮人的腹地，北沃沮人遗存已被学界命名为团结文化，其北部疆界已达黑龙江东宁绥芬河流域[29]。因此，这种观点一直未见有人赞同。

6．关于延边边墙高丽王朝修筑说。1984年，由吉林省文物志编委会主编的《龙井县文物志》在长城遗迹条目中举了三种见解，其中一种见解认为，东古城是曷懒路治所，所以"高丽王朝曾占领曷懒甸修九城，有可能是高丽王朝的长城。"[30]

东古城是一座金代古城无疑，但是否是曷懒路治所，还有待考古工作的开展和进一步的考证。据《中国历史地图集》释文汇编（东北卷），金曷懒路治所是在今朝鲜咸镜南道咸兴南五里处的古城。可见高丽修筑九城地域并不在延边边墙一线，那么，延边边墙当然也就不可能是高丽王朝的遗存。

总之，根据延边边墙总体分布与走向，以及其独有的构筑特征和水南关发掘出土的文物，我们认为延边边墙修筑于渤海早期，其性质是渤海建国早期为防止尚未征服北部靺鞨部落的侵扰修筑的军事防御工程。

注释

[1] [21] 魏声和《珲春古城考》，《东北月刊》第十五期。

[2] [17] 《和龙县文物志》，1984年。

[3] [8] [30] 《龙井县文物志》1984年。

[4] [28] 《延吉市文物志》，1985年。

[5] [16] 《珲春县文物志》，1984年

[6] [10] [18] [27] 徐学毅：《延边古长城考察报告》，《东疆学刊》1986年第二期。

[7] [15] 魏声和《珲春古城考》，《东北丛丛》第十五期。

[9] [23] 朴龙渊《关于渤海中京问题的商榷》，《延边文物资料汇编》，1983年。

[11] [26] 陈相伟《考古学上所见东夏国文化遗存》，《东疆研究论集》，吉林文史出版社1992年。

[12] [25] 王慎荣、赵鸣岐：《东夏史》，天津古籍出版社，1990年。

[13] 李治廷编，中州古籍出版社出版的《中国边疆通史·东北通史》2003年。

[14] 2012年水南关发掘资料详见《吉林延边边墙水南关》，待刊。

[19] 图们市境内的这段边墙，是此次边墙调查的新发现。

[20] 李逸友《金界壕：比长城更长》，《文物天地》2002年第4期。

[22] 李健才《东北地区中部的边岗和延边长城》，《辽海文物学刊》1987年第1期。

[24] 吉林省文物考古研究所 吉林大学边疆考古研究中心：《珲春八连城内城建筑基址的发掘》，《考古》2009年第6期。

[29] 李强《沃沮、东沃沮考略》，《北方文物》1986年第1期。

第五部分　附录

吉林省长城资源调查大事记

2010年3月，经国家文物局批准，吉林省正式加入国家长城保护工程项目组。吉林省文物局会同吉林省测绘局成立了吉林省长城资源调查工作领导小组及办公室，办公室下设专家组和财务组，制定出台了《吉林省长城资源调查专项经费管理办法（暂行）》和《吉林省长城资源调查专项经费支出管理规定（暂行）》。

2010年3月，举办吉林省长城资源调查工作会议暨调查人员培训班。

2010年4月，吉林省长城资源调查田野工作正式启动。

2010年6月，吉林省长城资源调查工作领导小组办公室组织召开了田野调查中期汇报会。

2010年7月，国家文物局长城资源调查工作项目组及刘庆柱、唐晓峰、吴加安、荣大为等专家考察了吉林省境内的长城资源调查工作。听取了吉林省长城资源调查工作领导小组办公室的汇报，对吉林省长城资源重点段落进行了现场踏查。

2010年10月，吉林省长城资源调查田野工作全部结束。

2010年10月，吉林省长城资源调查工作领导小组办公室组织召开了吉林省长城资源调查资料整理工作会议。

2011年3月，开展了长城资源调查的省级验收工作，对调查成果进行了全面的验收。各调查队针对存在的问题又进行了校正和完善。

2011年5月，国家长城资源调查工作项目组组织相关专家对吉林省长城资源调查工作进行了检查验收，有关领导和专家听取了吉林省文物局的省级验收工作报告，审阅了调查资料，进行了现场考察，认为吉林省长城资源调查达到验收标准，通过国家验收。

2011年6月至9月，开展小规模考古发掘工作。

2012年4月，吉林省文化厅对吉林省长城资源调查工作进行表彰。

2012年7月，启动《吉林省长城资源调查报告》编写工作。

2012年8月，启动《吉林省长城资源保护规划》编制工作。

2013年9月，组织专家第一次评审《吉林省长城资源保护规划》。

2014年9月，编制完成《吉林省长城资源调查报告》（初稿）。

2014年10月，组织专家第二次评审《吉林省长城资源保护规划》。

2014年11月，《吉林省长城资源保护规划》上报国家文物局。

2014年12月，文物出版社中标《吉林省长城资源调查报告》出版项目。

2015年1月，组织专家评审《吉林省长城资源调查报告》（初稿）。

2015年2月，《吉林省长城资源调查报告》交付文物出版社。

后 记

　　《吉林省长城资源调查报告》终于和各位专家学者以及广大读者见面了。本书是国家长城资源调查项目的主要业务成果之一。

　　根据国家文物局、国家测绘局的统一部署，吉林省文物局、吉林省测绘局组织完成了吉林省境内的长城资源调查工作，取得了大量珍贵、详实的调查资料和数据，形成了各类测绘成果。

　　参加2010年田野调查及资料整理的有：丁原翔、于丹、王义学、王卫民、王万里、王新英、付小杰、孙东文、孙美晶、邢春光、石贵山、刘全乐、刘浩宇、佟有波、曲清海、李强、张恒斌、朴润武、朴明立、肖井惠、吴丽丹、吴铁军、郑增万、范青山、赵海龙、赵玉峰、高永洙、顾聆博、韩洋、崔文、潘晶琳同志。

　　参加2011年考古发掘及资料整理的有：丁原翔、于丹、王义学、王向、孙美晶、付小杰、李强、张恒斌、朴润武、刘岩、刘全乐、吴丽丹、吴铁军、范青山、赵海龙、姚启龙、顾聆博、韩洋、潘晶琳同志。

　　在完成田野调查的基础上，吉林省文物局成立了编辑委员会，启动了《吉林省长城资源调查报告》编写工作。参加调查的三个文物调查队由各队队长负责，对各队的调查资料和数据进行汇总，按照编写体例形成各自的初稿。吉林省长城资源调查工作领导小组办公室的韩洋、吴丽丹同志对各调查队提交的初稿进行了汇总、核对、校验、修订，并按照编写大纲进行认真梳理，完成了统稿和综合撰稿工作。

　　本报告第一部分、第五部分由于丹同志编写；第二部分由赵海龙同志编写；第三部分由王义学同志牵头编写；第四部分由李强、潘晶琳同志牵头编写；丁原翔、王卫民、王新英、孙美晶、白森、张恒斌、范青山同志参与撰稿工作；王卫民 朴润武 范青山 姚启龙 顾聆博 崔殿尧同志参与绘图工作；王义学 王卫民、邢春光、张恒斌、佟有波、范青山、顾聆博同志参与摄影工作。吉林省测绘地理信息局为本报告提供了测绘图纸、中国中建设计集团有限公司遗产保护研究中心提供了长城资源专题图和分布图。中国文化遗产研究院吴加安研究员、文物出版社葛承雍教授、辽宁大学陈山教授对报告文稿进行了专家审读。根据专家意见，数次修改文稿，吉林省文化厅副厅长、省文物局局长金旭东同志负责对报告文稿进行了终审。

　　本报告是集体智慧的结晶，感谢国家文物局对吉林省长城资源调查和报告编写的重视和支持，感谢国家长城资源调查项目组对报告的编写给予的帮助和指导。本报告得到文物出版社的大力支持，在此一并感谢！

　　因时间仓促，水平有限，本报告难免存在诸多问题，敬请广大同行、读者批评指正。

编　者
2015年2月1日

图版

图版一

四平市
长春市
延边朝鲜族
自治州
通化市
北京

吉林省长城分布地市在全国的位置

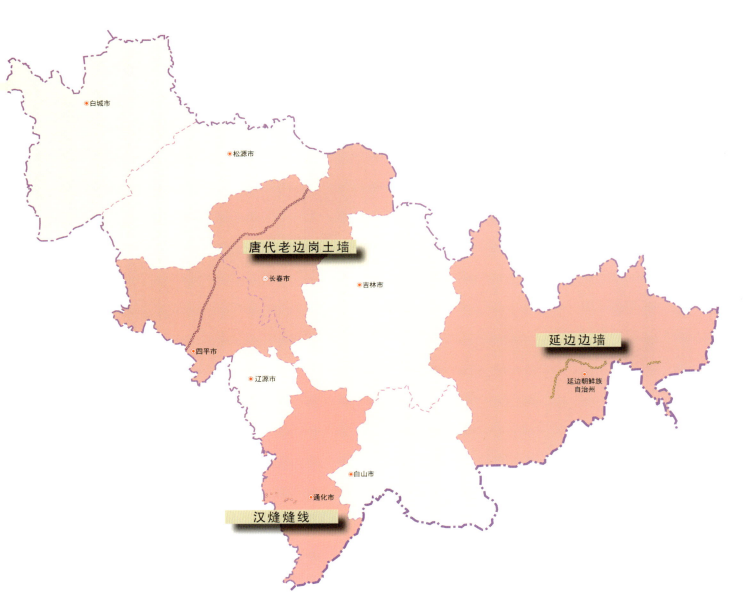

白城市

松源市

唐代老边岗土墙

长春市

吉林市

延边边墙

延边朝鲜族
自治州

四平市

辽源市

白山市

通化市

汉烽燧线

吉林省长城在省内的位置

乌兰浩特市

哈尔滨市◎

白城市◎

内
蒙
古
自
治
区

松源市◎

唐代老边岗土墙

通辽市◎

长春市◎

吉林市◎

四平市◎

辽源市◎

铁岭市◎

汉烽燧线

白山市◎

抚顺市◎

沈阳市◎

通化市◎

本溪市◎

辽　宁　省

区位示意图

N

0 10 20 30 50 70KM

图　例

唐代老边岗土墙墙体
延边边墙墙体及天然险
铺房
烽火台
关
堡
其他遗址遗迹
省级行政中心
地级行政中心
县级行政中心
国界
省级界
地级界
县级界

省

七台河市

鸡西市

鲜

牡丹江市

俄

罗

斯

延边边墙

延边朝鲜族自治州

日

吉林省长城遗产
构成图

图版四

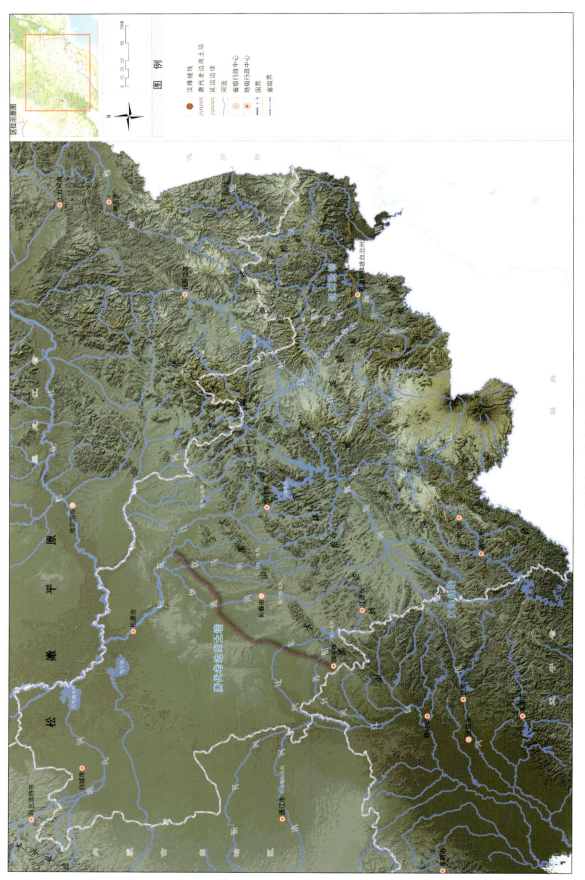

吉林省长城遗产环境图

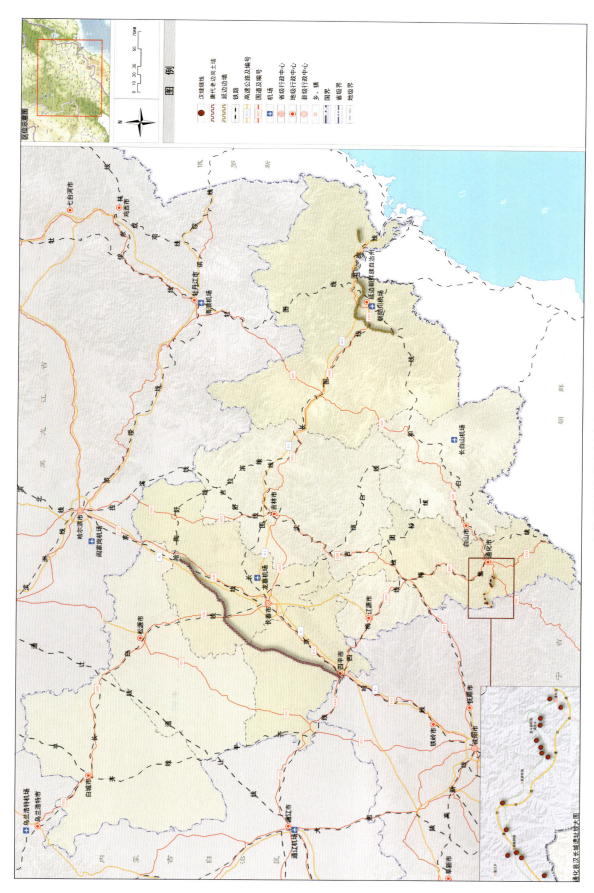

吉林省长城遗产周边交通现状图

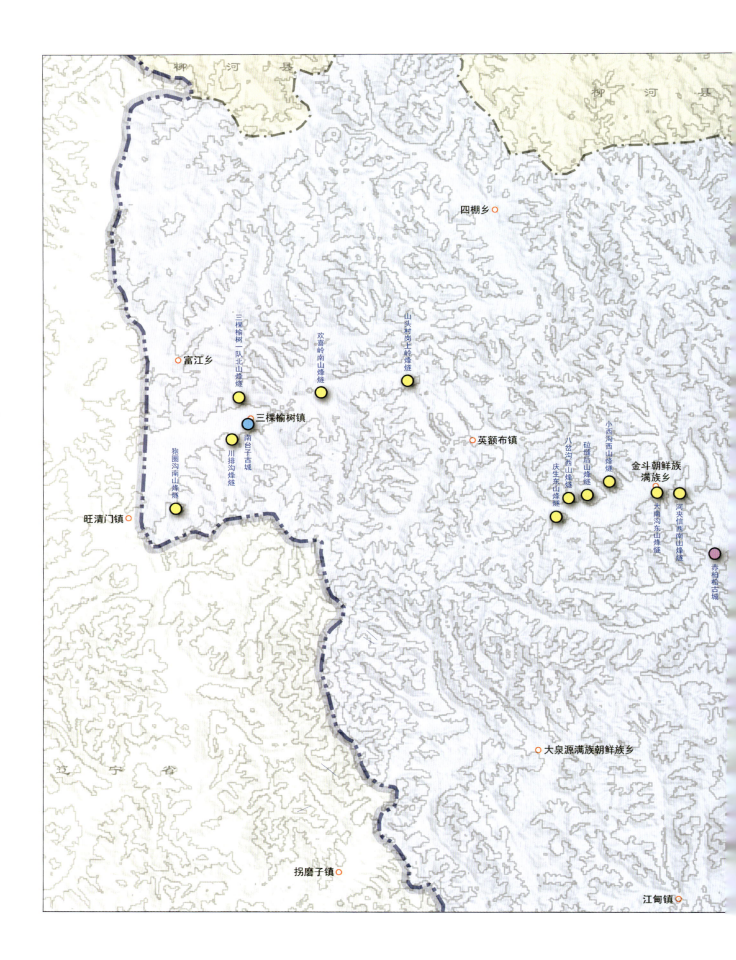

柳　河　县

柳　河　县

四棚乡○

三棵榆树一队北山烽燧　　　　山头村岗上岭烽燧

富江乡○　　　　　　　　欢喜岭南山烽燧

三棵榆树镇

南台子古城

狍圈沟南山烽燧　　川排沟烽燧　　　　　　　　　　　　英额布镇　　　　小西沟西山烽燧

旺清门镇○　　　　　　　　　　　　　　　　　　八岔沟西山烽燧　碹盘后山烽燧　金斗朝鲜族满族乡

庆生东山烽燧　　　　　　　大南沟东山烽燧　河夹信西南山烽燧

赤柏松古城

辽　宁　省

大泉源满族朝鲜族乡○

拐磨子镇○

江甸镇○

区位示意图

N

图　例

烽火台
堡
其他遗址遗迹
地级行政中心
县级行政中心
乡、镇
省级界
县级界

光华镇

二密镇

江东乡

通化市

环通乡

金厂镇

头道镇

通化县汉烽燧线分布图

通化县汉烽燧线分布图

1．孤脚山烽燧（辽宁）　2．狍圈沟南山烽燧　3．川排沟烽燧　4．三棵榆树一队北山烽燧　5．南台子古城（关堡）
6．欢喜岭南山烽燧　7．山头村岗上岭烽燧　8．庆生村东山烽燧 9．八岔沟西山烽燧　10．砬缝后山烽燧　11．小西
沟西山烽燧　12．大南沟东山烽燧　13．河夹信村西南山烽燧　14．大茂山烽燧　15．赤柏松古城（相关遗存）

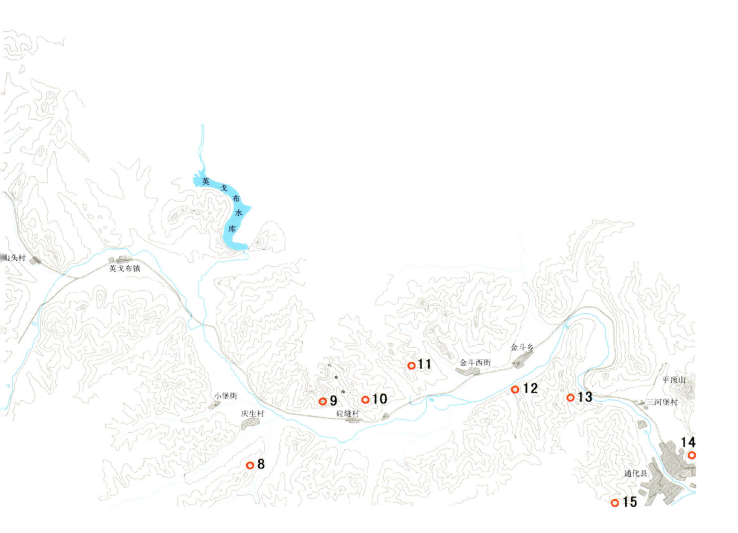

图版八

1. 狍圈沟南山烽燧

2. 狍圈沟南山烽燧

1. 川排沟烽燧

2. 川排沟烽燧

1．川排沟烽燧采集陶片

2．川排沟烽燧采集陶片

3．川排沟烽燧采集陶片

1. 三棵榆树一队北山烽燧远景

2. 三棵榆树一队北山烽燧

3. 三棵榆树一队北山采集陶片

1. 欢喜岭南山烽燧

2. 欢喜岭南山烽燧采集陶片

3. 欢喜岭南山烽燧采集砺石

1．山头村岗上岭烽燧

2．庆生村东山烽燧

1．八岔沟西山烽燧

2．八岔沟西山烽燧地表陶片

1. 八岔沟西山烽燧房址

2. 八岔沟西山烽燧火炕

3. 八岔沟西山烽燧发掘现场

4. 八岔沟西山烽燧采集遗物（正面）

5. 八岔沟西山烽燧采集遗物（背面）

1．碰缝后山烽燧远景

2．碰缝后山烽燧

1. 小西沟西山烽燧远景

2. 小西沟西山烽燧顶部堆石

3. 小西沟西山烽燧采集陶片

1．大南沟东山烽燧远景

2．大南沟东山烽燧

1. 大南沟东山烽燧壕沟

2. 大南沟东山烽燧壕沟

1. 大南沟东山烽燧F1发掘现场

2. 大南沟东山烽燧F2发掘现场

3. 大南沟东山烽燧出土陶片

图版二〇

1. 河夹信村西南山
   烽燧

2. 河夹信村西南山
   烽燧

3. 河夹信村西南山烽
   燧采集陶片

大茂山烽燧

1．南台子古城址东城墙远景

2．南台子古城址北城墙远景

1．南台子古城址西城墙远景

2．南台子古城址陶网坠

3．南台子古城址石刀残片

4．南台子古城址遗物

1．赤柏松古城远景

2．赤柏松古城近景

1. 赤柏松古城沟内倒塌堆积

2. 赤柏松古城墙外侧柱洞

1. 赤柏松古城出土铁锸

2. 赤柏松古城出土铁锸

3. 赤柏松古城出土环首铁刀

4. 赤柏松古城出土环首铁刀

1. 赤柏松古城出土铁镰刀

2. 赤柏松古城出土铁锯

3. 赤柏松古城出土铁挺铜镞

1．赤柏松古城出土陶香炉盖

2．赤柏松古城出土陶香炉盖

3．赤柏松古城出土铁甲片

4．赤柏松古城出土筒瓦

图版三○

2002年3月数字化制图

1980年西安坐标系

1985年国家高程基准，等高距0.5米

1996年版图式

测量员：王昭　王晶

绘图员：王昭

审查员：金旭东

赤柏松古城平面图

1．赤柏松古城二号井

2．赤柏松古城出土陶器

3．赤柏松古城出土陶甋

4．赤柏松古城出土陶豆

5．赤柏松古城出土滑石器

6．赤柏松古城出土板瓦

赤柏松古城院落

1．赤柏松古城院落

2．赤柏松古城外侧一号窑址发掘现场

图版三四

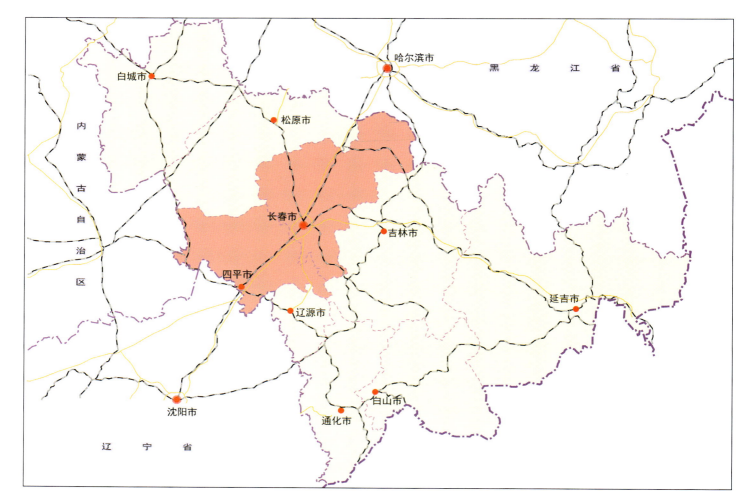

长春市、四平市在吉林省的位置

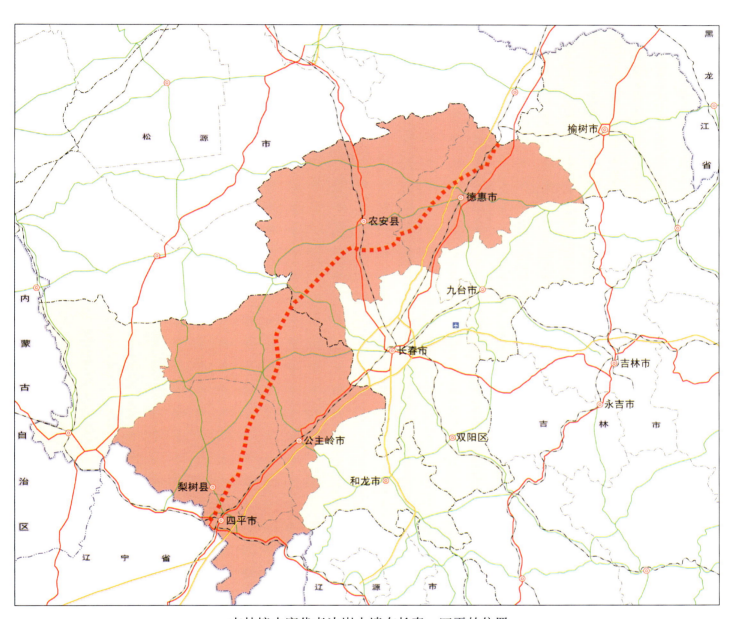

吉林境内唐代老边岗土墙在长春、四平的位置

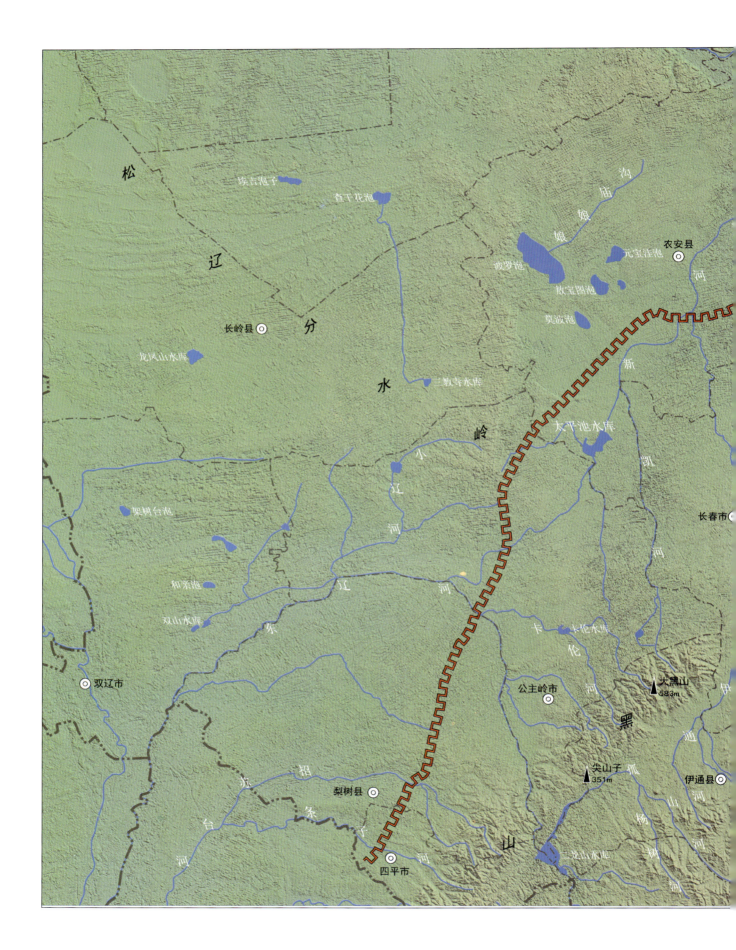

松

辽

分

水

岭

埃吉泡子

查干花泡

波罗泡

敖宝图泡

莫波泡

元宝洼泡

农安县

娘娘庙沟

新

河

长岭县

龙凤山水库

三教寺水库

太平池水库

凯

河

长春市

小辽河

架树台泡

和平泡

双山水库

东

辽

河

卡伦河

卡伦水库

大黑山
583m

黑

双辽市

招

苏

台

河

条

子

河

梨树县

四平市

山

河

公主岭市

尖山子
351m

龙山水库

孤

山

河

伊

通

河

伊通县

杨树河

饮

図版三六

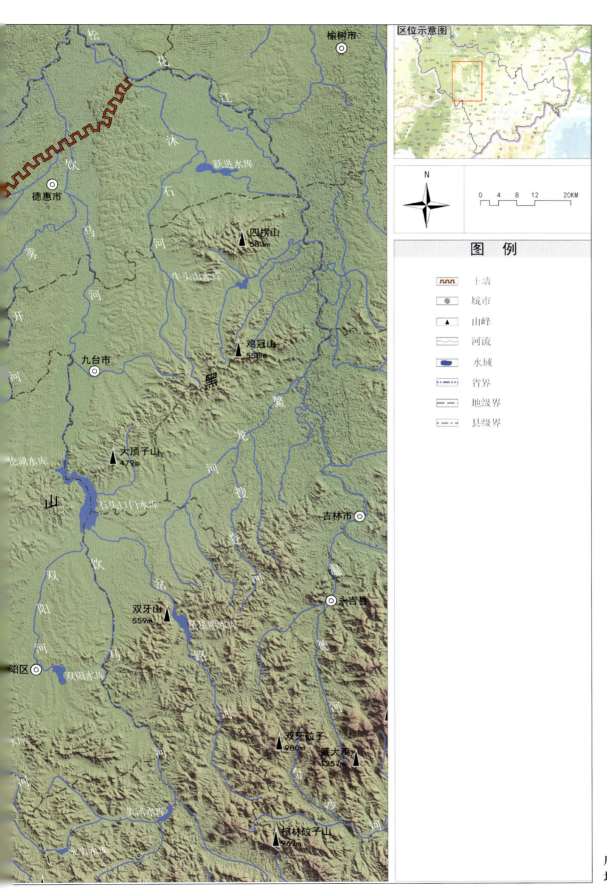

区位示意图

N

0　4　8　12　　20KM

图　例

⌐⌐⌐⌐	土墙
◎	城市
▲	山峰
～～	河流
▬	水域
▬▬	省界
▬▬	地级界
▬·▬	县级界

榆树市

松花江

沐石河

跃进水库

四楞山
583m

牛头山水库

饮马河

德惠市

雾开河

鸡冠山
558m

黑

鳌

九台市

龙

河

大顶子山
479m

搜

伦湖水库

登

山

河

石头口门水库

饮

双

马

温

阳

河

河

永吉县

双牙山
559m

星星哨水库

德

河

双阳区

双阳水库

野

河

双牙砬子
980m

鳌大鸡
1257m

东河水库

金

沙

河

榛林砬子山
962m

亚吉水库

唐代老边岗土墙
地形地貌

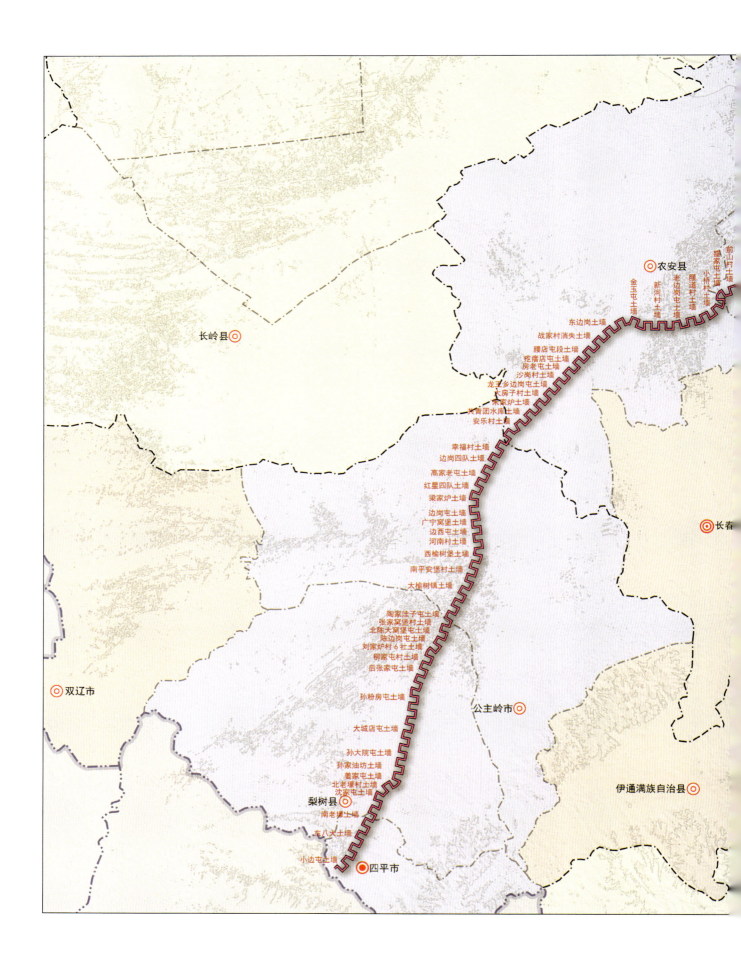

长岭县◎

农安县◎

金玉屯土墙

盛家屯土墙
前山村土墙
腰道村土墙
小桥村土墙
老边岗屯土墙
新河村土墙

东边岗土墙
战家村消失土墙
腰店屯段土墙
疙瘩店屯土墙
房老屯土墙
沙岗村土墙
龙王乡边岗屯土墙
大房子村土墙
宋家炉土墙
关青团水库土墙
安乐村土墙

幸福村土墙
边岗四队土墙

高家老屯土墙

红星四队土墙

梁家炉土墙

边岗屯土墙
广宁窝堡土墙
边西屯土墙
河南村堡土墙

西榆树堡土墙

南平安堡村土墙

大榆树镇土墙

陶家洼子屯土墙
张家窝堡村土墙
北陈大窝堡屯土墙
陈边岗屯土墙
刘家炉村6社土墙
柳家屯村土墙
后张家屯土墙

孙粉房屯土墙

大城店屯土墙

孙大院屯土墙
孙家油坊土墙
姜家屯土墙
北老壕村土墙
沈家屯土墙

梨树县◎
南老壕土墙

东八大土墙

小边屯土墙

◎长春

◎四平市

公主岭市◎

伊通满族自治县◎

双辽市◎

図版三七

吉林境内唐代老边岗
土墙分布图

图版三八

1．松花江屯土墙

2．松花江屯土墙

1. 松花江屯土墙

2. 邢大桥村土墙

1. 十二马架村土墙

2. 邹家堡子屯土墙

1. 边岗村土墙

2. 烧锅地屯土墙

1. 光明村土墙

2. 关家屯土墙

1．小城子村土墙

2．海青村土墙

1. 向阳村土墙

2. 宫家村土墙

1．新立村土墙

2．新立村土墙

1. 前山村土墙

2. 小桥村土墙

1. 腰道村土墙

2. 后大房身屯后土墙

1. 老边岗屯土墙

2. 老边岗屯土墙

1．金玉屯土墙

2．东边岗屯土墙

1. 沙岗村土墙

2. 腰店屯土墙

1．边岗屯北1200米土墙

2．朱家炉土墙

图版五二

1. 安乐村土墙

2. 高家老屯土墙

1. 边岗四队土墙

2. 边岗四队土墙

1．梁家炉屯南250米土墙

2．边岗屯北800米土墙

1．边岗屯南1000米土墙

2．边岗屯北600米土墙

3．边岗屯南700米土墙

1. 边西屯土墙

2. 河南村土墙

1. 西榆树堡土墙

2. 西榆树堡土墙

图版五八

1．南平安堡村土墙

2．陶家洼子屯土墙

1．张家窝堡村土墙

2．北陈大窝堡屯土墙

1. 柳家屯村土墙

2. 后张家屯土墙

1. 孙粉房屯土墙

2. 大城店屯土墙

1．孙家油坊屯土墙

2．北老壕村土墙

1．沈家屯土墙

2．小边屯土墙

1. 松花江屯段土墙

2. 边岗屯段土墙

边岗屯段土墙发掘现场

图版六六

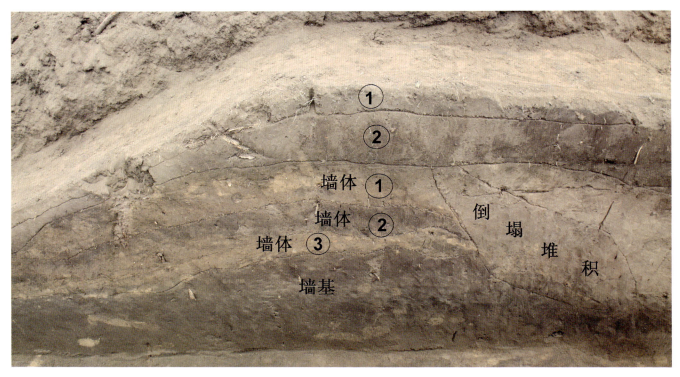

1．11GBQ2剖面

2．松花江屯段土墙发现的陶器器底

3．松花江屯段土墙发现的部分陶器口沿

4．松花江屯段土墙发现的部分陶器器耳

5．松花江屯段土墙发现的部分陶器残片

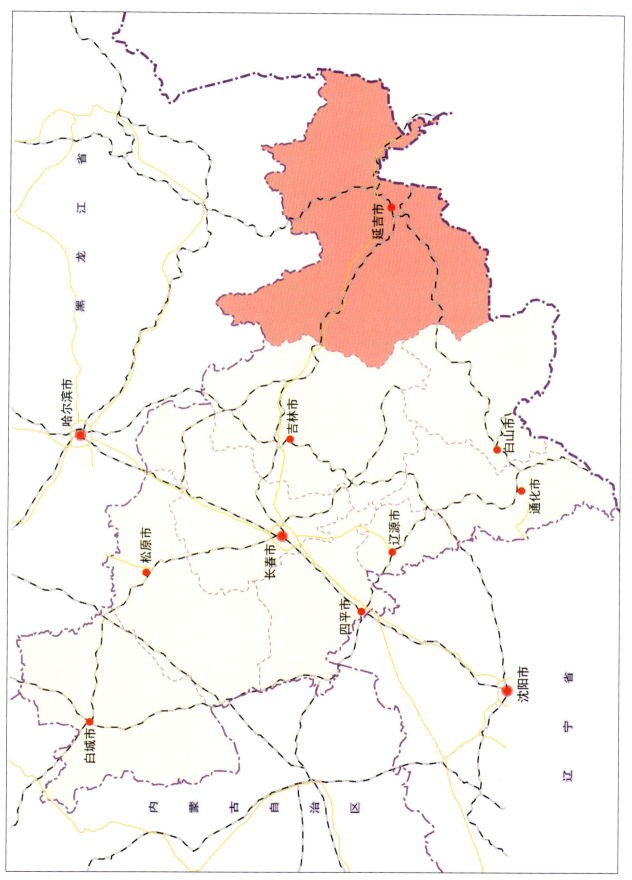

延边州在吉林省的位置图

黑 龙 江 省

哈尔滨市

吉林市

白山市

通化市

松原市

长春市

辽源市

延吉市

四平市

沈阳市

白城市

内 蒙 古 自 治 区

辽 宁 省

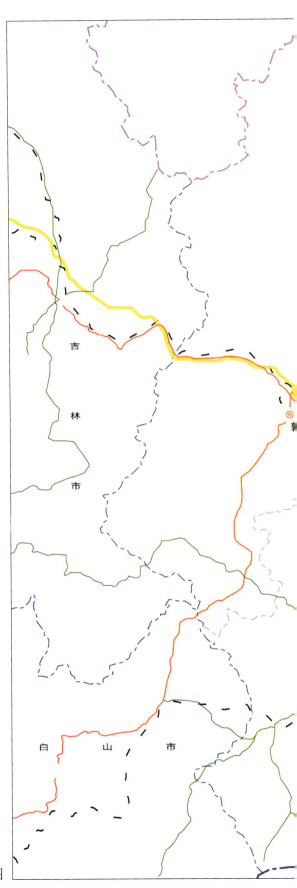

延边边墙在延边州的位置图

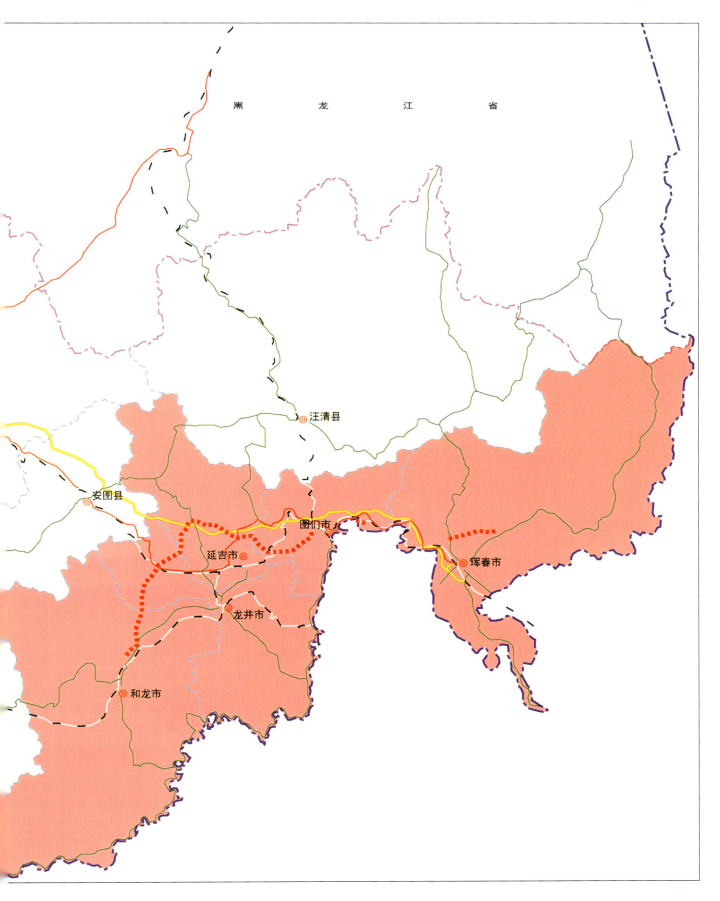

黑　龙　江　省

汪清县

安图县

图们市

延吉市

珲春市

龙井市

和龙市

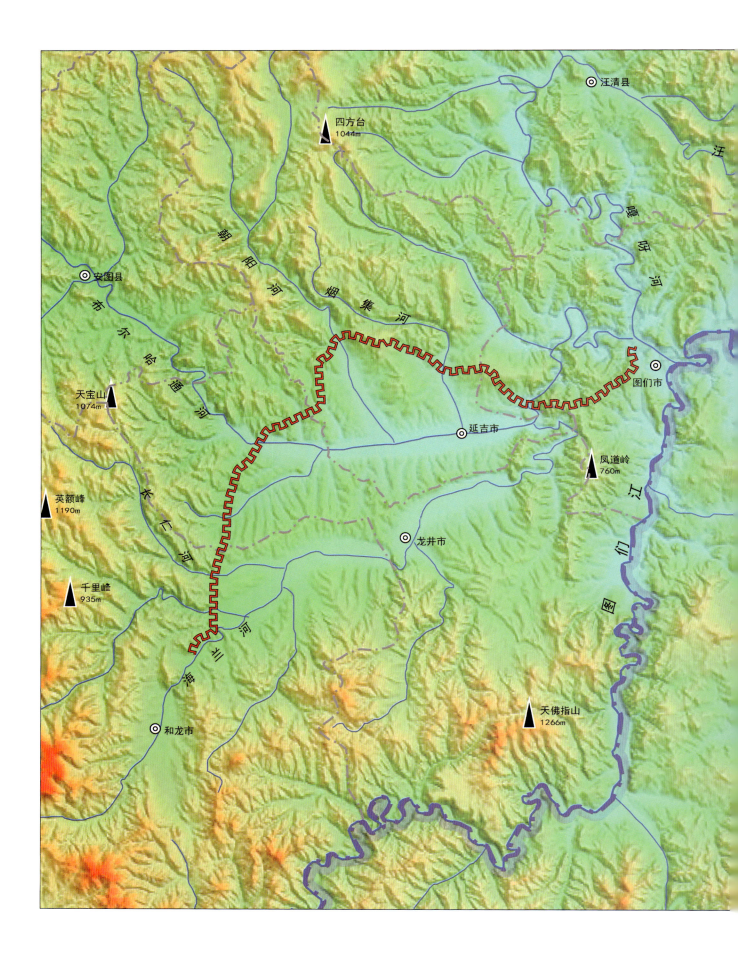

汪清县

四方台
1044m

朝阳河

烟集河

汪嗄咔河

安图县

布尔哈通河

天宝山
1074m

图们市

延吉市

凤道岭
760m

英额峰
1190m

长仁河

图们江

千里峰
935m

龙井市

海兰河

天佛指山
1266m

和龙市

图版六九

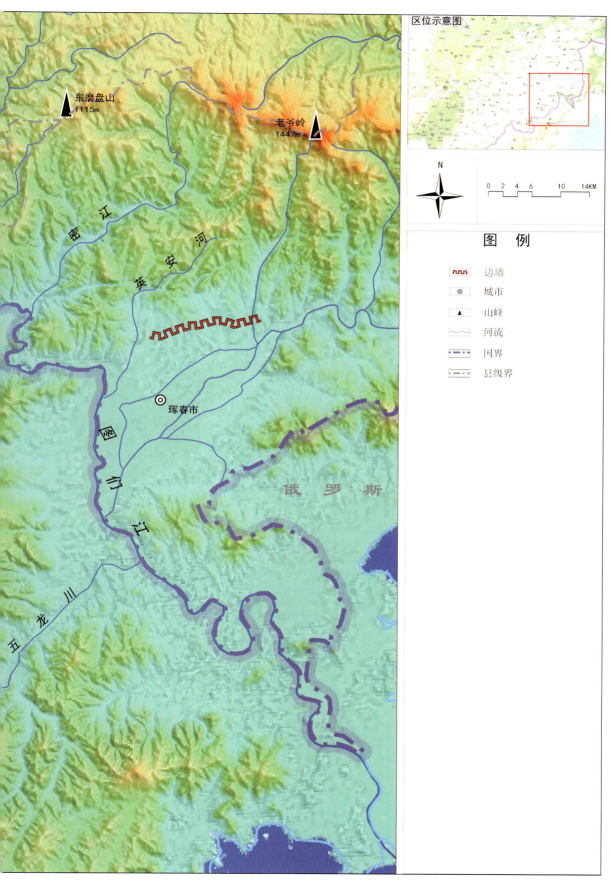

东磨盘山
1115m

老爷岭
1447m

珲春市

俄 罗 斯

区位示意图

N

0 2 4 6   10   14KM

图 例

边墙
城市
山峰
河流
国界
县级界

延边边墙
地形地貌图

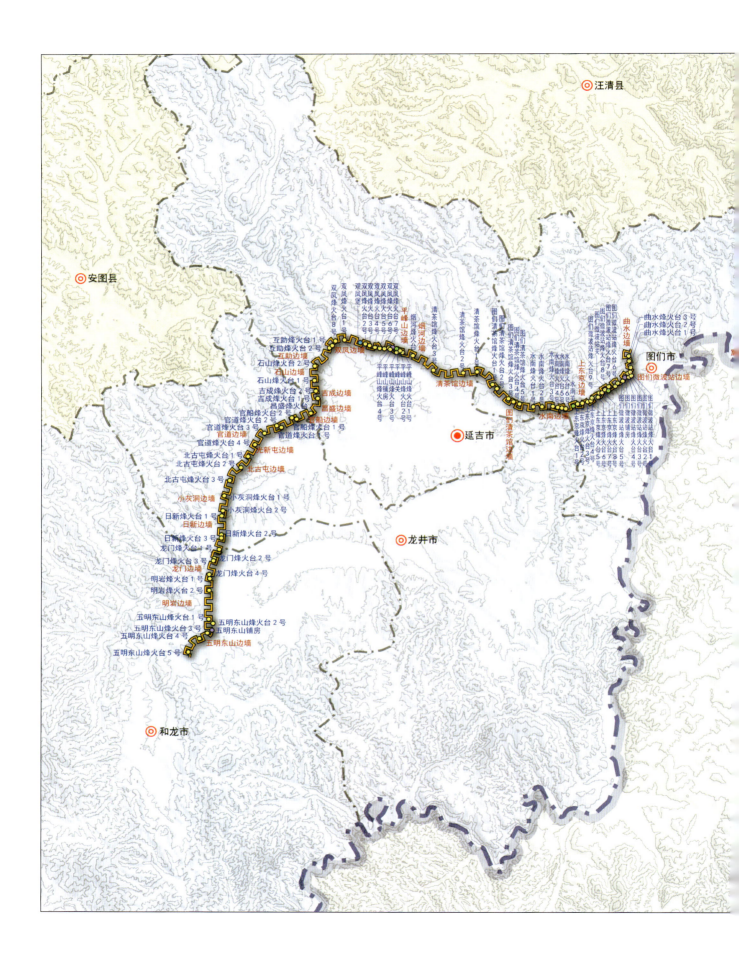

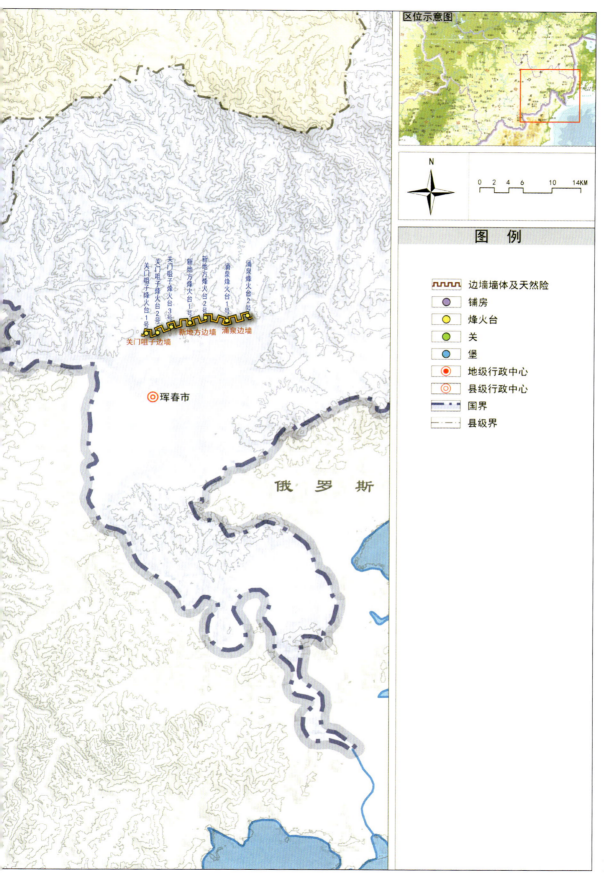

区位示意图

N

0 2 4 6 10 14KM

图 例

边墙墙体及天然险
铺房
烽火台
关
堡
地级行政中心
县级行政中心
国界
县级界

关门咀子烽火台1号
关门咀子烽火台2号
关门咀子烽火台3号
新地方烽火台1号
新地方烽火台2号
涌泉烽火台1号
涌泉烽火台2号

关门咀子边墙
新地方边墙
涌泉边墙

◎珲春市

俄 罗 斯

延边边墙分布图

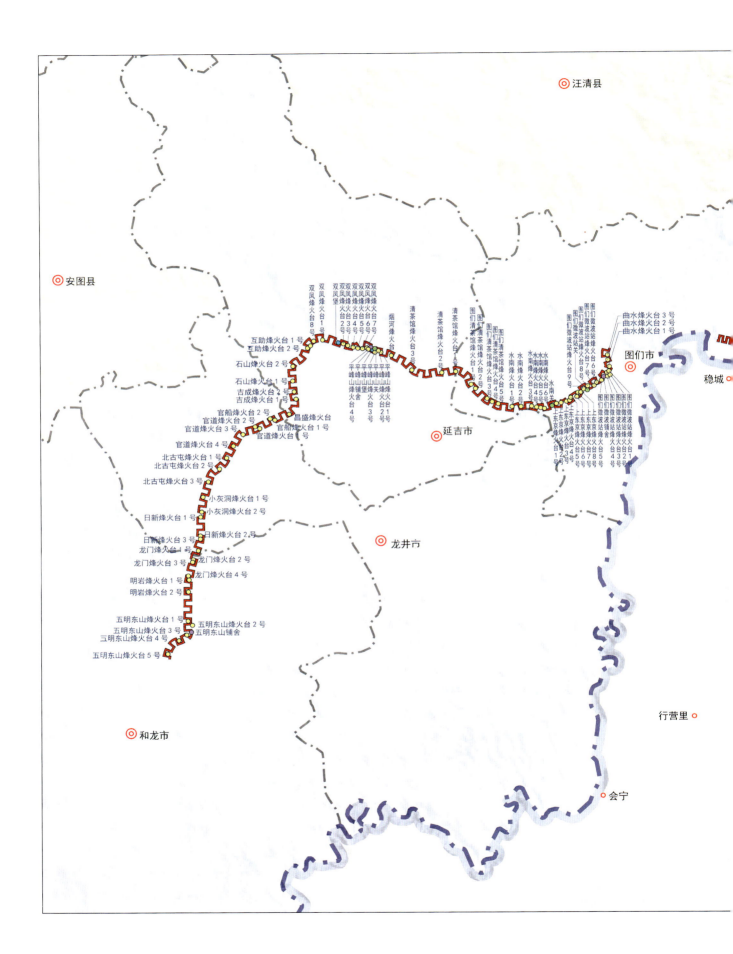

◎ 汪清县

◎ 安图县

双凤烽火台8号
双凤烽火台1号

互助烽火台1号
互助烽火台2号

石山烽火台2号

石山烽火台1号
吉成烽火台2号
吉成烽火台1号

官船烽火台2号
官道烽火台2号
官道烽火台3号
官道烽火台4号
昌盛烽火台
官船烽火台1号
官道烽火台1号

北古屯烽火台1号
北古屯烽火台2号

北古屯烽火台3号

小灰洞烽火台1号
日新烽火台1号
小灰洞烽火台2号

日新烽火台3号
日新烽火台2号
龙门烽火台1号
龙门烽火台3号
龙门烽火台2号
明岩烽火台1号
龙门烽火台4号
明岩烽火台2号

五明东山烽火台1号
五明东山烽火台3号
五明东山烽火台2号
三明东山烽火台4号
五明东山铺舍
五明东山烽火台5号

◎ 和龙市

◎ 龙井市

◎ 延吉市

双凤堡烽火台2号
双凤烽火台3号
双凤烽火台4号
双凤烽火台5号
双凤烽火台6号
双凤烽火台7号
烟河烽火台

平峰山烽火台4号
平峰堡铺舍
平峰山火台3号
平峰山火台2号
平峰山火台1号
平峰关

清茶馆烽火台3号
清茶馆烽火台2号
图们清茶馆烽火台4号
图们清茶馆烽火台5号
清茶馆烽火台1号
图们清茶馆烽火台3号

水南烽火台1号
水南烽火台2号
水南烽火台3号
水南烽火台4号
水南烽火台5号
水南关

上东京烽火台1号
上东京烽火台2号
上东京烽火台3号
上东京烽火台4号
上东京铺舍
图们微波站烽火台5号
图们微波站烽火台6号
图们微波站烽火台7号
图们微波站烽火台8号
图们微波站烽火台9号

曲水烽火台3号
曲水烽火台2号
曲水烽火台1号

◎ 图们市

○ 稳城

○ 行营里

○ 会宁

区位示意图

N

0 2 4 6 10 14KM

图 例

边墙
烽火台
关
堡
铺舍
城市
国界
县级界

涌泉烽火台2号
涌泉烽火台1号
新地方烽火台2号
新地方烽火台1号
关门咀子烽火台3号
关门咀子烽火台2号
关门咀子烽火台1号

◎ 珲春市

俄 罗 斯

雄基

延边边墙单体建筑
分布图

图版七二

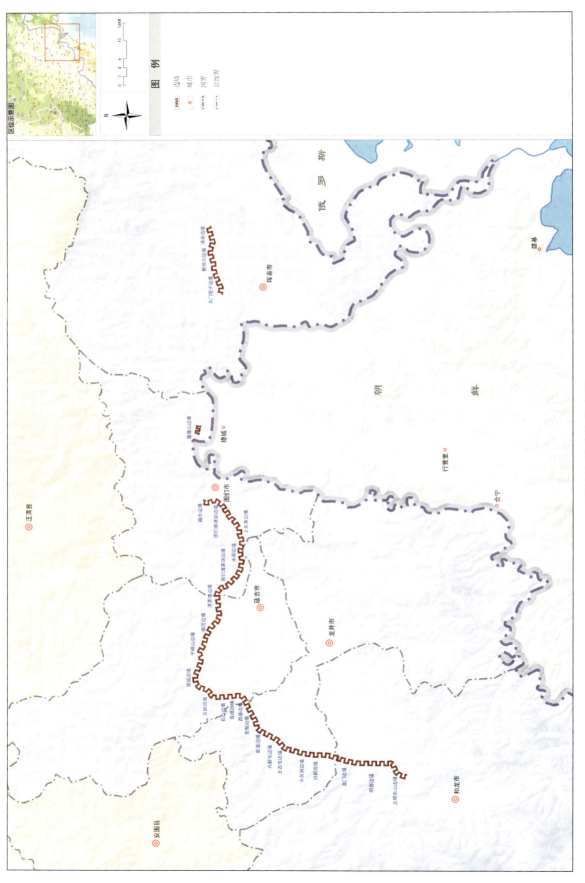

延边边墙墙体分布图

1．五明东山边墙墙体

2．明岩边墙墙体及壕沟

1．小灰洞边墙墙体

2．光新屯边墙墙体

1．清茶馆边墙1段部分墙体

2．清茶馆边墙2段墙体

1. 平峰山边墙5段墙体

2. 平峰山边墙10段墙体

1. 平峰山边墙12段墙体

2. 平峰山边墙15段墙体

图版七八

1．双凤边墙2段南侧壕沟

2．双凤边墙4段石墙墙体

1．双凤边墙9段石筑墙体

2．上东京边墙墙体

1. 图们微波站边墙墙体

2. 窟隆山边墙墙体及壕沟

1．涌泉边墙墙体

2．水南关

1. 平峰山关

2. 平峰山堡

1. 龙门烽火台4号

2. 明岩烽火台1号

1．明岩烽火台2号

2．五明东山烽火台5号及盗洞

1．北谷屯烽火台3号

2．清茶馆烽火台2号

1．烟河烽火台

2．平峰山烽火台4号

1．双凤烽火台3号

2．双凤烽火台7号

图版八八

1. 平峰山铺舍

2. 石山烽火台1号

1. 图们微波站烽火台2号

2. 图们微波站烽火台4号

1. 上东京烽火台4号

2. 上东京烽火台7号

1. 水南烽火台2号

2. 水南烽火台4号

1．水南烽火台5号

2．图们清茶馆烽火台3号

1. 图们清茶馆烽火台4号

2. 图们微波站铺舍

1．涌泉烽火台2号

2．平峰山边墙10段墙体断面

1．水南边墙发掘现场

2．水南边墙出土陶器口沿

1．平峰山关探方2发掘现场

2．平峰山关探方2用火遗迹

1. 水南关边墙壕沟发掘现场

2. 平峰山烽火台3号发掘现场

1. 平峰山铺舍门址

2. 平峰山烽火台3号发掘现场

3. 2012年水南关房址出土陶罐